1
Die Sage vom Mäuseturm

2
Ein kurzer Briefwechsel

3
Leonies Tagebuch

4
Der Prozeß

5
Die schwarzen Vögel

1

Die Sage vom Mäuseturm

1

»Erklär es mir«, sagte Jenny. »Du mit deiner Bildung mußt es doch wissen: Was ist das Leben?«
»Der vorübergehende Aufenthalt eines Sonnenstrahls auf seinem Weg in das Weltall«, sagte ich. Noch bevor ich etwas hinzufügen konnte, rief eine resolute Frauenstimme: »Wir schließen jetzt.«
Im Spiegel mir gegenüber sah ich, wie sich eine Gestalt sofort aufrichtete. Der dort – das sollte ich sein? Ich hatte doch noch nie zuvor bis tief in die Nacht in einem Café gesessen? Ich kehrte meinem Spiegelbild den Rükken; erleichtert wandte ich mich dem Ausgang zu. Auf der Schwelle wurde prickelnd frische Luft herangetragen; ein zaghafter Wind ließ die Blätter rascheln. Für einen Augenblick teilte eine feurige Gabel den Himmel, aber es folgte kein Donnerschlag. Vorsichtig steuerte ich auf einen Laternenpfahl zu, lehnte mich dagegen. Jenny stand neben mir, ohne sich irgendwo festzuhalten. Es schien, als sei sie größer als ich. Sie trug eine blaue Jacke und einen abgetragenen Rock. Unter dem ausgefransten Saum glänzten weiße Stiefel mit erstaunlich hohen Absätzen. Sah sie deshalb größer aus?
»Wollen wir noch etwas bei mir zu Hause trinken?« fragte ich.

»Nein«, sagte sie, »ich denk nicht dran, du bist schon jetzt sternhagelvoll.«

Hinter uns hörte man die angetrunkenen Stimmen von zwei Jungen und einem Mädchen. Auch sie kamen aus dem Café; nicht weit von uns blieben sie am Randstein stehen. Das Mädchen öffnete ihre Tasche und fischte ein Geldstück heraus.

»Was hast du vor?« fragte einer der Jungen.

»Losen, wer von euch beiden mit mir nach Hause darf«, sagte das Mädchen.

Der schnell auffrischende Wind trug jetzt die milde Luft von Jelängerjelieber heran, und ich sagte: »Aber ich kann doch zu Hause Kaffee machen.«

»Nein«, sagte sie, »ich geh wirklich nicht mit.«

Ich griff nach ihrem Arm und versuchte, sie mit mir zu ziehen.

»Verdammt noch mal, laß mich los«, fluchte sie laut.

Gleich darauf war die helle Stimme des Mädchens zu hören. »Was willst du, Bas, Kopf oder Zahl?«

»Kopf«, sagte der von ihr angesprochene Junge.

»Dann du Zahl, Gerard«, sagte sie.

Das Mädchen ließ einen Rijksdaalder fallen. Er rollte schwankend über die Pflastersteine in unsere Richtung. Als ob er auch betrunken ist, dachte ich gleichmütig. Das Geldstück erreichte mich; ich hob meinen rechten Fuß, um es durchzulassen. Gemächlich rollte es in den engen Spalt zwischen den kleinen weißen Stiefeln. Dann fiel es um.

»Können wir nicht auch losen?« fragte ich.

Aber Jenny hörte nicht zu, schaute nur voller Abscheu auf den Rijksdaalder zwischen ihren Füßen, trat beiseite, stieß mich weg, so daß ich mich ein Stück weiter an eine Linde klammern mußte.

»Können wir nicht auch losen?« wiederholte ich.
»Kopf, dann kommst du mit mir, Zahl, dann gehst du allein nach Hause.«
»Sei nicht albern. Geh jetzt nach Hause, ich gehe auch, und dann ruf ich dich noch mal an, oder du rufst mich an.«
»Nein, nein«, sagte ich.
»Doch, laß mich allein, ich finde dich sehr nett, das weißt du doch, aber zuerst mußt du mit Leonie reden.«
»Ach, hör doch endlich damit auf.«
Ich schlang den rechten Arm um sie und hob sie hoch. Sie wehrte sich heftig, stieß mir die linke Hand in den Rücken, rief etwas, das ich nicht verstand, weil ich das glänzende Geldstück ansah, das noch immer nicht aufgehoben worden war. Warum blieb es da einfach so liegen? Weil die beiden Jungen und das Mädchen aufmerksam unseren Ringkampf beobachteten? Und warum fiel ich auf einmal hin? Hatte Jenny mich über einen ihrer Stiefel stolpern lassen? Jedenfalls nutzte sie die Gelegenheit, um wegzulaufen. Hastig rappelte ich mich auf. Nach wenigen Schritten stand ich neben ihr, und ich umarmte sie, und sie schlug mich, und ich schlug nicht zurück, hielt mich nur fest, hörte mich nur sagen: »Nicht, nicht schlagen«, faßte sie an der Schulter und sah, wie die drei anderen sich nun mit abgewandten Rücken über das Geldstück beugten. Drei Köpfe kamen hoch, und dann lief das Mädchen mit

dem Jungen, den sie Gerard genannt hatte, zu einem blauen Mazda, und der andere Junge stand da, stand da genau wie ich, der Jenny schon längst losgelassen hatte, und er sah zu, wie der Junge und das Mädchen einstiegen. Dankbar dachte ich: Gut, daß dem Jungen, der Bas heißt, schon Trunkenheitstränen in den Augen stehen, dann können meine Augen wenigstens trocken bleiben. Die ruhigen, stillen Tropfen dieses anderen, so aus nächster Nähe, erschienen mir lächerlich: Er hatte an einem Spiel teilgenommen, an einem frivolen Spiel, und er hatte jetzt verloren, aber morgen würde er vielleicht gewinnen oder an einem anderen Tag, während ich genau wußte, daß ich zum letztenmal ihren weißen Stiefeln in der Nacht nachblicken konnte. Morgen würde Leonie zurück sein; es war nicht daran zu denken, daß ich dann mit Jenny nachts in einem Café sitzen könnte. So sicher war ich gewesen, sie würde mit mir kommen, daß ich es noch immer nicht glauben konnte, als sie dort wegging, ganz allein und dazu noch so aufreizend langsam. Die kleinen weißen Stiefel schienen nicht so weit weg zu sein wie die dunkle schlanke Gestalt darüber. Wenn der andere dort nicht gestanden hätte, dieser ausgeloste Genosse wider Willen, wäre ich ihr bestimmt gefolgt. Aber solange er blieb, mußte ich auch bleiben. Wenn er fort war, konnte ich ihr noch immer nachlaufen.

Gelassen murmelte ich: »Gleich wird sie sich umdrehen und zurückkommen. Es kann nicht wahr sein, daß sie jetzt wegläuft. Wir haben den ganzen Abend zusammen gegessen, und zusammen sind wir von einer

Kneipe zur andern gezogen, bis wir schließlich in diesem Café landeten, dem einzigen, das nach ein Uhr nachts noch offen hatte.« Dann war es, als wechselte mein Geist über eine Weiche auf eine andere Schiene, und während die Bäume heftig rauschten, hörte ich mich murmeln: »Da ist der Wind, der wie auf verbotenen Wegen umgeht, flüsternd, wie etwas suchend, verdrossen, weil er es nicht findet.« Und ich dachte an das, was folgte, an den »schauerlichen Takt der Atemzüge eines Schlafenden«, wobei eine immer wiederkehrende Sorge »die Melodie zu blasen« schien, und ich sagte, während ich nach alter Gewohnheit laut mit mir selbst redete: »– wir wünschen allem Lebenden, weil es so gedrückt lebt, eine ewige Ruhe; die Nacht überredet zum Tode.«

Da erhob sich der Wind erst richtig; er rüttelte verzweifelt an den Dachluken des Cafés, schlug die Eingangstür mit Gewalt zu, heulte durch die Bäume und jagte die Wolken ungestüm auseinander, so daß eine helle Mondsichel zum Vorschein kam, die sich hastig wieder hinter einer grauen Gewitterwolke verbarg. Langsam ging ich fort, sah mich immer wieder nach den kleinen weißen Stiefeln um, die nun schon über eine Brücke gingen, immer wieder vor mich hin murmelnd: »Die Nacht überredet zum Tode.« Die Stiefel gingen auf einen mächtigen Kirchenbau zu. Dahinter würden sie verschwinden. Auf einer breiten Brücke über den Singel blieb ich stehen, genau neben einer kleinen steinernen Statue, die das Geländer schmückte. Ich legte meine Wange an den kühlen Stein. Im

Wasser schaukelten die roten, sich spiegelnden Fensterscheiben des Cafés. Der Wind versuchte, zwischen meiner Wange und der kleinen Statue hindurchzugleiten. Damit ich mich besser aufrecht halten konnte, umarmte ich sie, drückte sie beinahe leidenschaftlich an mich und sagte, wie um mich für mein Verhalten zu entschuldigen: »Ja, nun weiß ich, was in einem vorgeht, wenn man abgewiesen wird.«

Jetzt lief sie um die Kirche herum. Gleich würde sie verschwunden sein. Sollte ich ihr folgen? Aber noch immer stand der Junge, dem es sicher leid tat, daß er Kopf gewählt hatte, beim Eingang des Cafés. Er sah nicht zu mir herüber, er hörte bestimmt nicht, daß ich der kleinen Statue zumurmelte: »Wie das ist, wenn man abgewiesen wird? Nun, das ist wie ein Wadenkrampf, nur sitzt der Krampf in der Seele.« Der Junge stand da, versperrte mir den Weg, und ich dachte: Gut, daß diese Stadt so seltsam gebaut ist, wenn ich schnell am Singel entlanggehe, kann ich, auch wenn ich einen anderen Weg einschlage, mühelos noch vor ihr bei ihrer Wohnung sein. Jeder Weg in dieser Stadt ist ja ein Umweg, auch der ihre.

Noch einmal blickte ich kurz die kleine steinerne Statue an, begriff erschrocken, daß sie ein Kind darstellen sollte, und seufzte nur, um es schnell wieder zu vergessen. Dieser eine Seufzer schien allen verdampften Alkohol zu enthalten, denn danach schien ich wieder nüchtern zu sein. Es gelang mir ziemlich gut, schnell zu gehen, und das war auch nötig, denn hoch über mir erklang ein dumpfes Grummeln. Es fielen ein paar warme Regentropfen. Über dem Café glänzte ein feuriger Zickzack, dem kurz darauf ein heftiger Donnerschlag folgte.

2

Als ich am nächsten Morgen ziemlich spät ins Labor kam, schaute mich Alex, der in einem braunen Stoffkittel ergraute Pfleger meiner Versuchstiere, böse an.

»Heute nacht sind sie untereinander wieder hübsch zugange gewesen«, sagte er grantig.

»Das kann eigentlich nicht sein«, sagte ich, »sie hungern erst seit vier Tagen.«

»Nun, und doch sind sie wieder übereinander hergefallen, sieh dir das an, wie vollgefressen sie daliegen und schlafen. Es sind abscheuliche Versuche.«

»Ganz deiner Meinung, aber wir hören bald damit auf, wir wissen inzwischen auch genug.«

»Gott sei Dank! Dann kann dieser riesige Käfig wenigstens weg. Man könnte ja einen Zwergelefanten darin unterbringen. Warum mußte das Ganze eigentlich so groß aufgezogen werden?«

»Weil wir dann höhere Subventionen bekommen.«

»Ja, aber die landen nicht in meinem Portemonnaie, und doch soll ich dabei mitmachen.«

»Also, weißt du was, von jetzt an machst du hierbei nicht mehr mit. Du versorgst alle unsere anderen Ratten außer diesen Kannibalen hier und unsere Spinnen und die Schildkröten und Albinet, und ich werde mich um diese Nager selbst kümmern. Sind übrigens noch junge Ratten geboren?«

»Ja, aber die habe ich schon an die Schildkröten verfüttert.«

»Komisch, daß du das nicht schlimm findest.«

»Nein, warum? Junge Ratten an Schlangen und Schildkröten zu verfüttern, das ist die Natur, aber Ratten in einen großen Käfig zusammenzusetzen und sie dann auszuhungern, um zu sehen, ob sie sich gegenseitig auffressen, das ist ... das sind ...«

»In der Natur kommt Kannibalismus bei Ratten übrigens auch vor.«

»Und doch bleibe ich dabei, daß wir das nicht im Labor nachzumachen brauchen. Warum arbeiten wir nicht mehr mit Spinnen? Du gabst ihnen ein bestimmtes Mittel, und sie bauten so ein eigenartiges Netz. Diese phantastischen Spinnweben, die hier früher hingen! Hinreißende Luftschlösser! Und Luftschlösser verlangen normalerweise hohe Unterhaltskosten, aber diese waren gratis.«

»Ja, gerade deshalb«, sagte ich, »wir mußten damit aufhören, weil es zuwenig kostete. Spinnen kannst du draußen fangen, außer den Schwarzen Witwen, aber die waren auch nicht teuer, und du brauchtest minimale Mengen. Unser Budget war einfach zu klein, und deshalb dachten die Kuratoren, daß wir hier nur herumhockten.«

»Und das, wo ich den Dreh so verflixt gut heraus hatte, wie man diese verrückten Spinnweben nachzeichnet.«

»Sicher, aber das war nicht deine Aufgabe, das brachte uns in die denkbar größten Schwierigkeiten, als hier jemand aus der Personalabteilung wegen deiner Stellenbeschreibung kam.«

»Genau«, sagte er, »deshalb mußten wir aufhören, mußte ich wieder Kötel wegräumen, es ging natürlich darum, daß sie mich nicht befördern wollten, daß ich im Tal bleiben und nie die andere Seite des Berges sehen sollte.«

»Hast du heute nacht das wahnsinnige Gewitter gehört?« fragte ich, um ihn abzulenken.

»Nein, nichts gehört, einfach durchgeschlafen, es ist mir recht, von jetzt an werden die Ratten in diesem Kannibalenkäfig nicht mehr von mir versorgt.«

Und so stand ich selbst vier Tage später, am Montagmorgen, in aller Frühe mit der Schwanzspitze einer jungen Ratte in der rechten Hand da, als die Tür zum Saal, in dem wir arbeiten, geöffnet wurde. Zwei Männer, ein Riese und ein Fettwanst, schauten herein. Alex stand am großen Bassin mit den Schildkröten. Über dem Bassin brannte eine mattrote Lampe, die seinen Zügen etwas Verbissenes verlieh. Eine der Schildkröten kam halb aus dem Wasser heraus und sperrte ihren Rachen weit auf. Schweigend starrten die beiden Besucher auf die rosafarbene, baumelnde junge Ratte, die Alex, mit dem Kopf nach unten, langsam in das weit geöffnete Maul gleiten ließ. Für einen Augenblick schloß das Monster Rachen und Augen; der kleine rosa Schwanz schlug hin und her und verschwand. Sogar als Alex eine zweite junge Ratte packte, bemerkte er noch nicht, daß die Besucher sich leise näherten. Rosig glänzte das noch unbehaarte Tierchen im Sonnenlicht. Wieder öffnete die Schildkröte lautlos ihren faltigen Rachen. Doch bevor Alex die junge Ratte hineingleiten ließ, erschrak die Schildkröte vor den schwerfälligen Männern. Verblüfft schaute Alex auf; beide Männer streckten ihre Hand aus, und es war geradezu, als hätten sie die Geste der Schildkröte abgeguckt, die gerade ihren Kopf mit dem langen Hals herausgestreckt hatte.

Der Riese brummte: »Merkwürdige Art der Geburtenkontrolle.«

»Ja«, sagte Alex, »aber Abtreibung ist noch immer verboten, also dann so.«

»Sind Sie Thomas Kuyper?«

»Nein«, sagte Alex, während er die junge Ratte in den jetzt wieder geöffneten Rachen gleiten ließ.

»Oh«, sagte der Riese erstaunt zu mir, »dann sind Sie ...«

»Ja«, sagte ich.

»Wir würden gern kurz mit Ihnen reden. Paßt es Ihnen jetzt?«

»Hängt davon ab, worum es sich handelt«, sagte ich, »wenn Sie uns eine neue Apparatur ...«

»Apparatur? Nein, nein, deswegen kommen wir keineswegs, es handelt sich um etwas ganz anderes, um etwas, das wir gern kurz mit Ihnen unter vier Augen besprechen möchten.«

»Wir können uns vielleicht hier nebenan hinsetzen«, sagte ich.

Ich ging ihnen in mein kleines Arbeitszimmer voran. In dem kahlen Raum erschien der Riese größer und der Fettwanst unheimlicher. Der Riese schlug seine Beine übereinander, als wäre er ein Seestern, und streckte mir eine große, haarige Klaue entgegen: »Lambert mein Name, und dies ist mein Kollege Meuldijk.«

Er wartete einen Augenblick, beugte sich ein wenig vor und sagte, während perlende Staubteilchen im Sonnenlicht davonflogen: »Wir hätten gern von Ihnen ein paar Informationen über Jenny Fortuyn. Sie ist nämlich, um Ihnen sofort zu sagen, was los ist, und Sie werden auch gleich merken, daß wir von der Polizei sind, seit ein paar Tagen verschwunden.«

»Verschwunden«, sagte ich, »aber das sagt doch nichts, sie hat überall Freundinnen und Freunde, sie kann an vielen Orten übernachten, sie war oft tagelang allein unterwegs.«

Meuldijk hob den Kopf, seine Brille glitzerte im Sonnenlicht. Auch Lamberts Augenbrauen hoben sich, und er sagte: »Ihre Eltern haben sich schon bei all ihren Freunden und Freundinnen erkundigt und ...«

»Oh, aber sie hat so viele Freunde. Und unter ihnen gibt es welche, von denen ihre Eltern nichts wissen.«

»Sie zum Beispiel? Sie kannten sie erst seit kurzem, stimmt das?«

»Nein, ich kannte sie schon sehr lange, sie arbeitet seit Jahr und Tag in der Stadtbücherei, und dort sah ich sie immer, wenn ich Bücher auslieh und zurückbrachte.«

»Aber erst letzte Woche wurden Sie auch außerhalb der Bibliothek dauernd in ihrer Gesellschaft gesehen. So ist es doch?«

»Ja, ich habe in der letzten Woche ein paarmal mit ihr zusammen gegessen, und ich ...«

Schweigend starrte ich in die freundlichen Gesichter mir gegenüber. Lambert verschob seinen Arm, und es kam eine Digitaluhr zum Vorschein, mit giftigen blauen Ziffern. Meuldijk nahm seine Brille ab und begann, sie in aller Ruhe zu putzen.

»Was Sie letzte Woche gemacht haben, ist weiter nicht von Bedeutung, es geht nur darum, daß sie verschwunden ist, während ihr Auto noch immer in der Gasse hinter der Bibliothek geparkt ist. Und ihren Eltern zufolge zog sie nie ohne ihre Ente los. Außerdem sind Sie wahrscheinlich der letzte gewesen, der sie gesehen hat. Sie ist in der Nacht verschwunden, als dieses schreckliche Gewitter war. In der ersten der beiden Gewitternächte, denn in der nächsten Nacht hatten wir auch so einen tropischen Schauer. Die erste Gewitternacht – wie spät war es, als Sie sie zuletzt gesehen haben?«

»Als wir das Café Pardoeza verließen, war es etwa drei Uhr, meine ich.«

»Und dann? Was haben Sie dann gemacht?«

»Uns verabschiedet. Sie ging auf ihr Zimmer, ich nach Hause.«

»Genau. Vielleicht eine seltsame Frage oder vielleicht auch nicht, es war ja schon weit nach Mitternacht, warum brachten Sie sie nicht nach Hause?«

»Weil sie das nicht wollte.«

»Aber konnten Sie es verantworten, sie allein durch all diese dunklen Gassen nach Hause gehen zu lassen?«

»Ja, warum nicht? Sie war oft allein im Pardoeza und ging dann auch oft, wenn dort geschlossen wurde, allein nach Hause.«

»Was trug sie?«

»Was für Kleider trug sie?« ergänzte Meuldijk, eifrig nickend, während er Kondenswasser von seinen Brillengläsern abwischte.

»Sie trug eine blaue Jacke mit einer kleinen Schlange darauf, eine Brosche in Form einer kleinen Schlange und einen blaugrau karierten Rock, der völlig abgetragen war, und ziemlich lange Ohrringe und einen weißen Pullover unter ihrer Jacke und ... und ... nein, das ist alles.«

Ich wußte, daß ich etwas vergessen hatte, und ich schaute auf die Kleidung der beiden Herren mir gegenüber, um daran abzulesen, was ich weggelassen haben könnte.

»Sie trägt keine Brille«, sagte ich zu Meuldijk, und fast hätte ich auch zu Lambert gesagt: »Sie hat keinen Nietzsche-Schnurrbart.«

Mein Blick wanderte an Lamberts Kopf und Schnurrbart entlang abwärts.

»Sie trug ein Kettchen um den Hals, ein kleines, versilbertes Kettchen.«

Mein Blick wanderte hinab bis zu Lamberts haariger Klaue, die leise auf meinen Schreibtisch trommelte.

»Sie hatte gerade an dem Tag ihre ungewöhnlich langen Nägel abgeschnitten«, sagte ich, »aber das ist natürlich nicht so wichtig.«

»Jedes Detail ist nützlich«, sagte Lambert, »aber kurze Nägel sind nicht interessant für eine Personenbeschreibung, sehr lange natürlich durchaus.«

Mein Blick wanderte hinab bis zu Lamberts Knien. Der Rest seines Körpers verschwand hinter meinem Schreibtisch.

»Wir werden die Personenbeschreibung verbreiten lassen«, sagte Meuldijk, »und dann wollen wir hoffen, daß sie schnell wiederauftaucht. Haben Sie ihr vielleicht noch nachgesehen, nachdem Sie sich von ihr verabschiedet hatten?«

»Ja«, sagte ich, »sehr lange sogar. Bis sie über die Brücke gegangen war.«

»Und nichts Besonderes gesehen?«

»Nein, sie ging ruhig nach Hause.«

Ohne einander ein Zeichen zu geben, standen die beiden Männer gleichzeitig auf. Meuldijk öffnete die Tür meines Zimmers. Er lief quer durch eine sonnige Staubbahn hindurch, so daß die schlafenden Ratten für einen Augenblick im Dunkeln waren. Albinet, das weiße Meerschweinchen, verschluckte sich an einem Stückchen Kohlstrunk. Grüne Schlangen schlummerten auf kahlen Ästen, die quer durch ihre Käfige verliefen. Alex war nicht da, wahrscheinlich war er in der Cafeteria.

»Was sind das für dunkle Hätscheltiere in dem großen Käfig dort?« fragte Lambert.

»Ratten«, sagte ich.

Lambert ging zu einem Terrarium, hob den Deckel an und fragte: »Was haust hier drin?«

»Vorsicht«, rief ich, »darin sitzen kleine, sehr giftige Spinnen.«

»Nicht sehr vernünftig, die dann frei und offen hier stehen zu lassen«, sagte er, »ich würde zumindest ein Schloß an den Deckel machen.«

»Ja«, sagte ich, »das muß auch gemacht werden, vor allem, da jeder, der zum erstenmal hierherkommt, den Deckel hebt und seine Hand hineinsteckt.«

»Jenny auch?« fragte Lambert beiläufig.

»Ja«, sagte ich, und ich fühlte, wie mein Gesicht rot wurde, und ich sagte: »Aber es ist noch nie ein Unglück passiert. Erst wenn man zwischen den Steinen wühlt, kommen die Spinnen zum Vorschein.«

Nachdenklich ging Lambert zu einem Käfig mit Rattenweibchen. Mit seinem Zeigefinger tippte er gegen die Gitterstäbe. Ein schwangeres Weibchen umklammerte mit den Vorderpfoten die Stäbe. Vorsichtig streichelte Lambert das Näschen der Ratte, und sie biß, weil schwangere Weibchen immer beißen.

»Mein Gott«, rief Lambert, »sie hat mich gebissen.«

Alex kam in den Saal, sah sofort, was passiert war, und lief schnurstracks zu einem Wandschränkchen, in dem das Jod verwahrt wurde.

»Verdammt schmerzhaft«, sagte Lambert, an seinem Finger saugend.

»Ach«, sagte Alex, als er einen Tropfen Jod auf den Finger strich, »ich sage nur immer mit Florence

Nightingale: Wenn es keinen Schmerz gäbe, hätten wir auch keine Möglichkeit zu helfen, und was sollten wir dann tun?«

3

Die Beine unter sich gekreuzt, saß Leonie in unserem gemütlichsten Sessel. Sie las die Lokalzeitung, die den Bericht enthielt. Aber wie es schien, war sie noch nicht so weit. Während ich ab und zu heimlich über den Rand meiner überregionalen Abendzeitung, die den Bericht glücklicherweise nicht enthielt, ihr klares, ruhiges Gesicht betrachtete, dachte ich an eine amerikanische Studie, wonach Studentinnen in Universitätsbibliotheken viel öfter mit untergeschlagenen Beinen sitzen als Studenten. Und das hängt nicht davon ab, ob diese Mädchen einen Rock tragen oder nicht. Nein, diese Fötushaltung, wie der Forscher sie genannt hatte, wurde von Frauen bevorzugt. Anerzogen natürlich, dachte ich, Mädchen läßt man in ihrer Kindheit so sitzen, Jungen nicht. Auf diese Weise müssen heutzutage die Unterschiede zwischen Mann und Frau erklärt werden. Und dann dachte ich: Und es wird Frauen auch immer eingeredet, daß sie schrecklich gern Mutter werden wollen. Daher sehnt Leonie sich nach nichts anderem. Wieder betrachtete ich über den Rand meiner Zeitung ihr recht breites, flaches Gesicht und ihre hohen Wangenknochen, und ich hörte einen meiner früheren Freunde neidisch sagen: »Wenn man Leonie ansieht, ist es gerade so, als ob alle Probleme für immer gelöst wären, wenn man nur ein einziges Mal mit ihr ins Bett dürfte.« »Aha«, hatte ich gesagt, »und warum, bitte?«, und er hatte gesagt, geflüstert: »Weil sie so unsagbar schön ... nein, das ist es nicht, weil sie mich immer an eine große braune Schwebefliege erinnert, die im Sommersonnenlicht unbeweglich auf einer Stelle in der Luft bleibt und die an ihrem eigenen Flug, der sie nirgendwohin bringt, für immer genug zu haben scheint.«

Aber sie ist längst nicht mehr so schön wie damals, und sie hat an ihrem eigenen Flug nicht genug, dachte ich, während ich ihr welliges dunkelbraunes Haar betrachtete, sie sehnt sich leidenschaftlich nach Kindern, genau wie ich früher. Doch ich sehne mich nicht mehr, ihr Sehnen reicht für mehr als für uns beide, und ich dachte auch: Ob Menschen, die Kinder haben oder keine Kinder wollen, wohl jemals begreifen können, wie es ist, wenn man keine Verhütungsmittel braucht, sondern sich allein wegen der Nachkommenschaft lieben muß, daß man dann nämlich einen solchen Abscheu davor bekommen kann und nicht mehr mit seiner Frau ins Bett will? Ich sah die Temperaturkurven vor mir, an denen man ablesen konnte, wann die Ovulation stattgefunden hatte oder stattfinden würde, und an den Tagen hatte ich, sozusagen auf Kommando, mit ihr ins Bett gehen müssen, weil dann, dem Gynäkologen zufolge, die Chance am größten war, daß eine Befruchtung stattfinden würde. Und dadurch war ich, es ist nun schon wieder Jahre her, nicht mehr wirklich fähig gewesen, mit ihr zu schlafen, es sei denn, wir (und wer würde das jemals glauben können, der das nicht selbst erfahren hätte?) benutzten ein Kondom. Nur dann richtete er sich auf.

Dennoch war Leonie – es war schon wieder fast zwei Wochen her – zu ihrer behinderten Mutter gefahren, um in ihrer Heimatstadt einen neuen, berühmten Gynäkologen zu konsultieren. Und der hatte ihr, indem er nicht sofort »nein, es ist unmöglich« gesagt hatte, doch wieder Hoffnung gemacht, so daß die hellbraunen fröhlichen Pünktchen in der Iris ihrer Augen glänzten und sie wieder angefangen hatte, ihr Haar offen zu tragen.

Sie schaute von ihrer Zeitung auf. »Warum siehst du mich so an?« fragte sie.

»Weil du mit deinen kurzen, offenen Haaren so ganz anders aussiehst«, sagte ich.

»Besser oder schlechter?«

»Anders«, sagte ich.

Sie las wieder weiter, und ich dachte: Hätte ich mich, wenn nicht diese Kinderlosigkeit zwischen uns stehen würde, je nach einer anderen gesehnt? Ich wußte, daß das zwar etwas damit zu tun hatte, daß ich mich aber aus anderen – tieferen – Gründen in Jenny verliebt hatte. Als ich sie zum erstenmal in der Bibliothek sah, hatte ich fasziniert auf ihre schwarzen Vogelklauen gestarrt, überrascht, daß ein solches Detail soviel an Abscheu grenzende Erregung verursachen konnte. Später, als ich sie kennengelernt hatte, war ich ebenso fasziniert von ihren Launen und ihrer Reizbarkeit, die so ganz anders waren als Leonies, in Nietzsches Worten, »gefestete, milde und im Grunde frohsinnige Seele«, bei der man nicht vor »Tücken und plötzlichen Wutausbrüchen auf der Hut zu sein brauchte«.

Leonie streckte ihre Beine, erhob sich aus ihrem Sessel und kam mit der aufgeschlagenen Zeitung auf mich zugelaufen. Sie zeigte auf ein Foto, sagte: »Das ist doch das Mädchen aus der Bibliothek?«

Um mich nicht zu verraten, nickte ich nur und sah aufmerksam das Foto an, auf dem sie reizvoller aussah, als sie in Wirklichkeit gewesen war.

»Zum letztenmal gesehen in der Nacht von Mittwoch auf Donnerstag, den 1. August, sie trug damals eine blaue Jacke, einen weißen Pullover, lange Ohrringe, ein silbernes Kettchen, einen blaugrauen, karierten Rock«, las Leonie sachlich vor.

Leise fügte ich hinzu: »Und weiße Stiefel«, und begriff sofort, daß es das war, was ich vergessen hatte, als Lambert mich verhörte.

»Was sagtest du?« fragte Leonie.

»Daß sie es ist, das Mädchen aus der Bibliothek«, sagte ich.

»Nein, du sagtest etwas anderes.«

»Ja, ich sagte so etwas wie: Ach, ich habe sie vor ein paar Wochen noch in der Bibliothek gesehen.«

»So ein langer Satz war das nicht.«

»Nein, vielleicht dachte ich das nur.«

»Du sagtest etwas mit dem Wort ›weiß‹ darin.«

»O ja, das war es, sie trug fast immer weiße Stiefel, und das sagte ich, weil ich erwartete, daß du das auch vorlesen würdest.«

»Nein, davon steht da nichts. Aber es wundert mich nicht, daß sie verschwunden ist. Sie nahm Drogen, sie roch nach Drogen.«

»Ist das nicht ihre eigene Sache?«

»Natürlich.«

»Dabei fällt mir ein«, sagte ich, »ich muß noch zwei Bücher in die Bibliothek zurückbringen, sonst muß ich Mahngebühr zahlen.«

Wenig später lief ich durch die staubigen, sonnigen Straßen der Stadt. In den Grachten war es ungewöhnlich still; die Studenten verbrachten ihre Ferien woanders. Die normalen Bürger tranken drinnen in den Häusern ihren ersten Abendkaffee.

Eilig ging ich am Pardoeza vorbei und folgte von dort ihrem Weg. Über die Brücke und an der Kirche entlang erreichte ich das Gäßchen mit dem Kopfsteinpflaster, das sich zwischen den von Mauern umgebenen Gärten der Herrenhäuser zur Bibliothek schlängelte. Sobald ich die runden Steine unter meinen Schuhen spürte, begann ich, langsamer zu gehen. Auf halbem Wege – dort, wo es passiert war – blieb ich stehen und blickte die Glasscherben auf einer dieser niedrigen Gartenmauern an. Sie warfen das Sonnenlicht zurück, und wieder sah ich, was ich, als es passierte, zum erstenmal gesehen hatte: Daß alle diese Glasstückchen von einem alten Spiegel stammen mußten. In jeder Scherbe sah man einen Teil der Welt, aber verzerrt, weil sie entweder nach außen oder nach innen gewölbt war. Und an jenem Abend hatte ich viele verschiedene Jennys in den Scherben gesehen, mit dem späten Sonnenlicht auf den vielen Gesichtern, und alle diese Jennys hatten sich vorsichtig zu mir hingebeugt, und ich konnte mich nicht satt sehen an der beinahe ekstatischen Glut auf all diesen Gesichtern und auf all diesen geschlossenen Augen, und ich selbst hatte der Versuchung widerstehen müssen, auch meine Augen zu schließen, als sie mich küßte. Und ich wußte, daß ich das nie wieder vergessen würde, nicht nur, weil sie einen Augenblick später triumphierend gesagt hatte: »Menschenskind, wie klappt das gut mit uns«, sondern auch, weil ich bei diesen Spiegelscherben immer an diese eine Zeile aus dem kurzen Gedicht von Leigh Hunt hatte denken müssen: »*Jenny kissed me when we met.*«

Über die Mauer schlang sich hier und dort ein Efeutrieb durch das Glas hindurch. An jenem Abend hatten sie ausgesehen wie kleine Fangarme. Jetzt schienen sie schnell zu wachsen, schienen die Glasscherben wegschieben zu wollen. Langsam ging ich weiter, war immer nahe daran zu summen: »Jenny küßte mich, als wir uns trafen«, und schließlich wiederholte ich dann auch das Ende des Gedichts: »*Say I'm weary, say I'm sad, Say that health and wealth have missed me, Say I'm growing old, but add, Jenny kissed me.*« Dann dachte ich: Es steht nur ein einziges kurzes Gedicht von diesem Leigh Hunt in *The Golden Treasury* von Palgrave. Vielleicht hat er nur diesen kleinen Vers geschrieben, um die einzige Erfahrung, auf die es ihm ankam, in den Worten auszudrücken: »Jenny küßte mich.« Vielleicht ist er nicht einmal mit ihr im Bett gewesen; vielleicht hat er sie nur geküßt, und doch konnte er da schon sagen: »Sag, daß ich müde bin und traurig, sag, daß Gesundheit und Reichtum mir versagt sind, sag, daß ich alt werde, aber füge hinzu: Jenny küßte mich.«

Ein Stück weiter, dort, wo etwas größere Scherben auf der Mauer lagen, sagte ich leise: »Und hier habe ich an demselben Abend Hundedreck von ihren Schuhen abgewischt, und sie hat mich dann noch einmal geküßt.«

Noch immer lag überall auf dem Kopfsteinpflaster Hundekot. Noch immer mußte ich vorsichtig gehen, mußte ich stehenbleiben, wenn ich sehen wollte, wie der Abendhimmel sich in dem Glas auf der Mauer widerspiegelte, und nochmals hörte ich sie sagen: »Nun mußt du meinen Schuh saubermachen, denn es ist deine Schuld.«

Mit einem Stück Zeitungspapier, das dort herumlag, hatte ich ihren Schuh saubergemacht, und beinahe hätte ich jetzt, wo ich allein durch diese Gasse lief, meinen eigenen Schuh mit Kot beschmutzt, um einen Vorwand zu haben, nicht in die Bibliothek hinaufgehen zu müssen. Aber ich konnte es einfach nicht lassen; ich mußte kurz in ihr Zimmer schauen. Schweren Herzens stieg ich die Treppe hinauf, ging durch einen schmalen Flur am Zeitungssaal entlang, ging durch eine kleine Kammer, von der aus man in einen anderen Flur kam, wo eine Leiter schräg unter einer Luke aufgestellt war. Die Luke war geschlossen. Warum konnte ich der Versuchung nicht widerstehen, schnell die Leiter hinaufzusteigen und die Luke aufzustoßen?

Die Rolle, die das Kontergewicht hielt, quietschte, und jemand schien den Fuß von der Luke zu nehmen. Es waren Männerstimmen zu hören. Als ich die Luke wieder zuziehen wollte, hinderten mich mindestens zwei Hände daran, und die zogen die Luke schnell hoch. Im Halbdunkel sah ich zuerst nur den herabbaumelnden, schlecht geknoteten Schlips von jemandem, der sich weit vorgebeugt hatte.

»Guten Abend«, sagte Lambert, »welch eine Überraschung!«

Ich nickte stumm, brachte dann heraus: »Ist sie schon zurückgekommen?«

»Nein, aber kommen Sie erst einmal herauf.«

»Ach, das ist nicht nötig, ich wollte nur kurz sehen, ob sie vielleicht schon zurück ist, ich mußte ohnehin wegen ein paar Büchern vorbeikommen.«

»Und doch wäre es nett, wenn Sie noch etwas weiter heraufkämen. Es gibt noch ein paar offene Fragen.«

»Gut«, sagte ich und stieg die Leiter hinauf, richtete mich zwischen den beiden gebückt dastehenden Kriminalbeamten auf, die sich in demselben Tempo, wie ich hinaufkletterte, aufrichteten, so daß wir wie ein Mann gleichzeitig hochkamen.

»Nun siehst du doch wenigstens, daß es wahr ist, sie kommen immer an den Ort ihres Verbrechens zurück«, sagte Lambert vergnügt zu Meuldijk.

Als ich auf dem Korbstuhl saß, auf dem ich schon so oft gesessen hatte, sagte Lambert: »Es sind ein paar merkwürdige Dinge ans Licht gekommen. Erstens ist es ziemlich sicher, daß sie in der Nacht vom 31. auf den 1. nicht mehr zu Hause gewesen ist. Weil es so donnerte und goß, hat das andere Mädchen, das hier über der Bibliothek wohnt, mitten in der Nacht überall Töpfe und Eimer aufgestellt, um das heruntertropfende Himmelswasser aufzufangen. Während sie damit beschäftigt war, sah sie, daß die Tür zum Zimmer von Mejuffrouw F. offenstand, und sie hat vorsichtig hineingeschaut. F. war nicht zu Hause. Sie ist auch danach nicht mehr zu Hause gewesen, denn ihre Dachbodengenossin, sage ich mal, ist bis zum Morgengrauen aufgeblieben, um das Wasser in allen verfügbaren Töpfen aufzufangen. Auch am nächsten Tag ist sie zu Hause geblieben, und die ganze Zeit über hat sie Mejuffrouw F. nicht gesehen. In der nächsten Nacht donnerte es wieder, und die Dachbodenfreundin hat Mejuffrouw F. auch da nicht zu Hause angetroffen. Ihre Katzen sind seit dem 1. August nicht mehr versorgt worden. Mit anderen Worten: Mejuffrouw F. ist verschwunden, nachdem Sie sie zuletzt gesehen haben. Daß sie danach Freunde besucht haben soll, ist höchst unwahrscheinlich, weil sie sonst doch zuerst von hier Kleidung und Toilettensachen mitgenommen hätte, meinst du nicht auch, Krijn?«

»Ja«, sagte Meuldijk, der diesmal eine dunkle Brille trug.

»Aber ist es nicht möglich, daß sie mitten in der Nacht von jemandem aufgegabelt worden oder mit jemandem mitgegangen ist? Sie hatte so viele Freunde«, sagte ich.

»Ja, das haben wir inzwischen allerdings auch herausgefunden. Aber um drei Uhr nachts laufen auch die

Freunde eines solchen Mädchens nicht scharenweise auf der Straße herum. Sehen Sie, das einzige Café, das noch offen hatte, war das Pardoeza, und wenn unsere Angaben richtig sind, haben Sie mit ihr kurz vor drei Uhr, zur Sperrstunde, das Café verlassen. Um vier Uhr ist das Gewitter mit voller Wucht losgebrochen. Da mußte sie schon irgendwo ein Dach über dem Kopf haben. Man läuft bei einem solchen Guß nicht draußen herum, wenn man so nahe wohnt. Aber gut, erzählen Sie uns erst mal, mit welchen Freunden sie sich in der letzten Woche getroffen hat.«

»Sie war«, sagte ich, »gut befreundet mit einem Brasilianer, der sie nachts immer anrief, um zu fragen, ob er kommen dürfe.«

»Nachts? Waren Sie nachts denn auch hier?«

»Nein, nein, aber das erzählte sie mir immer. Sie fand es ziemlich lästig. Früher war er ein guter Freund gewesen, aber jetzt ... naja, so geht das.«

»Und weiter?«

»Weiter habe ich hier Robert kennengelernt, einen Juristen.«

Ich wartete einen Augenblick, schaute Lambert an, der auf dem hohen Ölofen saß und trotzdem noch immer mit seinen Füßen die Quadrate des Strohteppichs berührte. Warum fragten sie nicht nach seinem Zunamen?

»Ich nehme an«, sagte Lambert, »daß der Brasilianer nicht kommen durfte, wenn Sie schon hier waren.«

»Ich habe Ihnen doch gesagt, daß ich überhaupt nicht hier war, sondern daß sie mir erzählte ...«

»Ach, kommen Sie, ist schon gut. Und die anderen Freunde?«

»Ja, noch ein Psychiater, den ich nie gesehen habe, ebensowenig wie den Brasilianer übrigens, aber dieser Psychiater hatte sie nach einem Selbstmordversuch behandelt, und seitdem sind sie Freunde. Und dann noch ein Journalist, der bei der Zeitschrift *Zero* arbeitet, und einer aus der Pop-Szene, mit dem sie, wenigstens erzählte sie mir das, Marihuana rauchte und ein paarmal Kokain schnupfte, und weiter Dutzende von Freundinnen, die sie im Frauenhaus kennengelernt hatte. Aber von denen weiß ich nichts.«

»Wenn ich richtig verstehe«, sagte Lambert, »haben Sie von all diesen Freunden nur einen hier gesehen.«

Drohend zuckte sein linkes Bein. Meuldijk lächelte.

»Jawohl«, sagte ich, »nur Robert habe ich hier gesehen.«

»Welchen Eindruck hat sie nun eigentlich auf Sie gemacht?«

»Ein unheimlich nettes Mädchen, und außerdem unheimlich anziehend, Sie haben ja selbst ihr Foto gesehen, aber sie war auch, ja, wie soll ich es sagen, sie war auch ein bißchen ...«

»Verlottert?«

»Nein, das nicht, heruntergekommen vielleicht, nicht verlottert.«

»Was meinen Sie? Spritzte sie?«

»Das weiß ich nicht, aber es könnte schon sein, denn ...«

»Denn ...?«

»Ach, das darf ich nicht sagen, weil ich dafür keine konkreten Hinweise habe.«

»Dann formulieren Sie es eben abstrakt. Meuldijk, dies nicht protokollieren, das erleichtert es Meneer K. vielleicht, seinen Satz zu vollenden.«

Erwartungsvoll und eher väterlich als streng schaute Lambert mich an. Seine langen Beine bewegten sich langsam vor dem Ölofen hin und her, und seine Schnurrbartspitzen wiegten sich in demselben Rhythmus mit.

»Von Haus aus bin ich Pharmakologe«, sagte ich, »und ich habe ziemlich viele Versuche mit Ratten gemacht, die mit stark betäubenden Medikamenten gespritzt wurden. Bevor sie völlig betäubt waren, gab es eine Phase, in der sich ihre Aufmerksamkeit verringerte. Sie nahmen nicht mehr wahr, was in der Außenwelt passierte. Und das war bei ihr genauso, ihre Aufmerksamkeit war eingeschränkt, aber das kann ja auch in ihrem Charakter gelegen haben.«

»Interessant! Hörst du das, Krijn, was für ein Fachwissen! Die meisten Menschen sehen schon an einem nackten Bein oder einem nackten Arm, ob jemand spritzt. Aber Meneer hier ... Paß auf, weißt du, es kann ja auch sein, daß Meneer hier vielleicht gar nicht erzählen will, daß er die Einstichstellen gesehen hat, weil er dann denkt, wir könnten denken, daß er ... tja, tja, tja ...«

Er schloß kurz die Augen, stieß sich, die Hände auf dem Ofen weit gespreizt, für einen Augenblick hoch und wiegte seinen großen Körper hin und her. Dann öffnete er die Augen, blickte mich direkt an und fragte: »Warum mochten Sie sie eigentlich so gern?«

Wenn Meuldijk nicht da gesessen und protokolliert hätte, würde ich es ihm vielleicht gebeichtet haben, aber im Beisein von Krijn konnte ich nichts von ihrer Launenhaftigkeit erzählen, von ihrem fröhlichen, sorglosen, immer irgendwie kichernden Lachen, von ihren langen, meistens schwarzlackierten Fingernägeln, von der rätselhaften Tatsache, daß ihr Spiegelbild mich zu Tränen rührte, und nicht einmal, wenn ich mit Lambert allein gewesen wäre, hätte ich »*Jenny kissed me*« über die Lippen bringen können, und daher sagte ich nur: »Sie war jung und schön.«

Lambert nickte, fragte dann beiläufig: »Woran forschen Sie zur Zeit?«

»An der Relation zwischen Hunger und Durst und dem Kannibalismus bei Ratten.«

»So, dieser Satz sitzt, den haben Sie öfter gesagt. Aber warum sind Sie als Pharmakologe gerade daran interessiert?«

»Weil es mir die Gelegenheit bietet zu erforschen, ob es Medikamente gibt, die den Kannibalismus stimulieren.«

»Können Sie uns das bitte etwas näher erklären?«

»Nun, sehen Sie«, sagte ich, »wenn man hundert Ratten zusammensperrt und sie nicht füttert, werden sie nach fünf Tagen zu Kannibalen. Was mich interessiert, ist, ob man ihnen irgendeinen Stoff spritzen kann, der sie zum Beispiel schon nach einem Tag übereinander herfallen läßt. Gesetzt den Fall, man findet eine solche Droge – das wäre ein Durchbruch in der Rattenbekämpfung.«

»Na, Krijn, davon werden wir auch nicht klüger. Erzählen Sie uns lieber mal, in welche Cafés sie normalerweise ging.«

»Ins L'Espérance, ins Café Het Gerecht, ins Café Den Uyl, in De Bonte Koe, oft in De Twee Spiegels, und wenn alle anderen um ein Uhr schlossen, ging sie meistens noch ins Pardoeza.«

»Sie sind mit ihr in all diesen Cafés gewesen?«

»Ja, aber meistens im Pardoeza und in De Twee Spiegels.«

»Ist irgendwann einmal etwas Besonderes passiert während eurer Kneipentouren?«

»Nein, daran kann ich mich nicht erinnern.«

»Keine Drohungen?«

»Gegen sie? Gegen ein solches Mädchen? Wie kommen Sie darauf!«

»Sie haben keine Ahnung, wohin sie gegangen sein könnte in der Nacht von Mittwoch auf Donnerstag?«

»Nein.«

»Sie selbst sind sofort nach Verlassen des Cafés nach Hause gegangen?«

»Ja.«

»Haben Sie draußen noch ein wenig miteinander geredet?«

»Ja.«

»Worüber?«

»Über ... über, ja, worüber eigentlich? Ich war wohl schon ziemlich betrunken, ich weiß nicht ...«

»Ganz schön angesäuselt, ja, das sagt die Cafébesitzerin auch. Sie erzählte uns außerdem, Sie hätten etwas über das Leben gesagt. Das habe ziemlich großen Eindruck auf sie gemacht, was haben Sie denn gesagt?«

»Daß das Leben der Umweg eines Sonnenstrahls auf seinem Weg in das Weltall ist.«

»Ja, etwas in der Art. Die Cafébesitzerin erzählte auch, Sie hätten noch lange mit ihr auf dem Bürgersteig gestanden. Aber erinnern Sie sich wirklich nicht mehr, worüber Sie da gesprochen haben?«

»Ich glaube, daß ich erklärt habe, was ich meinte. Denn sie hatte es nicht richtig verstanden.«

»Was hat sie nicht verstanden? Das mit dem Sonnenstrahl? Nein, davon verstehe ich auch nicht das geringste. Du etwa, Krijn?«

»Es ist unwichtig«, sagte Meuldijk, »die Cafébesitzerin sagte auch noch, daß Sie sich anrufen würden.«

»Ja, ja«, sagte ich hastig, »das haben wir auch noch zueinander gesagt. Daß wir uns wieder anrufen würden. Und meiner Meinung nach haben wir außerdem von meiner Arbeit gesprochen.«

»Von Ihrer Arbeit?«

»Ja, sie war sehr interessiert, und meine Frau will nie etwas davon hören, weil sie Angst vor Spinnen hat und die Versuche über Kannibalismus ekelhaft findet. Und dann ist es doch schön, wenn eine andere Interesse hat für das, was man tut«, sagte ich nervös und fuhr mir mit der Zunge über die Lippen.

»Wußte Ihre Frau etwas davon, daß Sie mit diesem Mädchen so mitten in der Nacht herumzogen?«

»Meine Frau war in dieser Woche auf Besuch bei ihrer Mutter«, sagte ich langsam.

Lambert ließ seine Beine wieder für einen Augenblick hin und her baumeln, und ein maliziöses Lächeln erschien auf seinem Gesicht. Seine Mundwinkel zitterten, als stünden sie unter Strom. Kurz entschlossen stand er auf; sein Schlips flatterte wie wild hin und her. Dann glitt dasselbe Lächeln bei Meuldijk von den Augenbrauen bis zu den Mundwinkeln; es war, als hätte er es von Lambert abgeguckt.

Um sie abzulenken, bemerkte ich: »Vorhin sagten Sie: Es sind ein paar merkwürdige Dinge ans Licht gekommen. Und dann sprachen Sie von erstens. Aber Sie haben noch nichts von zweitens gesagt. Was ist zweitens ans Licht gekommen?«

»Das ist es ja gerade, das ist noch nicht ans Licht gekommen, das müssen wir noch beweisen, das vermute ich nur.«

»Was vermuten Sie denn?«

»Etwas, das Sie sicher wissen.«

Mit großen Schritten ging er im Zimmer auf und ab. Wild schwang der Schlips über seiner Brust. Er öffnete seine großen Hände, kam damit auf mich zu, als ob er mich wegstoßen wollte, sagte: »Gehen Sie jetzt nur, gehen Sie jetzt nur, wir sprechen uns ganz bestimmt noch ein anderes Mal.«

4

Im Garten hinter unserem Haus suchte ich meinen Sohn. Regenschnecken zogen glänzende Schleimspuren über die kleine Terrasse. Unter jedem Stück Holz, das ich aufhob, wimmelte es von harten dunkelvioletten Kellerasseln. Aus dem Ahorn ließen sich Schwarze Witwen an einem einzigen Faden herunterfallen. Aber wo war mein Sohn? Natürlich, er war Leonies Kind, ich mußte ihn da suchen, wo er Wolken sehen konnte. Schnell kämpfte ich mich durch bis zum Zaun am Ende des Gartens. Seine Stimme hörte ich schon: »Vater, was tun die Menschen am liebsten?«, und ich antwortete: »Auf Stühlen beieinandersitzen und schwatzen«, aber noch immer sah ich ihn nicht. Im Zaun quietschte das morsche Tor in seinen Angeln. Dahinter badete das Gäßchen mit den Glasscherben im Mondlicht. Als ich hindurchspazierte, beugten die Bäume ihre Äste von der anderen Seite zu mir herab, so daß ich fast nach den Früchten – waren es Äpfel? – greifen konnte. Doch immer, wenn ich eine pflücken wollte, verwandelte eine solche Frucht sich in ein Köpfchen, das seinen Mund öffnete und vergeblich versuchte, einen Ton hervorzubringen. Um dennoch so ein Köpfchen streicheln zu können, erklomm ich die

Mauer. Als ich zwischen den Glasscherben stand und nach den Zweigen langte, verlor ich das Gleichgewicht, und auf der anderen Seite der Mauer fiel ich und fiel und fiel ...

Mit dicken Schweißtropfen auf der Stirn wurde ich wach. Neben mir hörte ich ihre friedlichen Atemzüge. Man konnte nicht behaupten, daß eine dauernd wiederkehrende Sorge die Melodie blase. Hatte Nietzsche jemals neben einer Frau geschlafen? Hatte er jemals von seinem Sohn geträumt? Erst als ich mich damit abgefunden hatte, daß Leonie keine Kinder bekam, hatte ich angefangen, von ihm zu träumen. Nächtelang hatte ich mit ihm Schach gespielt, und immer wieder war ich mit ihm an Häfen entlanggewandert und hatte dort seine Fragen beantworten müssen. »Vater, warum leben wir?« »Um uns darauf vorzubereiten, daß wir sehr lange tot sein müssen.«

Vorsichtig ließ ich mich aus dem Bett gleiten. Im Badezimmer wischte ich mir zuerst den Schweiß von der Stirn, dann trank ich ein Glas Wasser. Auf der Treppe nach unten knarrte eine Stufe, aber Leonies Stimme war nicht zu hören. Im Wohnzimmer verjagte ich die kühlen Schatten mit dem Licht einer Schirmlampe. Dann stellte ich meine Stereoanlage an und machte die Lampe aus. Auch das blaue Licht der Anlage vertrieb die Schatten, dennoch blieben hier und da geisterhafte schwarze Flecken zurück, und ich dachte: Mitten in der Nacht sind sogar ausgesprochen glückliche Menschen depressiv, wenn man sie aufweckt, warum sollte es mir anders ergehen? Jedes Unglück können wir

Pharmakologen mit den einfachsten Mitteln bekämpfen, aber es soll uns einmal jemand folgendes Rätsel lösen: Wie kommt es, daß Pharmakologen, die täglich mit den ausgefallensten Medikamenten umgehen und für jedes psychische Leiden ein Mittel wissen, selbst nie etwas einnehmen? Warum nehme ich kein Schlafmittel? Warum schlucke ich kein Antidepressivum?

Während ich Verdis *Otello* aus dem Regal nahm, gab ich mir selbst zur Antwort: Weil es nicht die Bestimmung des Menschen ist, glücklich zu sein. Durch Glück wirst du nicht ein bißchen weiser. Du lernst nur durch Schmerz und Kummer und Leid; du kommst nur durch Unglück weiter. Aber wohin weiter?

Ich legte den zweiten Akt auf, lauschte dem »*Non ti crucciar*«, griff dann zum Kopfhörer und schaltete meine Anlage um. Kinderstimmen sangen Desdemona zu; in meinen Ohren klangen sogar die lieblichen Mandolinen noch schrill. Ich legte die dritte Plattenseite auf. Es schien zunächst alles wieder gut zu sein zwischen Otello und Desdemona, sie sang »*perdona*«, sie sang »*ho peccato*«, und dann kam das schönste Stück der Oper, nur zwei Takte, ein Largo, und ich schloß die Augen, summte es leise mit: »*... dammi la dolce e lieta parola del perdono.*«

Die Tür öffnete sich; Leonie stand im spärlichen blauen Licht auf der Schwelle und fragte: »Was machst du?«

»Ich höre *Otello*, ich kann nicht schlafen.«

Ich setzte die Nadel einige Rillen zurück und schaltete die Anlage um auf die Lautsprecher.

»Hör dir dieses Stück einmal an«, sagte ich, »hier bittet Desdemona um Vergebung.«

Wieder erklang ihre sanfte Stimme »*ho peccato*«, und wieder atmete sie ihre betörende Bitte. Leise summte ich den Quintensprung mit, und ich wiederholte »*perdona*«, während die Musik schon wieder weiterspielte.

Leonie fragte: »Wie kommst du auf einmal dazu, *Otello* zu hören?«

»Als du bei deiner Mutter warst, habe ich ihn immer gehört, meiner Meinung nach ist es die wundervollste Oper, die es gibt, du täuschst dich wirklich, was Verdi angeht, er ist ein unfaßbar großer Komponist.«

»Na, behalte deine Superlative für dich, entweder er ist gut oder er ist nicht gut, aber es hat keinen Sinn, so darüber zu sprechen. Ich habe übrigens nie gesagt, daß Verdi kein großer Komponist ist, aber es gibt immer Drama und Leidenschaft und Mord und Totschlag bei ihm, es ist alles so unrealistisch.«

»O ja? Über Mord und Totschlag liest du täglich in den Zeitungen.«

»Na gut, aber diese dumme Geschichte! Ein Mohr, der seine Frau ersticht, weil er eifersüchtig ist. Denkst du wirklich, daß ein Mann eine, mit der er jahrelang zusammengelebt hat, einfach so, wegen eines vagen Verdachts der Untreue, ersticht?«

»Das weiß ich nicht, ich weiß nur, daß es wunderschöne Musik ist, du mußt dir die Rückseite dieser Platte einmal anhören, warte, ich werde sie für dich auflegen, da singt Cassio von dem amourösen Abenteuer mit einem Mädchen.«

Fast ohne hinzusehen, konnte ich die Rille finden, bei der Cassio mit seiner Geschichte beginnt; hatte ich doch schon so oft diese Rille gesucht. Da erklang bereits die Filigranmusik des Cassio, und atemlos lauschte ich den silbernen Trillern, die meine Stimmung zwar nicht verbesserten, aber doch die Schwermut etwas milderten, und Leonie sagte: »Ja, das klingt wirklich großartig, geradezu ein veredelter Scarlatti.«

»Veredelter Scarlatti«, sagte ich entrüstet.

»Ja«, sagte sie, »hör nur, es ist ein Sechsachteltakt, und es sind immer sechs Noten hintereinander mit demselben Notenwert und mit vielen Trillern und manchmal fünf dieser scarlattiartigen Sechzehntel mit einer Pause davor.«

»Ja, analysiere es nur kaputt, wenn du willst. Bist du deshalb aus dem Bett gekommen?«

»Nein, ich wollte nur wissen, was du machst. Und warum soll ich nicht ...«

»Geh bitte, hör du dir deinen Schumann an, seine *Kinderszenen*.«

»Was ist los? Was habe ich dir auf einmal getan?«

»Warum kommst du aus dem Bett, wenn du doch nur Streit anfangen willst?«

»Streit anfangen? Wer streitet hier? Wer fängt hier von Schumann an?«

»Ja, ja, ich, immer nur Schumann, von etwas anderem willst du nichts wissen, du hörst höchstens noch einen Knabensopran in diesen Bach-Kantaten mit angeblich authentischer Begleitung, während es auch Komponisten gab wie Verdi ...«

»Mit nichts als Mord und Totschlag und gräßlichen Geschichten.«

»Nun, aber Verdi war wenigstens kerngesund und ist steinalt geworden, während sie deinen Schumann in eine Irrenanstalt einsperren mußten.«

»Schumann ist nicht verrückt geworden.«

»Weißt du, warum du Schumann liebst? Weil er immer diese kindischen Sachen für Kleinkinder komponierte. *Lieder-Album für die Jugend. Clavier-Sonaten für die Jugend. Lieder für die Jugend. Schmetterling, Marienwürmchen. Vom Schlaraffenland. Kinderwacht. Schneeglöckchen.* Es erinnert dich an deinen sorgfältig gepflegten Schmerz. Ich kann keine Kinder kriegen, ach, wie schrecklich in einer Welt, in der man über das Kroppzeug nur so stolpert.«

»Hör doch auf, hör doch bitte auf.«

»Nein, ich höre nicht auf, jetzt muß es einmal heraus, jetzt muß ich es einmal sagen. Ich glaube überhaupt nicht, daß du wirklich Kinder haben willst. Wenn das so wäre, würdest du nicht so oft darüber reden, dann wäre es ein stiller Kummer für dich, aber du pflegst ihn, du genießt deinen Kummer. Wenn du wirklich ein Kind bekämst, würde es vorbei sein mit deiner Sehnsucht, dann hättest du nichts mehr, worum du dich bemühst, wonach du verlangst, dann könntest du nicht mehr zu Gynäkologen rennen und dich nicht mehr an deiner eigenen Sorge und an deinem eigenen Kummer weiden. Oh, wie unglücklich würdest du werden. Aber jetzt kannst du richtig exaltiert mit jedem, der es nur hören will, über Kinder reden, jetzt kannst du deinen

Schumann lieben, weil er alle Kindergärten aneinanderkomponierte, und solche Dichter wie Nijhoff, weil er in jedem zweiten Gedicht über Kinder schrieb. Aber ich sage dir, das bedeutet nichts, das ist oberflächliches und kindisches Getue, damit willst du verbergen, daß du dich, tief in deinem Unterbewußtsein, überhaupt nicht nach Kindern sehnst, daß dort schwarz ist, was an der Außenseite weiß erscheint, und daß dort Nein ist, was nun Ja zu sein scheint, und daß das der Grund ist, warum sie nicht kommen, das, nur das allein. Du willst sie gar nicht haben oder nicht von mir haben...«

»Nein, wenn du so redest, bestimmt nicht, ich gehe, ich will nicht länger mit so jemandem reden, hör du dir nur weiter deinen *Otello* an.«

»Ist es wahr oder nicht, was ich sage«, rief ich, »du hast mich jetzt Jahre damit terrorisiert, du hast mich unglücklich damit gemacht, du hast mein Leben verdorben, weil alles, alles nur darauf ausgerichtet war, und weil ich nur noch mit dir ins Bett durfte, damit du Kinder kriegst, und nicht, weil du es schön fandest oder weil du dich auch nur selbst danach sehntest, mit mir ins Bett zu gehen, ich war nur noch gut als veredelter Zuchtstier, ein Stiermännchen...«

»Ein Stier ist immer ein Männchen.«

»Ach, geh zum Teufel, geh in dein Bett, oder nein, nein, warte noch, antworte jetzt mal ehrlich: Warum hast du, wenn du dich so leidenschaftlich nach Kindern sehnst, niemals eines adoptieren wollen?«

»Du hast nie ein Wort davon gesagt.«

»Muß ich das denn? Ich kann doch ebensogut sagen, daß du nie davon angefangen hast. Und warum nicht?«

Sie stand in der Tür, die Hände über ihrem unfruchtbaren Schoß gefaltet, und sie sah mich an mit ihren großen schwarzen Pupillen und sagte: »Ich will so gern ein Kind, das ich selber getragen habe.«

»Ach«, sagte ich, »es ist also wahr, was Nietzsche irgendwo geschrieben hat: ›Du liebst deine Begierde, nicht das von dir Begehrte.‹«

»Kommt er da wieder mit diesem altbackenen Philosophen, der wirklich verrückt geworden ist.«

Ich suchte nach etwas, womit ich sie endgültig zum Schweigen bringen, etwas, dem sie nichts entgegenstellen könnte, etwas, das sie zerschmettern würde, und während ich das erlösende Wort suchte, begriff ich mit dieser falschen Klarheit, jenem Merkmal für einen Streit, den man selbst provoziert hat, daß ich ihr gegenüber entsetzlich ungerecht war. Doch nun konnte ich nicht mehr zurück, ich mußte sie, die dort im blauen Licht auf der Schwelle stand, zum Schweigen bringen, sie vernichten, besiegen, und noch immer suchte ich nach etwas, das sie am meisten verletzen würde, und weil ich schon über ihre ungeborenen Kinder geredet hatte, wußte ich nichts mehr zu sagen, bis mir einfiel: »Ich würde dich gegen jede Frau, die eine ordentliche Abtreibung gehabt hat, eintauschen wollen.«

Sie warf ihren Kopf nach hinten, sie schnaubte wie ein Pferd. Mit erhobenem Kopf lief sie aus dem Zimmer, und ich hörte einen Wasserhahn laufen, eine Tür schlagen und noch eine Tür schlagen; danach hörte ich nichts mehr, weil ich meinen Kopfhörer wieder aufgesetzt hatte und dem *Lied vom Weidenbaum* lauschte.

Ich bereute sofort, was ich gesagt hatte, und ich dachte: Aber warum bist du denn auch so ein lieber Mensch, warum beschimpfst du mich nicht, warum hast du nur so dagestanden, ich kann doch nichts gegen dich tun, wenn du immer nur so ein verdammt lieber Mensch bleibst, und zugleich dachte ich auch: Das ist das Schreckliche an einer Ehe, du findest dich selbst so widerlich.

5

Meistens überlasse ich Leonie das Telefon. Glücklicherweise nahm ich diesmal selbst den Hörer ab.

»Hier Lambert«, hörte ich, nachdem ich mich gemeldet hatte. Und sofort fügte er hinzu: »Kann ich Sie einen Augenblick sprechen?«

»Jetzt gleich?« fragte ich.

»Ja«, sagte er, »und am liebsten bei Ihnen zu Hause.«

»Aber, aber ...«, sagte ich.

»Was aber?«

»Jetzt, das ist schon möglich, aber dann lieber irgendwo anders, nicht ...«

»Was spricht dagegen, daß ich zu Ihnen komme?«

»Das kann ich nicht so genau sagen.«

»Hört jemand mit?«

»Nein, ja«, sagte ich.

»In Ordnung. Dann kommen Sie also in mein Büro. Zimmer 316.«

Während ich den Hörer auflegte, fragte Leonie: »Wer war das?«

»Alex«, sagte ich, »es ist irgend etwas los mit den Ratten, ich muß noch kurz ins Labor.«

»Warum schwitzt du auf einmal so?«

»Ich schwitze schon den ganzen Tag, es ist noch so irrsinnig warm.«

»Aber deine Stirn war eben lange nicht so naß.«

»Vielleicht schwitze ich vor Schreck. Alex hat gesagt, daß ein paar Ratten entwischt sind.«

»Alex? Du hast ganz anders mit Alex geredet, als ich es bei dir gewohnt bin.«

»Durch diesen Ausbruch, denke ich.«

»Na, dann geh nur schnell.«

Aus der Tür hastend, dachte ich: Es ist egal, was geschieht, wenn ich nur Leonie da heraushalten kann.

Es schien gerade so, als sei die warme, trockene Abendluft von dem schattenreichen Sonnenlicht müde geworden. In den Kastanien am Singel erklang das orchestrale Schmettern der Stare, die ihre Schlafplätze für die Nacht aufsuchten. Aus den Bäumen tropfte Unrat.

Sogar in Lamberts Zimmer konnte man das Starenvolk noch hören. Er begrüßte mich freundlich. Es schien, als gäbe es etwas, das uns miteinander verband, und das brachte mich dazu, ihn zu fragen: »Wäre es wohl möglich, meine Frau da herauszuhalten?«

»Wo heraus?«

»Naja, aus dem, was mit Jenny passiert ist.«

»Was ist denn mit Jenny passiert? Sehen Sie, wenn Sie das wüßten und uns darauf eine Antwort gäben, dann könnten wir Sie, und natürlich auch Ihre Frau, ohnehin da heraushalten. Aber nach dem jetzigen Stand sieht es danach aus, daß wir Sie immer weniger gut da heraushalten können, und ich denke, daß es früher oder später unvermeidlich sein wird, auch Ihre Frau einzubeziehen. Ich finde es übrigens ziemlich auffällig, daß Sie Ihre Frau da heraushalten wollen. Das deutet doch zumindest auf ein schlechtes Gewissen hin. Oder sehe ich das falsch?«

»Ach«, sagte ich, »sie ist ziemlich eifersüchtig, und wenn sie hört, daß ich in der Woche mit Jenny von Café zu Café ...«

»Tja, Mijnheer Thomas, das kann wohl sein, aber dennoch ist irgend etwas faul, verdammt faul an dieser Sache. Sehen Sie: Mejuffrouw F. ist seit nun fast zwei Wochen verschwunden. Wo ist sie? Sie ist nicht außer Landes, denn ihr Paß befindet sich noch in ihrem Zimmer. Sie ist bei keinem ihrer Freunde zu Besuch gewesen. Sie ist seit der Nacht vom 31. auf den 1. von niemandem mehr gesehen worden, und dabei ist sie ein auffallendes, sehr gut aussehendes Mädchen mit milchweißen Locken, die man nicht übersieht, und mit großen dunklen Augen. Einige sagen, es seien braune Augen; andere behaupten, daß sie dunkelgrün aussähen. Merkwürdig, daß die Zeugen sich darin nicht einig sind. Aber daraus läßt sich schließen, wie auffallend diese Äugelchen gewesen sein müssen. Niemand hat sie mehr gesehen, nachdem sie an der Kirche vorbei war. Ihr Auto ist nicht weg, sie ist nicht mehr zu Hause gewesen. Was kann passiert sein? Was denken Sie?«

»Ich denke, daß sie unterwegs jemanden getroffen hat, mit dem sie zu ihm oder zu sich nach Hause gegangen ist.«

»Ja, aber warum ist sie dann noch immer verschwunden?«

»Das weiß ich nicht.«

»Hören Sie mal, Kuyper, Sie sind derjenige, der sie zuletzt gesehen hat. Als Sie sich von ihr verabschiedeten, waren aber noch andere dabei. Auf das Zeitungsfoto hin haben wir ein paar Tips bekommen. Die wichtigste Information stammt von zwei Jungen und einem Mädchen, die Sie beide beim Eingang des Pardoeza haben stehen sehen und die außerdem, was noch wichtiger ist, auch gehört haben, was Sie zueinander gesagt haben. Stimmen Sie mir zu, daß es sich nach Streit anhörte?«

»Ich weiß nicht ... ich war betrunken ...«

»Ich glaube nicht, daß es vernünftig von Ihnen ist, sich dumm zu stellen. Sie haben doch wohl kaum vergessen, daß Sie sich da mit ihr gestritten haben.«

»Nicht vergessen, gut, nein, aber meiner Meinung nach war das nicht so wichtig, Menschen haben so oft Streit miteinander ...«

»Oh, ja, ja, zweifellos, aber nicht so oft Streit, dem spurloses Verschwinden folgt, nicht weil Streit selten ist, sondern weil Verschwinden selten ist.«

Er schwieg einen Augenblick, stand dann auf. Sein Oberkörper schwankte, als ob er durchbrechen würde. Mit einem Ruck brachte er ihn zum Stehen. Der Schlips flatterte jedoch noch weiter. Draußen lärmten die Stare.

»Sie haben sich mit ihr beim Abschied gestritten. Und nicht nur mit Worten.«

Er ging um den Schreibtisch herum und kam auf mich zu. Er beugte sich zu mir herunter, flüsterte (und dennoch waren seine Worte wie Donnerschläge): »Sie haben sie auch geschlagen.«

»Sie hat zuerst geschlagen«, sagte ich wie ein trotziges Kind.

»Sie hat zuerst geschlagen«, sagte Lambert leise und verträumt, »und Sie haben zurückgeschlagen, Sie haben so stark geschlagen, daß ... ach nein, warten Sie mal, lassen Sie uns früher beginnen. In dem Café haben Sie zwei Stunden lang mit ihr geredet. Neben Ihnen, ich weiß nicht, ob Sie sich daran erinnern, saß ein Junge.«

»Ja, ein Exfreund von ihr, der dauernd mit ihr sprechen wollte.«

»Genau«, sagte Lambert, der mit großen Schritten an seinen Platz hinter dem Schreibtisch zurückging, »genau, er wollte es gern, schaffte es aber nicht, denn Sie beide waren viel zu sehr in Ihr Streitgespräch – was für ein schönes Wort, was, drücke ich mich richtig aus? – über Ihre Frau vertieft, die aus allem herausgehalten werden sollte. Ihrer Meinung nach jedenfalls, sie aber wollte das nicht, sie wollte im Gegenteil, daß Sie mit offenen Karten spielen, daß Sie ehrlich sein sollten. Und wenn Sie Ihrer Frau nicht selbst erzählen würden, wie es um Mejuffrouw F. und Sie stand, würde sie es tun. Das erzählt unser Zeuge. Ist das wahr?«

»Sicher, das ist wohl ungefähr so gesagt worden.«

»Begreifen Sie, daß das ziemlich verdächtig ist?«

»Verdächtig?«

»Ein großes Wort, nicht wahr, ja, ach, Worte laufen oft den Tatsachen voraus, nun, lassen Sie es uns anders, ganz anders formulieren – es muß für Sie eine angenehme, eine beruhigende Vorstellung sein, daß Mejuffrouw F. verschwunden ist –, es ist offenkundig Ihre größte Sorge, daß Ihre Frau da herausgehalten wird. Zufällig habe ich das heute abend sehr deutlich bestätigt bekommen – und solange Mejuffrouw F. verschwunden ist, besteht keinerlei Gefahr, daß sie zu Ihrer Frau marschieren wird. Angenehme Vorstellung, nicht wahr?«

Schweigend starrte ich auf seinen Schlips, der in einem eleganten Bogen über seine Schulter flog und von seiner linken Hand mit einem Ruck wieder in die normale Lage zurückgebracht wurde.

»Was haben Sie gemacht, nachdem Sie sich verabschiedet hatten?«

»Da bin ich nach Hause gegangen«, sagte ich.

»Auf dem kürzesten Weg?«

»Nicht ganz, ich wollte noch über unser Gespräch nachdenken, und deshalb bin ich lange spazierengegangen.«

»Wie lange und wohin?«

»Wie lange? Das weiß ich nicht mehr genau, ich weiß nur, daß ich, noch bevor das Gewitter richtig losbrach, zu Hause war. Und wohin? Ja, am Wasser entlang, immer am Wasser entlang, das ist eigentlich das einzige, was ich noch weiß.«

»Wenn man in dieser Stadt am Wasser entlangläuft, kann man überall hinkommen.«

»Ich bin nicht überall gewesen.«

»Nein, nicht überall, aber der Junge, der beim Pardoeza zurückblieb – erinnern Sie sich an ihn? –, nun, dieser Junge hat Sie später ganz in der Nähe der Bibliothek gesehen, in der Gasse.«

»Ich habe diesen Jungen nicht gesehen.«

»Nein, Sie nicht, Sie waren bestimmt so in Gedanken vertieft, daß ...«

»Ich kann mich nicht daran erinnern, daß ich noch in dieser Gasse gewesen bin.«

»Tja, kann sein, aber Sie sind da gesehen worden, und Sie verstehen verdammt gut, daß es von ziemlich großer Bedeutung ist, daß Sie da gesehen worden sind, denn, nicht wahr ...«

»Ja, diese Gasse verläuft von der Kirche zur Bibliothek.«

»Genau, und Sie sind nicht von der Kirche her dorthin gelangt, sondern von der anderen Seite. Offensichtlich in der Absicht, sie abzufangen. Stimmt das?«

»Das war wohl meine Absicht, ja.«

»Warum haben Sie das dann nicht eher gesagt?« donnerte Lambert plötzlich. »Warum haben Sie das für sich behalten?«

»Weil sie nicht kam.«

»Sie kam nicht?«

»Nein.«

»Sie war vielleicht schon zu Hause?«

»Nein, denn es brannte noch kein Licht, und außerdem ist sie überhaupt nicht mehr zu Hause gewesen, das wissen Sie besser als ich.«

»Soll ich Ihnen jetzt einmal erzählen, was passiert ist«, sagte Lambert, »Sie haben ihr nachgeguckt, bis sie bei der Kirche war. Dann sind Sie wie der Teufel am Singel entlang zum Anfang der Gasse gelaufen, und dort, in der Gasse, kamen Sie ihr entgegen, und da haben Sie sie noch einmal gefragt, ob sie mit Ihnen nach Hause wolle, oder vielleicht haben Sie sie auch gefragt, ob Sie bei ihr übernachten dürften, ist auch egal, und da hat sie wieder nein gesagt, und Sie haben gedrängt, und sie hat abgewehrt, und das eine Wort hat das andere gegeben, und Sie waren betrunken und aggressiv, und da ... nun, und da haben Sie sie, damit sie nicht mit Ihrer Frau reden würde, und vor allem, weil sie Sie abgewiesen hatte – und das kann einen verdammt hart ankommen –, etwas zu stark geschlagen, wodurch sie ...«

»Nein«, sagte ich heiser, »nein, das ist nicht wahr, ich bin zwar durch die Gasse gelaufen, aber sie kam nicht, sie kam einfach nicht, und da bin ich nach Hause gegangen.«

Lambert lachte plötzlich.

»Wissen Sie, was das Verrückte ist?« prustete er los. »Daß ich Ihnen glaube. Sie sind nicht der Typ, der einen anderen Menschen um die Ecke bringt, o nein, das sind solche besonderen Fälle, Sie sind, wollen wir ehrlich sein und es für uns behalten, Sie sind viel zu feige für so etwas, und hinzu kommt, daß bei Totschlag – lassen Sie es uns vor allem nicht Mord nennen – immer irgendwo eine Leiche auftaucht. Ein lebendiger Mensch kann leicht verschwinden, aber eine Leiche kann man wahrhaftig nicht so einfach verschwinden lassen, nein, o nein. Also neige ich doch sehr dazu anzunehmen, daß sie in der Nacht ganz einfach jemanden getroffen hat, mit dem sie nun durch die Niederlande zieht. Nehmen Sie es mir nicht übel, daß ich Sie so grob überfallen habe mit der Unterstellung, daß Sie sie zu stark geschlagen haben. Wenn Sie etwas untersuchen, müssen Sie auch jede Theorie prüfen, die Ihre Fakten erklärt. Wir sollten ruhig etwas enger zusammenarbeiten; ich glaube, daß wissenschaftliche Forschung und unsere Arbeit viel miteinander gemeinsam haben. Wir sollten uns ruhig öfter mal sehen. Und deshalb müssen Sie uns auch ein wenig dabei helfen, Beweise für die Unrichtigkeit der Theorie zu finden – hören Sie, Unrichtigkeit, ja, ja, ich kenne meinen Popper, da wundern Sie sich bestimmt, nicht wahr?«

»Nicht so sehr«, sagte ich, »bei der Polizei arbeiten Menschen, die eine erstaunliche Allgemeinbildung besitzen. Früher in der Radiosendung *Mastklimmen* mit Johan Bodengraven gingen sie immer als Sieger mit einem ganzen Schinken nach Hause, sie wissen oft sehr viel.«

»Danke für das Kompliment. Nun, *enfin*, Sie müssen uns dabei helfen zu beweisen, daß Sie es nicht getan haben. Ich kann jetzt zwar sagen, daß ich Sie nicht für einen Mörder halte, aber mein Chef hier oben, der gute Polizeipräsident Berkhout, will Beweise. Also deshalb bitte ich um Ihre Mitarbeit bei folgendem: Ich will Ihr Haus und Ihren Garten etwas gründlicher untersuchen, ich würde gern die Kleider sehen und am liebsten auch ein paar Tage behalten, die Sie in der Nacht vom 31. auf den 1. getragen haben – nicht, daß es viel Sinn hätte, denn sie können schon zehnmal gereinigt oder gewaschen sein, aber gut –, und ich würde auch gern noch einmal Ihr Labor anschauen. Bei letzterem ist es nicht schwierig, Ihre Ehefrau herauszuhalten, aber was das erste betrifft, vielleicht doch. Oder können Sie mir die Kleider aushändigen, ohne daß sie etwas merkt? Sie wissen, um welche Kleidung es sich handelt, und wir auch, denn die verschiedenen Zeugen haben ziemlich genau beschrieben, was Sie in der Nacht anhatten. Und was Ihren Garten betrifft ... ja, wenn wir das einmal ... ist Ihre Frau irgendwann einmal nicht zu Hause?«

»Ja, oft tagsüber«, sagte ich, »aber das weiß ich nie im voraus.«

»Sie hat keinen festen Abend, an dem sie ausgeht?«

»Nein, sie bleibt am liebsten zu Hause, sie tut nun einmal nichts lieber, als Musik zu hören, man bekommt sie fast nie aus dem Haus.«

»Na, aber geht sie denn niemals ins Konzert?«

»Nein, sie findet, daß sie dann zu sehr abgelenkt wird.«

»Tja, wie könnten wir das Problem dann lösen, warten Sie, wenn Sie mich nun einmal, ja, es ist vielleicht höchst ungebräuchlich, und falls der gute Berkhout hier oben das hört, kann ich per 1. September wieder auf Streife gehen, aber gut, um Ihnen einen Gefallen zu tun, wenn Sie mich nun zu Hause als neuen Kollegen einführen würden – ist nur ein Vorschlag –, der kommt, damit man sich kennenlernt und der nebenher auch gern einmal das Haus und den Garten ansehen möchte, dann braucht Ihre Frau nicht zu merken, daß ich einen anderen Beruf habe. Und genau betrachtet, forsche ich schließlich auch, stimmt doch, oder?«

»Von mir aus ist das in Ordnung«, sagte ich.

»Eigentlich geht das nicht«, sagte er, »eigentlich überschreite ich hiermit schon sämtliche Befugnisse.«

Er streckte mir seine Hand entgegen. Sollte ich sie schütteln? Ich hob meine Hand, hätte am liebsten an seinem Schlips gezogen, der jetzt unauffällig hin und her schwang, aber ich schüttelte ihm schließlich doch die Hand. Ziemlich lange hielt er die meine fest, und einen Augenblick schien es, als seien wir gute Freunde, bis ich begriff, daß er nur dahinterkommen wollte, wieviel Kraft sich in meinen Fingern verbarg, und da ließ ich seine haarige Pranke sofort los.

Draußen dachte ich an das, was Hillenius geschrieben hatte. Der Schlips ist ein Überbleibsel aus der Zeit der Dänen- und Normanneneinfälle. Die Eroberer verpflichteten alle Männer dazu, einen Schlips zu tragen, damit sie sofort aufgeknüpft werden konnten, wenn es sich als notwendig erwies. Seitdem ist es zur Gewohnheit geworden, solch ein Ding zu tragen, und niemand kennt mehr den gräßlichen Ursprung dieses Brauchs. Lambert sah ich bereits an seinem Schlips baumeln.

Am Singel war ein Volksauflauf. Als ich näher kam, sah ich, daß die Feuerwehr ausgerückt war und mit ihrer größten Motorspritze die Stare aus ihren Schlafbäumen vertrieb. Sobald einer der Feuerwehrleute einen Wasserstrahl auf einen Kastanienbaum richtete, stieg eine Rauchsäule von Staren auf. Als ich dieser aufflatternden Wolke mit den Augen folgte, sah ich am tiefblauen Himmel, noch viel höher, den einsamen Sperber, den ich schon so oft in der Stadt wahrgenommen hatte. Er stieß herab, er griff sich nicht einen Star aus der aufwärts strebenden Fluchtwolke, nein, er pflückte ein flaumiges braunes Junges von einem Zweig, das nicht einmal mehr Zeit hatte zu kreischen. Einen Augenblick später flatterten kleine hellbraune Federn herunter. Es war, als fiele schmutzig gewordener Schnee.

6

Gewieft, wie er war, begriff er sofort, daß es ein Problem gab, nachdem Leonie ihn hereingelassen hatte. Ich mußte ihn vorstellen, aber ich wußte seinen Vornamen nicht, denn ich hatte ihn immer mit Sie angeredet. Doch von der Garderobe her rief er fröhlich: »Jozef Lambert – Joost ist der Rufname, Mevrouw, angenehm!«

Fast schien er wirklich ein Kollege, ja, geradezu ein Freund zu sein, als er im Wohnzimmer saß und mit Leonie redete. Erst nachdem sie ihm Tee eingeschenkt hatte – er wollte keinen Kaffee – und das Gespräch auf die Bombe kam, hörte ich ihm zu.

»Von der Angst vor der Bombe begreife ich nun wirklich nicht die Spur«, sagte er, »sieh mal, wenn du um die Ecke gebracht wirst, meinst du, daß es etwas ausmacht, ob das durch ein stumpfes Kartoffelschälmesser oder durch so eine Bombe geschieht? Von dir aus betrachtet, macht es nichts aus, welche Mordwaffe benutzt wird.«

»Ja, aber diese Fallouts«, sagte Leonie, »diese schrecklichen Folgen: Krankheit, langsames Sterben, Knochenmarkkrebs und was weiß ich.«

»Sicher, das ist schrecklich, aber andersherum: Ob du nun an Knochenmarkkrebs stirbst, weil du ihn einfach so kriegst, oder durch die Bombe – de facto macht es nichts aus. Die Angst vor der Bombe ist eine kollektive Angst. Wer einmal gründlich nachdenkt, wer einmal nur an sich denkt, der weiß, daß dieses ganze Gerede von der Atombombe, der Wasserstoffbombe, der Neutronenbombe für den eigenen Tod nichts als Geschwafel ist.«

»Aber man darf auch wirklich nicht nur an sich selbst denken«, sagte Leonie.

»Doch, wenn es um deinen eigenen Tod geht«, sagte Lambert, »der ist eine ganz persönliche Angelegenheit, so daß du auch die Ursache ganz persönlich betrachten mußt.«

»Da bin ich anderer Meinung.«

Fröhlich, ja fast spöttisch und zugleich schelmisch sagte er: »Die Bombe ist geradezu der Ausweg. Wer tot ist, hat keine Schmerzen mehr, aber da sind immer die trauernden Hinterbliebenen. Na, damit hat man keinerlei Scherereien, wenn die Bombe fällt, die Hinterbliebenen sind auch alle umgekommen. Und weißt du, was auch so praktisch ist: Du hast keine Beerdigungskosten, keine Beisetzungsfeierlichkeit und den ganzen Schlamassel, du gehst sofort und ohne Schmerzen in gasförmigen Zustand über, wenn sie fällt, mein Liebchen, mein Täubchen, was willst du noch mehr.«

Leonie hielt es für besser, das Thema zu wechseln. Ich redete nicht, ich schaute ihn nur an und hörte ihm zu, ich wollte ihn studieren, ihm voraus sein, ich wollte seine Schwachstellen kennenlernen, wenn er überhaupt welche hatte. Aber meine Aufmerksamkeit erschlaffte;

höflich und beinahe formell machte er Konversation mit Leonie, und ich dachte an all die Wohnzimmer auf der Welt, in denen auch formell Konversation gemacht wurde, und in Gedanken sagte ich zu meinem Sohn: Sieh, so wie Schimpansen stundenlang beisammensitzen, um sich gegenseitig zu flöhen, ohne daß jemals ein Floh gefangen wird, so sitzen die Menschen stundenlang beisammen, um zu reden, ohne daß jemals etwas Wesentliches gesagt würde. Sei nur froh, daß du nicht geboren bist.

Einen Augenblick lang hörte ich wieder zu, weil sie über Musik sprachen.

»Ja, ja, das würdest du vielleicht nicht von mir denken«, sagte Lambert, »aber ich hab irgendwann in grauer Vorzeit Lautenunterricht gehabt, es war zwar schön, weißt du, vor allem weil ich in der Musikschule eine zweiundzwanzigjährige Lehrerin hatte, die mir die ganze Zeit die Hand hielt. Immer mußte ich meine Finger so halten« (er bog seine linke Hand zu einem Fleischerhaken), »es war wie Yoga. Aber bin ich denn ein Trapezkünstler?«

»Aber das war doch nicht stundenlang nötig?« fragte Leonie höflich.

»Nein, aber du mußtest einen Ton anschlagen, und der dauerte manchmal fast eine Viertelstunde und all diese Scherze. Aber es ist wahr, nach ungefähr sechs Wochen spielte ich schon ein einfaches Stückchen Renaissancemusik. Rim ping ping pong pong. Na, dann hab ich mit den Stunden aufgehört. Und nun möchte ich gern deinen hübschen Garten von nahem ansehen.«

Gleich darauf gingen sie an den Beeten entlang. Während ich so tat, als läse ich Zeitung, spähte ich durch die Scheiben unserer Terrassentür nach draußen und sah die beiden in der Abendsonne miteinander reden. Was gesagt wurde, konnte ich nicht hören; es war, als übten sie eine Gartenpantomime, mit vielem Bücken und Lachen. Einmal blieb er mitten im Garten bei einer Japanischen Kirsche stehen. Er hob die Arme und erstarrte. Was sollte das bedeuten? Mußte er Leonie zeigen, daß er ohne weiteres als Vogelscheuche sein Brot würde verdienen können? Oder hatte er die Erzählsammlung von Patricia Highsmith im Bücherregal stehen sehen und ließ mich nun wissen, daß er zumindest eine Erzählung daraus auch kannte? Ein Mann versteckt eine Leiche, indem er sie als Vogelscheuche auf einem Acker aufstellt. Aber er ging schon wieder weiter, und dennoch blieb das Bild in mir haften, dennoch war es, als hätte er mir vom Garten aus ein Signal geben wollen.

Sie erkundeten jedes Eckchen auf den wenigen Quadratmetern. Immer wieder sah ich, wie sich Leonies Augenbrauen hoben. Er spielt seine Rolle nicht gut genug, dachte ich, sie ist einfach zu wachsam, zu intelligent. Welch ein Jammer, daß eine solche Frau, gesegnet mit so viel Verstand, am liebsten einfach nur zu Hause sitzt und den Haushalt macht. Was hätte sie nicht alles erreichen können! Aber nein, als sie ihr Französischstudium cum laude abgeschlossen hatte, legte sie keinen Wert auf einen Arbeitsplatz, wollte sie fortan nur noch abwaschen und Socken stopfen und Bohnen abziehen, weil sie, wie sie immer sagte, nie besser Schumann hören konnte als bei der Hausarbeit.

Wenn man ihn so heimlich über die Zeitung hinweg beobachtete, konnte man sich kaum vorstellen, daß er ein Kriminalbeamter war, der das ganze Gebücke und Gelache nur deshalb unternahm, um dahinterzukommen, ob hier vielleicht kürzlich ein Grab ausgehoben worden war. Diese Mühe hättest du dir sparen können, dachte ich; sogar von hier aus, sogar vom Platz hinter den Fenstern aus, ist zu erkennen, daß seit Beginn des Frühjahrs kein Spaten diese paar Quadratmeter Boden berührt hat. Alles steht dort unverwelkt; anstelle eines Rasens erstreckt sich Leonies ganzer Stolz, eine blaue Fläche Ehrenpreis, rund um den Kohlenschuppen, der schon seit Jahren nicht mehr benutzt wird, blüht der Hartriegel, und hinten am Zaun wuchern Brombeeren, und direkt davor erheben sich die Zwergmispel und die gefüllte Japanische Kirsche. Auf dem Beet ist der Flieder längst verblüht, und dort hat einmal eine blaue Glyzinie gestanden, statt dessen steht da jetzt eine bescheidene Teerose, eine leichtsinnige Anschaffung. Und dann gibt es noch einige zeitlose Kolonisten: die Esche, den Ahorn, die kleine Birke am Zaun, die Johannisbeere neben dem Rosenstrauch. Und während ich schaute und schaute und vergaß, warum ich schaute, war es auf einmal, als stünde ich selbst auch in diesem Garten, eine altmodische Pflanze, eine Hortensie oder eine Päonie, und als machte es gar nichts, was um mich herum geschah, weil ich dort, als Pflanze, zwar nicht den Jahrhunderten, aber doch noch einigen Jahrzehnten trotzen würde.

Dann saß ich wieder auf einem Stuhl und faltete die Zeitung zusammen, und ich dachte daran, daß ich ihm morgens meine Kleider gebracht hatte. Sorgfältig hatte er Hose und Oberhemd anhand seiner Unterlagen überprüft, und er hatte gesagt: »Ja, dies kann dieselbe Hose sein, und das kann dasselbe Oberhemd sein. Aber ja, wer garantiert mir, daß Sie nicht eine zweite Hose und ein zweites Oberhemd in derselben Farbe und aus demselben Stoff haben, die inzwischen längst von der Müllabfuhr abgeholt worden sind? Wer garantiert mir denn, daß Sie nicht in der Nacht einen weißen Laborkittel getragen haben, der schon längst wieder gewaschen worden ist?«

Er hatte mich dabei kaum angesehen, er hatte das alles eigentlich wie zu sich selbst gesprochen, wie eine unerhebliche, aber notwendige Erwägung, und deshalb hatte ich nicht geantwortet, obwohl ich über den weißen Kittel ziemlich überrascht gewesen war. Gingen seine Überlegungen sogar in diese Richtung?

Und nun, wenige Stunden später, lief er durch meinen Garten, sprach er mit Leonie, und wir duzten uns. Beinahe schien er schon ein vertrauterer Freund zu sein als manch anderer Kollege, auch wenn, sogar hier im Garten, sein Schlips gefährlich hin und her peitschte. Wenn er den abnimmt, dachte ich, würde ich ihn vielleicht doch allmählich mögen.

Später am Abend, als wir gekühltes Bier tranken und er an meinem Bücherregal entlangging, schien es auch, als würde ich ihn mögen. Während er schweigend die Buchrücken betrachtete, durchfuhr es mich: Das kann doch nicht der Mann sein, der mich eines Mordes verdächtigt, der es sogar für möglich hält, daß ich sie mitgenommen habe in mein Labor, wo ich einen weißen Kittel angezogen haben soll, bevor ich sie ... nein, das ist unmöglich, einen solchen Mann würdest du doch nicht zu dir nach Hause einladen, und der würde sich auch nicht einladen lassen. Ein solcher Mann würde doch nicht die Bücher von Wolkers aus dem Bücherbord nehmen und sagen: »Solche Bücher lese ich nie. Popper, ja, den lese ich gern, der sagt mir etwas, etwas, das ich selbst in meinem eigenen Fach gebrauchen kann, auch wenn du das vielleicht nicht glauben kannst, aber so ein Wolkers ...«

Er stellte die Bücher wieder zurück, ging zur Toilette, blieb auffällig lange weg, und mir war, als hörte ich ihn durchs Haus schleichen, auf der Suche nach Spuren eines Verbrechens.

Erst als er wegging, wurde er wieder zu einem normalen Kriminalbeamten, der mich des Mordes verdächtigte.

Leonie sagte: »Man kann merken, daß er noch nicht lange bei euch im Labor arbeitet, er riecht überhaupt noch nicht nach Labor, er riecht ganz anders, er stinkt nur nach Putzmitteln. Aber wenn er erst mal eine Weile bei euch ist, wird er, wenn er einen Arm ausstreckt, vermutlich auch den Geruch von Formalin verbreiten.«

Sie schwieg einen Augenblick, und etwas Grimmiges

trat in ihr Gesicht, etwas, das mich an die konzentrierte Haltung einer Kröte erinnerte, kurz bevor ihre Zunge herausgeschossen kommt, um einen Weberknecht zu fangen.

»Er hat keinen blassen Schimmer von Pflanzen«, sagte sie, »er tat so, als wenn er selbst auch einen Garten hätte, aber ich glaube, daß er noch nie etwas gepflanzt oder gepflückt hat, oh, was für ein Dummkopf. Komischer Kerl, weißt du, überhaupt kein Biologe.«

»Stimmt«, sagte ich, »er ist von Haus aus Mediziner.«

»Ja, das dachte ich zuerst auch, als er von der Bombe anfing. Ein solcher Zynismus ... den triffst du nur bei Medizinern. Aber später habe ich wieder angefangen zu zweifeln, er kann eigentlich kein Arzt sein.«

»Nein, stimmt, er hat auch nie praktiziert.«

»Meiner Meinung nach hat er nicht einmal Medizin studiert.«

»Er hat es mir doch selbst erzählt.«

»Kann schon sein. Er hat mir auch genug erzählt, wovon ich dachte: Du lügst, Junge. Hast du dir seine Hände richtig angesehen? Die sind viel zu grob für die Hände eines Forschers.«

»Du bist wieder viel zu hastig mit deinen Schlußfolgerungen.«

»Na, ich für meinen Teil glaube nicht, daß er Mediziner ist, nicht, daß er Forscher ist, nicht, daß er mit ehrlichen Absichten hier war. Und was ich auch nicht begreife, warum du so still warst und uns so verstohlen beobachtet hast, als wir im Garten herumgingen. Du hast etwas auf dem Herzen, du machst einen deprimierten Eindruck auf mich. Seit ich zurück bin, bist du so down, und es wird immer schlimmer, deine Laken riechen morgens, wenn ich dein Bett mache, nach Angstschweiß.«

»Gott, Leonie, du steigerst dich da wieder in was hinein!«

»Besser, ich steigere mich in was hinein, als daß ich davon plötzlich überrascht werde. Es ist etwas mit dir, ich weiß noch nicht was, du brauchst es mir auch nicht zu sagen, du weißt es vielleicht nicht einmal selbst, aber ich komme schon noch dahinter. In jedem Fall hat es etwas mit diesem Joost Lambert zu tun. Hast du übrigens bemerkt, daß er sehr lange dagestanden hat mit einem einzigen Buch in der Hand, das er aus dem Bücherregal genommen hatte? Nein, warte, das kannst du nicht gesehen haben, du warst gerade aus dem Zimmer gegangen, um Bier zu holen. Ich wüßte gern, was ihn so fesselte. Schade, daß ich so kurzsichtig bin. Aber meiner Meinung nach hat er das halbe Buch durchgelesen.«

»Ach komm, du übertreibst.«

»Er hat auf jeden Fall länger in das Buch hineingesehen als in eins unserer anderen Bücher.«

»Was heißt das schon.«

»Alles, alles hat eine Bedeutung. Kein Sperling fällt zur Erde ohne Euren Vater. Nichts geschieht jemals nur so oder durch Zufall. Wenn das Buch ein Ratgeber in Steuerfragen gewesen wäre, hätte ich mehr davon verstanden als jetzt, denn dann hätte ich ihn für einen

Steuerfahnder gehalten, der einmal kurz nachschaut, wo was angestrichen ist. Das kann er dann bei der Steuererklärung verwenden.«

»Na, na, na«, sagte ich lachend.

»Ja«, sagte sie, »lach nur, es ist das erste Mal, glaube ich, seit ich zurück bin. Wer ist dir nur über den Weg gelaufen, als ich bei meiner Mutter war? Ein Mädchen?«

7

Am nächsten Tag rief mich Lambert im Labor an und teilte mir mit, daß etwas Wichtiges ans Licht gekommen sei. Ob ich deswegen kurz zu ihm in sein Büro kommen wolle. Ohne daß er es mir erzählte, wußte ich, worauf er anspielte. Unbekümmert spazierte ich daher von meiner Arbeit zu seinem Büro. Die Luft war knisternd trocken. Unterwegs blieb ich einen Augenblick lang auf einer hohen Brücke stehen, um das Schleierkraut und das Zymbelkraut anzusehen, die die steinerne Uferböschung bedeckten. Nun war ich ihm also doch einen Schritt voraus, nun wird er wohl klein beigeben. Während ich dort lief und dachte: Es geht längst nicht mehr um die Anschuldigung, die noch nicht einmal ausgesprochen worden ist und auch nicht ausgesprochen wird, solange er sie nicht erhärten kann, nein, es geht um etwas anderes, es ist geradezu ein Wettstreit zwischen ihm und mir – pfiff ich *Die beiden Grenadiere* von Schumann. Das war, wußte ich, das einzige Schumann-Lied, mit dem Leonie es immer schwer hatte, aber ich nicht, ich verstand es besser denn je, und, auf einmal traurig geworden, überlegte ich: Wie merkwürdig, daß eine solche Jagd etwas in dir bewirkt, wovon du selbst keine Ahnung hattest, daß es existiert, letzte Nacht träumte ich, daß ich mit ihm an einem breiten Fluß entlanglief, an Sumpfziest und Wasserschwertel entlang, und es war Abend, und die Sonne schien tiefrot über das Wasser, und in einem Ruderboot setzte ein Mann über, ohne daß das Plätschern seiner Riemen zu hören war. Zwei Reiher flogen aufeinander zu, und am anderen Flußufer glitt ein schwarzer Reiter auf einem Schimmel vorbei, und alles war, wie es sein mußte.

Gelassen stieg ich die Treppen in der stillen Polizeiwache hinauf, gelassen klopfte ich an die Tür von Zimmer 316.

»Herein.«

Als ich die Tür öffnete, sah ich zuerst Meuldijk, der wieder eifrig seine Brille putzte. Wie schade, daß du auch da bist, dachte ich, nun sind wieder zwei, naja, anderthalb gegen einen, aber dennoch werde ich diesmal gewinnen; ich weiß, was Lambert sagen wird, und er weiß nicht, daß ich es weiß, er erwartet lediglich, daß ich fürchterlich erschrecken und vielleicht sogar geständig sein werde.

»Setz dich erst mal hin«, sagte Lambert, »es ist da bei der Untersuchung deiner Kleidung etwas ziemlich Ernstes oder Bedenkliches ans Licht gekommen. Kannst du dir vorstellen, was das ist?«

»Sicher«, sagte ich aufgeräumt, »es waren mikroskopisch kleine Blutflecken auf meiner Hose und auf meinem Oberhemd.«

Und da war der Augenblick gekommen, auf den ich

mich schon im voraus gefreut hatte. Beide Männer schauten mich überrascht und unsicher an; Lamberts Schlips prangte totenstill auf seiner geschwellten Brust, und Meuldijk setzte hastig seine Brille auf.

»Woher weißt du ...«, sagte Lambert, und seine Stimme erstarb.

»Weil wir bei uns ...«, sagte ich, »nein, lassen wir das, erzähl du erst einmal, was du denkst, Joost.«

Wie selten nennen sich Menschen beim Vornamen, wenn sie einander ansprechen! Mir ging es, als ich ihn mit Joost anredete, allein darum, Meuldijk zu verblüffen, und das gelang auch. Langsam sackte sein Unterkiefer herunter; in seinem offenen Mund glänzten zwei Silberkronen.

»Was sollte ich jetzt wohl denken, das du nicht selbst erraten könntest?« sagte Lambert.

»Weißt du denn schon, was für Blutflecken es sind?« fragte ich.

»Was für Blutflecken? Wie meinst du das?«

»Ich meine nichts, ich frage nur: Sind diese Blutflecken so genau untersucht worden, daß du daraus solche weitreichenden Schlußfolgerungen ziehen kannst?«

»Hör mal zu«, sagte Meuldijk, »es ist jemand verschwunden, und auf der Kleidung desjenigen, der sie zuletzt gesehen hat, werden Blutflecken gefunden. Mir erscheint das alles sehr eindeutig.«

»Krijn«, brüllte Lambert, »halt dich da raus, red bitte nicht so dummes Zeug.«

Mit seiner gekrümmten Hand fegte Lambert, der einmal Laute gespielt hatte, eingebildeten Staub von seinem Schreibtisch. Meuldijk kratzte sich in seinem fülligen Kraushaar.

»Also du hast eine vernünftige Erklärung für diese Blutflecken?« fragte Lambert.

»Geh zu mir nach Hause und hol alle meine Oberhemden und Hosen – du wirst sehen, daß sie alle mit derselben Art Flecken bespritzt sind.«

»Das besagt nichts«, sagte Meuldijk, »das kannst du hinterher gemacht haben, weil du wußtest, daß ...«

»Krijn«, donnerte Lambert, »halt's Maul, mach dir einen schönen Tag und geh fischen, überlaß das weitere mal mir.«

Schweigend schlurfte Meuldijk aus dem Zimmer. Nichts hätte mir mehr Genugtuung bereiten können.

»Du mußt doch zugeben«, sagte Lambert, nachdem Meuldijk die Tür hinter sich geschlossen hatte, »daß es nicht allzu gut aussieht, wenn man Blutflecken auf der Kleidung von jemandem findet, der in das rätselhafte Verschwinden einer jungen Frau verwickelt zu sein scheint.«

»Ich weiß nicht, was vernünftiger ist«, sagte ich, »dir jetzt zu erzählen, woher das Blut kommt, oder einfach zu warten, bis ihr die Flecken genau untersucht habt.«

»Das kann noch Tage dauern. In der Zwischenzeit kann ich dir ziemlich viel Ärger machen, wenn du mir nicht erzählst, woher ... Nicht, daß ich das wollte, aber ich werde dazu gezwungen sein oder besser gezwungen werden von dem guten Berkhout. Aber ich nehme an, daß nichts dagegen einzuwenden ist, wenn du mir erzählst, warum deine Sachen bespritzt sind.«

»Nein«, sagte ich, »das kann ich ruhig erzählen. Ich verstehe nur nicht, daß du nicht schon längst selbst darauf gekommen bist.«

»Im Labor?«

»Ja.«

»Wie denn?«

»Beim Dekapitieren von Ratten.«

»Dekapitieren?«

»Ja, den Kopf abhacken. Wir haben dafür eine kleine Guillotine, ein hübsches kleines Ding, aber das Blut spritzt doch manchmal noch sehr herum.«

»Und ziehst du dann keinen weißen Kittel an, wenn du kapitierst?«

»Dekapitierst. Nein, ich laufe niemals in einem weißen Kittel herum. Warum auch?«

»Warum dekapitiert ihr?«

»Um zu sehen, ob essentielle Veränderungen im Gehirn aufgetreten sind, wenn eine Ratte die Grenze überschritten hat.«

»Welche Grenze?«

»Es gibt zwei Arten von Ratten, die, die schon von ihren Artgenossen gekostet haben, und die, die das nicht getan haben. Einmal Kannibale, immer Kannibale, aber was passiert in einem Tier, das Kannibale wird, das die Grenze überschreitet?«

»Ja, ja, einmal Mörder, immer Mörder, nach dem ersten Mord ist die Chance für einen zweiten viel größer – Tiere und Menschen, es ist alles dasselbe Gesocks, *enfin*, gehst du jetzt wieder ins Labor?«

»Ja, wenn du mich hier nicht festhältst.«

»Gut«, sagte er, »ich komme mit, und dann enthauptest du für mich eine Ratte, dann kann ich mal sehen, wie das geht und wie das spritzt.«

Ich lief mit ihm über die hohe Brücke, am Schleierkraut vorbei, am Zymbelkraut vorbei, in dem staubigen, ermüdeten Augustsonnenlicht, und dachte: Wenn ich hier durchkomme, kann ich vielleicht dort arbeiten, den Platz von Meuldijk einnehmen, gleichzeitig lachte ich mich selbst aus wegen dieses luftigen Gedankenspiels, dieser verrückten Überlegung. Aber dennoch war es wie in meinem Traum, dennoch lief ich dort mit einem merkwürdigen, unsicheren Gefühl, dennoch wußte ich mich beschützt, wußte mir den Rücken gedeckt, auch weil er solche großen Schritte machte, ja, wohl machen mußte, mit diesen unmöglich langen Beinen, und mir also immer voraus war, so daß ich manchmal zu laufen begann, um ihn wieder einzuholen.

Im Labor zeigte ich ihm die Guillotine.

»Sieh mal«, sagte ich, »es ist nicht nur ein Fallbeil, sondern es sind vier Messer, zwei, die unten schneiden, und zwei, die oben schneiden, eine Ratte wird viermal so schnell enthauptet wie mit einer gewöhnlichen Guillotine, es ist passiert, bevor sie es selbst auch nur gespürt hat«, und ich bewegte die kleinen Messer spielerisch auf und ab, und das Sonnenlicht flimmerte auf dem glänzenden, rostfreien Stahl. Es war, als würde ich ein Kunstwerk präsentieren.

Als ich ein uraltes Männchen dekapitierte, wollte er es gern aus der Nähe sehen – wie ich es übrigens erwartet hatte –, so daß das Blut ihm über die ganze

Kleidung spritzte. Fluchend rannte er zum Wasserhahn. Ausführlich schrubbte er seine Sachen mit kaltem Wasser sauber. Die meisten Menschen versuchen, Blut mit heißem Wasser abzuwaschen. Man konnte sehen, daß er Erfahrung hatte.

»Was für eine Hundsgemeinheit, mich nicht vorher zu warnen, daß es derartig spritzen würde. Du hast es darauf abgesehen, mich tüchtig vollzuspritzen.«

»Ach was, nein«, sagte ich, »du wolltest es doch gern so genau sehen?«

»Du nimmst es dir nicht sehr zu Herzen«, sagte er, »das Töten geht dir leicht von der Hand.«

»Man gewöhnt sich daran«, sagte ich, »man gewöhnt sich daran, weil es so schnell geht und die Ratte nicht einmal piepst. Das einzige, was immer wieder für einen Augenblick in einem hochkommt, wenn man mit der linken Hand den Hebel der Guillotine nach unten zieht und die vier kleinen Messer in Aktion treten, ist die Angst, daß man sich ein Stück vom eigenen Finger abschneiden könnte. Man ist jedesmal froh, wenn man seine blutige Hand heil da herausholt.«

»Ja, es ist unglaublich, wieviel Blut dabei herauskommt«, sagte Lambert, »es spritzt kreuz und quer herum. Eine tote Spur also, eine tote Blutspur, na, zum Glück. Nun, wo ich einmal hier bin, würde ich mich gern ein wenig umsehen. Geht das?«

»Ja, natürlich.«

»Wo machst du deine Versuche mit deinen Kannibalen?«

»Hier, in diesem großen Käfig. Wenn ich sie so vier,

fünf Tage habe hungern lassen, setze ich sie zusammen und beobachtete den weiteren Verlauf.«

»Schöne Experimente!«

»Ja, ich mache sie auch nicht zu meinem Vergnügen. Aber die Gesellschaft verlangt engagierte, gesellschaftlich relevante Forschung. Und dies findet man gesellschaftlich relevant, weil auf der ganzen Welt die Rattenbekämpfung ein großes Problem ist. Und wenn man nun eine gute Methode wüßte, um sie zu vernichten, so wäre das ... Ich will einen Stoff finden, der sie zum Kannibalismus aufstachelt. Gesetzt den Fall, daß man statt Gift, das sie nicht so ohne weiteres zu sich nehmen, weil sie alle Nahrung, von der ihnen schlecht wird, bald meiden, ein Mittel hineintun könnte, wovon sie nicht krank würden, sondern das sie aufstachelt, einander zu verputzen, das wäre wunderbar. Man streut ihnen das Zeug hin; sie lassen fortan Brot und Korn unberührt, gehen vielmehr aufeinander los.«

»Ja, ja, das hast du alles schon einmal erzählt, du willst also Ratten gegeneinander aufhetzen, du willst eine Art Menschen aus ihnen machen. Nun, meinen Segen hast du. Machst du das übrigens alles allein?«

»Nein, nein, zusammen mit Alex. Den hast du bei deinem ersten Besuch noch gesehen.«

»O ja, wo ist er jetzt?«

»Im Urlaub.«

»Im Urlaub? Schade, ich hätte ihn gern das eine oder andere gefragt. Aber sag mal: Wie geht das nun, wenn sie sich gegenseitig auffressen, findest du dann am nächsten Tag die Knochen?«

»Merkwürdig, das denken alle. Sie fressen sich gegenseitig vollkommen auf, du kannst froh sein, wenn du noch eine Schwanzspitze oder einen Nagezahn findest.«

»Und Blutspuren?«

»Nein, auch keine Blutspuren. Du findest ganz einfach nichts, du findest tatsächlich kein einziges Knöchelchen mehr.«

»Aber es gibt doch diese Geschichten von Ratten, die Babys bis aufs Skelett abnagen?«

»Unsinn«, sagte ich verärgert, »wenn sie anfangen zu nagen, nagen sie bis zum Ende weiter. Dann findest du wirklich kein Skelett mehr.«

»Auch nicht, wenn ein Erwachsener in einem Haufen hungriger Ratten landen würde? Ich habe mal so eine Geschichte von Kosinski gelesen ...«

»Ja«, sagte ich, »die kenne ich, die steht in *The Painted Bird*, nun, verlaß dich drauf, das ist reinste Phantasie. Ratten würden niemandem auf diese Art zu Leibe rücken. Aber nun, es wird soviel Unsinn über Ratten geschrieben.«

»Also man würde vollständig verschwinden?«

»Es hängt davon ab, wie hungrig und, vor allem, wie durstig sie sind. Aber wenn sie wirklich verrückt vor Hunger und Durst sind, findest du hinterher höchstens noch einen Ehering.«

»Eine Digitaluhr, darf's die auch sein?«

»Ja, die würde vielleicht auch übrigbleiben«, sagte ich, »aber dein Lederarmband bist du los, verlaß dich drauf.«

8

Wie lange hörte ich nichts von Lambert? Zwei Wochen? Drei Wochen? Wenn man täglich dieselbe Arbeit macht und mit denselben Menschen spricht, erscheinen die Tage wie Stunden. Einmal träumte ich von ihm. Er stand am Fußende unseres Bettes und war ein Zauberkünstler geworden. In den Händen hielt er drei Eier, die auf drei kleinen, runden, eisernen Behältern lagen, die konisch zuliefen. Mit diesen Behältern warf er die drei Eier in die Luft und fing dann jedes Ei in einem anderen Behälter auf als in dem, mit dem es hochgeworfen worden war. Atemlos lagen Leonie und ich da und sahen zu. Lange ging es gut. Aber beim zehnten oder elften Mal fiel ein Ei neben den Behälter. Dennoch schaffte er es, es behende mit der Hand aufzufangen. Dabei neigten sich jedoch die beiden Behälter, mit denen er die anderen Eier aufgefangen hatte, so weit nach vorn, daß die braunglänzenden Eier an Leonies Fußende landeten. Sein Gesicht verzog sich zu einer widerlichen Grimasse, und er beugte sich vor und küßte Leonie vorsichtig auf den Mund.

Fast jeden Tag mußte ich an diesen Traum denken. Was hatte er zu bedeuten? Jedenfalls sah ich Lambert erst wieder, als Alex aus dem Urlaub zurück war. Bevor ich ihn traf, verhörte er zuerst Alex, der mir erzählte, Lambert habe ihn gefragt, ob nach dieser Nacht vom 31. auf den 1. etwas Besonderes an mir zu bemerken gewesen sei.

»Wie kann ich mich daran nach so langer Zeit noch erinnern? Seitdem habe ich Muttern mit den Kindern in Belgien ausgeführt, aber ich erinnere mich sowieso an nichts Besonderes aus der Zeit davor«, hatte Alex gesagt und hinzugefügt: »Wenn mein Chef sich sehr merkwürdig aufgeführt hätte, würde ich das wohl noch wissen.«

Dann fragte er mit verständlicher Neugierde: »Was ist denn los? Was will dieser komische Kauz?«

»Wenn ich das nur wüßte...«

»Oh, hier weiß man also auch nichts, na, er sagte, daß es sich um ein verschwundenes Mädchen handelt.«

»Ja, man meint, daß ich vielleicht einen Anhaltspunkt liefern könnte, weil ich sie zufällig zuletzt gesehen habe.«

»Merkwürdig! Warum fragt der Mann mich dann, ob in der letzten Zeit etwas Auffälliges mit unseren Ratten los sei? Das kapiere ich überhaupt nicht. Ich hab ihm erzählt, daß ich seit dieser Nacht mit dem schrecklichen Gewitter nicht mehr für die Kannibalen sorge, und das interessierte diesen Burschen gewaltig. Aber warum?«

»Was fragte er denn, und was hast du gesagt?«

»Er fragte – ja, wörtlich kann ich das nicht wiederholen –, er fragte, wer nach dieser Nacht vom 31. auf den 1. zuerst im Labor gewesen sei. Da sagte ich: Meistens bin ich der erste hier, denn je weniger du verdienst, desto mehr hast du dich an die festen Arbeitszeiten zu halten, und das war da ganz bestimmt auch so, oder es muß sich um die Nacht mit dem Gewitter handeln, denn da bin ich nach diesem Unwetter so weggesackt, daß ich trotz Wecker einfach weitergepennt habe.«

»Ja«, sagte ich, »das war die zweite Nacht, zwei Nächte nacheinander war ein schlimmes Unwetter, die erste Nacht hast du nichts von dem Gewitter gemerkt, das hast du mir morgens erzählt, aber die zweite Nacht ...«

»Da hast du das Problem! Ich kann mich nur an eine Nacht und ein Unwetter erinnern, und ich weiß wirklich nicht mehr, welche Nacht es war – das habe ich auch zu Meneer Lambert gesagt, denn dieser Bursche fing auch an zu schwafeln von zweimal Unwetter. Ich weiß es nicht mehr, sagte ich zu ihm, ich weiß nur, daß mein Chef nach dem Gewitter oder seit dem Gewitter selbst für die Kannibalen sorgt, und ich weiß auch, daß er nach dem einzigen Gewitter, an das ich mich erinnere, viel früher im Labor war als ich, aus dem einfachen Grund, weil ich da verschlafen habe. Er fand das alles hochinteressant, alles kam hübsch ordentlich in ein braunes Merkbüchlein, so, es geht also um ein verschwundenes Mädchen, schon länger als einen Monat verschwunden! Ja, so ist das, so 'n Mädchen, darauf setzen sie alle Polizisten an, aber mein Fahrrad, das schon seit gut einem Monat weg ist, danach suchen sie nicht, und dabei muß mein Fahrrad absolut von jemand anderem geklaut worden sein, und so ein Mädchen hat selbst Füße, mit denen sie tippeln kann.«

Ziemlich abwesend hörte ich seinem Monolog zu. Ich dachte an Lambert und an die Möglichkeit, daß er annehmen könnte ... nein, das erschien mir zu absurd, das wäre doch lächerlich, aber Alex erzählte: »Und das Interesse, das er an den Ratten hatte. Wieviel sie fressen, wenn sie gehungert haben. Wieviel sie trinken. Und immer wieder wollte er wissen, warum ich nicht mehr für die Kannibalen sorge, und dann sagte ich jedesmal: Weil ich finde, daß es Scheißuntersuchungen sind, und dann sagte er wieder: Aber das kann doch niemals der wirkliche Grund sein, Sie sind doch Tierpfleger, Sie müssen doch alle diese Käfige saubermachen, und dann sagte ich: Ja, normalerweise schon, aber jetzt nicht mehr, und es ist auch besser so, ich bekam geradezu Halluzinationen davon, denn nehmen wir mal die Nacht nach dem ersten oder zweiten Gewitter, da komm ich ins Labor und sehe, meine zu sehen, daß sie satt sind, keinen Hunger mehr haben, und also müssen da schon welche von ihnen aufgefressen worden sein, denn etwas anderes haben sie nicht, und doch, als ich sie zähle, ist nicht eine einzige weg. Nein, ich hab davon geträumt, ich hab davon wach gelegen, ich wünschte, wir würden wieder mit den Spinnen arbeiten.«

Ich wußte nicht genau, ob Alex nun mit mir redete oder noch erzählte, was er zu Lambert gesagt hatte. Aber ich fragte ihn so beiläufig wie möglich: »Und was sagte Lambert, als du ihm von dieser Halluzination erzählt hast?«

»Er sagte nichts, das war ja das Komische. Er schlägt das braune Büchlein wieder auf und fängt an, wie ein Verrückter zu schreiben.«

»Und hast du ihm nicht gesagt, was du mir neulich erzählt hast?«

»Was habe ich denn erzählt?«

»Daß so viele Reste da waren.«

»Nein, das habe ich neulich nicht erzählt, ich habe neulich nichts gefunden, ich weiß nur noch, daß sie alle friedlich dalagen und ratzten mit ihren angeschwollenen Bäuchlein und daß ich dachte, nun, nun, die sind diese Nacht wieder hübsch zugange gewesen, und daß ich es später so merkwürdig fand, weil nicht eine einzige weg war. Aber wann das nun gewesen ist? Nach dieser ersten oder nach dieser zweiten Nacht? Meiner Meinung nach direkt nach diesem Gewitter. Nach einer verrückten Nacht, denn es ist natürlich eine Sinnestäuschung gewesen, sie können nicht satt gewesen sein, ich hab wahrscheinlich keine Augen im Kopf gehabt, als ich hier reinkam.«

In dem Augenblick wußte ich, woran ich war und was geschehen würde. Ich konnte mich darauf vorbereiten, und so war es für mich keine Überraschung, als Lambert noch am selben Tag, zusammen mit Meuldijk und einem Polizisten in Uniform, im Labor erschien und sich wieder hinter meinen Schreibtisch zwängte, um sofort danach wieder aufzustehen und zu sagen: »Wir meinen genügend Beweise zu haben, um dich zu verhaften. Bedauerlich für dich, denn dadurch wird es für uns unmöglich, deine Frau da herauszuhalten. Soll ich sie informieren, oder willst du sie lieber selbst anrufen?«

»Wenn es möglich ist, gern letzteres«, sagte ich.

»Gut«, sagte er, »komm Krijn, wir gehen kurz in den anderen Saal, dann kann Meneer in aller Ruhe mit seiner Frau sprechen.«

Während ich meine eigene Nummer wählte, schaute ich, am halbgeöffneten Fenster stehend, über eine kleine Gracht, die in der späten Nachmittagssonne wohlig dalag. An einer der Kaden hielten zwei schneeweiße Enten ein Schläfchen, und ein Mann lag vor seiner Haustür in einem ungeschickt hingestellten Liegestuhl, auf seinem Kopf hatte er ein Taschentuch drapiert. Ich schaute nur und schaute auf das bunte, karierte Taschentuch, und es war, als würde jede Linie in mein Gedächtnis eingeritzt, als hätte ich niemals zuvor richtig hingesehen und als würde ich auch nie wieder so richtig hinsehen können. Im Wasser spiegelten sich die Wolken, als sei der Himmel da draußen in Gestalt einer schmuddeligen kleinen Gracht auf die Erde herabgesunken, mit hellblauen Ölflecken und allem. Einer kleinen Gracht, deren Geruch ich nicht einmal wahrnehmen konnte, und ich hörte das Telefon klingeln, hoffte halb und halb, daß nicht abgenommen würde, aber da war schon ihre durch das Telefon womöglich noch tiefere Altstimme zu hören: »Leonie Kuyper«, und ich sagte, ohne meinen Namen zu nennen: »Erschrick nicht. Man ... man verdächtigt mich, daß ich irgendwie an dem Verschwinden von Jenny Fortuyn beteiligt bin, und darum nimmt man mich mit auf die Polizeiwache.«

»Soll ich dann mit dem Essen warten?« fragte sie.

»Ich denke nicht, daß das nötig ist«, sagte ich, »ich denke nicht, daß ich heute abend noch nach Hause komme.«

»Oh, ist es schon soweit. Aber warum hast du mir nichts gesagt?«

»Weil ich dich da heraushalten wollte, ich wollte nicht, daß du dir unnötig Sorgen machst.«

»Dachtest du, ich würde mir keine Sorgen machen? Du hast zusehends abgenommen, deine Laken rochen am Morgen so merkwürdig, und du warst die ganze Zeit über so down, du hast Streit um nichts angefangen.«

»Ja, ich dachte mir schon, daß du etwas ahntest, aber du scheinst gar nicht zu erschrecken.«

»Ich erschrecke auch nicht, ich habe es wirklich kommen sehen, du mußt nicht denken, daß ich nicht sofort gemerkt hätte, welchen Beruf Lambert hat. Nicht nur ist er tagsüber, wenn du zur Arbeit warst, noch ein paarmal hiergewesen, um deine Kleider anzusehen und mich das eine oder andere zu fragen, sondern ich bin an dem Tag, nachdem er unseren Garten angesehen hat, einfach ins Polizeipräsidium spaziert und habe da den Portier gefragt: ›Kann ich Meneer Lambert sprechen?‹, und er hat gesagt: ›Der ist heute nicht da, Mevrouw‹, und da wußte ich also mit Sicherheit, daß er bei der Polizei ist. Ich denke, daß ich viel besser vorbereitet bin auf deine Festnahme als du selbst. Du dachtest, daß du mich da heraushieltest, aber ich hielt dich da heraus, weil ich davon überzeugt bin, daß sie einen Irrtum begehen. Haben die schon zwölf Jahre mit dir zusammengelebt? Sobald es erlaubt ist, besuche ich dich, und dann mußt du mir alles erzählen, wirklich alles, und dann hoffe ich, daß wir gemeinsam diese Sache schnell hinter uns bringen.«

Unterwegs zur Polizeiwache, diesmal in einem Polizeiauto, wurden mir keine Fragen gestellt. Ich hatte Zeit genug, einen Riesenschwarm Stare zu beobachten, die auf dem Weg zu ihren Schlafbäumen waren, Zeit genug auch, um zu denken: Du kannst ihr nichts vormachen, ich kenne sie seit zwölf Jahren, und noch niemals ist mir auch nur die kleinste Lüge geglückt.

Dieser Gedanke hatte etwas Beruhigendes, denn nun würde ich ihr sagen können: »Ich habe es nicht getan«, und dann würde sie mir glauben, wenn ich ihr nur in die Augen blickte und meine Hände nicht zitterten.

Auf der Polizeiwache erwartete mich eine Überraschung. Ohne Umschweife erzählte Lambert, daß dem Labor genau gegenüber in jener Gewitternacht ein Mann am Fenster gestanden und daß dieser erklärt habe, er habe mich – den er schließlich fast jeden Tag sähe – zusammen mit einem Mädchen hineingehen sehen, und daß ich zwei Stunden später allein herausgekommen sei. Und ich wußte nichts Besseres zu tun, als nur starrköpfig zu schweigen, was sie auch sagen mochten, sogar als Krijn Meuldijk und der Kommissar für einen Augenblick aus Lamberts Zimmer gingen und mich mit ihm allein ließen und er, viel zu väterlich nach meinem Geschmack, sagte: »Nun erzähl mal alles, das ist viel besser, dann bist du es los.« Aber ich sagte: »Ich habe nichts zu erzählen, ich bin in jener Nacht nach Hause gegangen, das ist alles.« »Ja«, sagte er, »aber erst, nachdem du sie umgebracht hattest.«

Ich dachte nur immer weiter an das Sonnenlicht auf der kleinen Gracht, die ich an dem Nachmittag zum erstenmal gesehen hatte, obwohl ich sie jahrelang vor Augen gehabt hatte. Während des Verhörs versuchte ich, mir den Himmel wieder vorzustellen, versuchte ich, mich völlig abzuschotten gegen das, was um mich herum geschah. Dennoch konnte ich nicht umhin, Lamberts langatmigen Ausführungen zuzuhören. Wie glänzend alles zusammenpaßte!

Lambert wedelte mit Jan Wolkers' *Gesponnen Suiker*. »Dieses Buch sah ich, als ich bei Kuyper zu Besuch war, im Bücherregal stehen, Herr Kommissar. Ich lese zwar nicht viel, aber das Buch kannte ich zufällig. Als ich es aus dem Regal nahm und darin blätterte und mich an die eine Geschichte erinnerte, war mir auf einmal klar, wie es sich abgespielt haben könnte: Da habe ich beinahe das Buch vollgekotzt.«

Du lügst, dachte ich, du hast danach fröhlich Salzgebäck und Käsestückchen gegessen und Bier getrunken, ohne auch nur einen Augenblick lang irgendwie Übelkeit oder Erschrecken zu zeigen, neulich hast du noch nicht daran gedacht ... das hast du erst später gedacht, aber gut, es macht nichts, es stimmt sowieso nichts an deiner Geschichte, du mußt mich sehr bald wieder freilassen, und in der Zwischenzeit will ich gern einmal ein Weilchen in einer Zelle sitzen, dann kann ich endlich zur Ruhe kommen, bin ich endlich eine Zeitlang ohne Leonies immer wachsame, kurzsichtige Augen, und sie kann auch einmal nachdenken, kann endlich akzeptieren lernen, daß sie keine Kinder bekommt.

Als ich immer weiter schwieg, fingen sie an, mich ziemlich grob zu behandeln. Ich konnte es ihnen nicht einmal übelnehmen. Weswegen sie mich verdächtigten, war so grauenvoll, daß es auch noch eine gröbere Behandlung gerechtfertigt hätte. Nein, diese grobe Behandlung versetzte mich merkwürdigerweise in eine überlegene, ruhige, beinahe muntere Stimmung. Es war fast, als würde ich in mir selbst versinken, als könnte ich jetzt, wo ich nicht einmal mehr einen Schein von Freundlichkeit zu wahren brauchte, zum erstenmal ich selbst sein, und dieses »Ich selbst« gefiel mir gut, das war mein altes, stoisches, verstocktes, in sich gekehrtes Ich, das ohne Bindung an andere Menschen war, das ohne Verpflichtungen, ohne soziales Gefühl, ohne Hoffnung, ohne Liebe, ohne Mitleid lebte, das aber sehr wohl glücklich, sehr wohl ruhig, sehr wohl vergnügt war und wieder etwas von dem spürte, was Nietzsche als das »Gleichmaß der Vormittagsseele« beschrieben hat.

2

Ein kurzer Briefwechsel

1

Liebe Leonie, die Geschichte, die ich Dir jetzt erzählen werde, wird Dir sehr weh tun, aber mir nicht weniger. Erinnerst Du Dich noch daran, daß ich im letzten Winter plötzlich anfing, wie besessen zu lesen? Tagaus, tagein saß ich über Romanen, die ich mir aus der Stadtbücherei holte. Erinnerst Du Dich auch noch daran, daß ich sie immer abends holte und auch abends zurückbrachte? Zu Anfang dachte ich, daß ich die Zeit am Abend so gern mochte, weil ich dann durch die feuchten, glänzenden Straßen streifen konnte, die so trübselig im Dunkeln dalagen. Später dachte ich, weil das gelbe Neonlicht aus der Bibliothek in den Garten hinter dem Gebäude fiel. Oft stand ich am Fenster und sah nach draußen, und dann dachte ich: Dein ganzes Leben lang tust du allerlei Dinge, sei es, weil du Lust dazu hast, sei es, weil es deine Arbeit ist, sei es aus sozialen Verpflichtungen, und alle diese Dinge haben unerwartete und eigentlich unwichtige Nebenwirkungen wie dieses glänzende Neonlicht in einem von einer Mauer umgebenen Garten in der Stadt, und es sind gerade diese Nebenwirkungen, um die es im nachhinein geht, der Rest ist unwesentlich.

Noch lange hätte ich das geglaubt, wenn ich nicht

eines Tages drei Bücher in die Bibliothek zurückgebracht hätte, die ich noch nicht gelesen hatte. Schon bald wurde es zur Gewohnheit; zuerst hatte ich wie ein Wahnsinniger gelesen, um soviel wie möglich holen und bringen zu können, dabei war ich schon bald zur modernen niederländischen Literatur übergegangen, weil das oft solche hauchdünnen Büchlein sind, jetzt aber änderte ich meine Strategie, jetzt sah ich ein, daß ich sie auch sehr gut holen und bringen konnte, ohne sie gelesen zu haben. Und jedesmal stand ich da und schaute auf den kahlen schwarzen Garten und auf den Glanz des Neonlichts darin, und dann dachte ich: Deshalb komme ich her. Aber manchmal stand ich dort und war enttäuscht. Zu Anfang wußte ich noch nicht, warum. Aber eines Abends stand ich wieder vor der Scheibe und schaute in den dunklen Garten und sah das Licht und in der Scheibe die verschwommene Spiegelung von dem, was hinter meinem Rücken geschah, und in dem Augenblick erhob sich, ebenfalls hinter meinem Rücken, eine Gestalt, die aus dem Spiegelbild heraustrat, und da wußte ich auf einmal, daß ich durch diese Scheibe sah, weil sie wie ein Spiegel war und mir nicht nur die Sicht auf den Garten bot, sondern auch, dank der Spiegelung, auf ein Mädchen, das immer abends hinter dem Tisch saß, auf dem der Stempelapparat zur Registrierung der ausgeliehenen Bücher stand. Noch immer verstehe ich nicht genau, warum ich so lange gebraucht habe, um einzusehen, daß ich nur dort stand, um sie heimlich zu beobachten. Ihr Spiegelbild floß zusammen mit dem schimmernden Lampenlicht im Garten, es war, als säße sie ganz allein in diesem dunklen Garten, wie schwebend und durchsichtig. Und nun muß ich auch sofort den merkwürdigsten Teil dieser Geschichte erzählen: Ich wurde zutiefst angerührt von dem Spiegelbild, nicht von dem Mädchen selbst. Das Mädchen sagte mir eigentlich nichts, ich sah zwar, daß sie ein wunderhübsches Gesicht hatte, aber ich fand es viel zu stark geschminkt. Doch im Spiegelbild wurde ihr Gesicht lieblich und fein; das Grobe darin verschwand, man sah noch ihre großen Augen, aber ohne die harten Konturen durch das Make-up. Und außerdem ist ein Spiegelbild anders als die Wirklichkeit; im Spiegelbild erweckte sie das Gefühl in mir, daß ich sie schon immer gekannt habe, daß sie eine Erinnerung aus ferner Vergangenheit war, eine Erinnerung ohne Datum, eine Erinnerung an die Zeit vor meinem Dasein.

Solange es Winter war und sogar nachdem der Winter in das dunkle Frühjahr mit seinem abendlichen, regenverhangenen Himmel übergegangen war, geschah nichts weiter. In der stillen Stunde zwischen sieben und acht konnte ich da zwischen den Bücherreihen stehen und sie in der Spiegelscheibe anstarren. Als aber der Sommer kam und die Abende lange hell blieben, gab es keine Möglichkeit mehr, sie in Ruhe zu betrachten. Da dachte ich langsam daran, Kontakt zu ihr zu suchen. Tagaus, tagein stellte ich mir vor, mit ihr in das Café De Twee Spiegels zu gehen, weil es dort sogar tagsüber schummerig ist und alle Wände mit Spiegeln bedeckt sind. Aber Du verstehst, daß ich, schüchtern, wie ich nun einmal in diesen Dingen bin (schließlich hast Du ganz zu Anfang auch immer die Initiative ergriffen), nichts unternahm. Nun ja, nichts. Fast nichts. Drei Abende in der Woche wanderte ich hin zur Bibliothek und zurück, ließ Bücher von ihr abstempeln, die ich gar nicht lesen wollte, und führte kurze Gespräche mit ihr. Vielleicht wäre die sonderbare Sehnsucht nach ihrem Spiegelbild langsam erloschen, wenn sie mich nicht eines Abends gefragt hätte: »Sie arbeiten im Medizinisch-Biologischen Labor? Ich sah Sie heute morgen dort hineingehen, als ich auf dem Fahrrad vorbeifuhr.«

»Ja, ich arbeite dort«, sagte ich. »Ich würde es so gern einmal von drinnen sehen«, sagte sie, »ich habe mich immer gefragt, was dort eigentlich getan wird, und ich habe auch gehört, daß man alles mögliche dort in Spiritus aufbewahrt, sogar Föten zu früh geborener Kinder.« »Stimmt«, sagte ich. »Darf ich mich wohl dort einmal umschauen?« »Ja«, sagte ich, »das geht ohne weiteres, wenn du willst, jetzt gleich, wenn die Bibliothek schließt. Es ist dann ruhig in dem Gebäude, wir stören keine Versuche und können uns überall umsehen.« »Oh, das fände ich sehr schön, aber ich trinke immer zuerst eine Tasse Kaffee in meinem Zimmer – ich wohne hier über der Bibliothek in einer kleinen Dachkammer –, denn ich bin immer so ausgetrocknet, wenn ich hier zwei Stunden lang gesessen und gestempelt habe. Komm doch kurz mit mir nach oben, wenn du magst, du kannst eine Tasse Kaffee mittrinken, und danach gehen wir zum Labor.«

So saß ich kurze Zeit später in ihrer kleinen Dachkammer, und ich konnte im Spiegel über einem Waschbecken genau das Bild ihres Gesichts sehen. Es war da schon dunkel genug, um eine Lampe einzuschalten; was ich sah, war etwas, worauf ich mein ganzes Leben gewartet zu haben schien. Als wir anschließend zum Labor spazierten und über eine Brücke gingen, beugte ich mich über das Geländer und rief: »Dort schwimmt, glaube ich, ein Zwergtaucher«, und sie beugte sich auch über das Geländer, und in der Tiefe sah ich nicht einen Zwergtaucher, sondern ihr Spiegelbild.

Liebe Leonie, ich hoffe nur, daß es nicht allzu schlimm für Dich ist. Ich war nicht in erster Linie von einem Mädchen beeindruckt, sondern nur beeindruckt von einem Spiegelbild, und Spiegelbilder existieren nicht, wie Du weißt. Aber so, wie ich sie dort sah, in dem glatten, stillen Wasser, das im Mondlicht glänzte, werde ich sie nie wieder vergessen.

Nun, danach habe ich sie in dem halbdunklen Labor herumgeführt. Sie war am meisten an der Abteilung Systematische Tierkunde interessiert, wo in einem Saal mit hohen Fenstern die Riesenskelette von Elefanten und Giraffen ausgestellt sind. Der Mondschein fiel hell auf die bläulich glänzenden Skelette. Wir machten kein Licht an, wir liefen im Halbdunkel herum, und irgendwann erschrak sie heftig vor dem Schädel eines jungen Orang-Utans.

Nach dem Saal mit den Skeletten besuchten wir den noch viel größeren Saal, in dem die Schaukästen mit den verrücktesten Tierarten stehen, sogar mit ziemlich großen Braunfischen, in Alkohol und Formalin. Die haben dort so viel, daß sie nur einen Teil ausstellen können. Der Rest wird in Räumen gelagert, in die nie jemand kommt, Behälter, manchmal mannshoch, manchmal sogar größer, voll mit Hunderten von Tierarten. Sie wollte alles sehen, am meisten aber war sie an diesen Föten ungeborener Kinder interessiert. Erst später habe ich verstanden, warum; sie war schon zweimal in der Abtreibungsklinik, das eine Mal am Anfang des vierten Monats ihrer Schwangerschaft, das andere Mal nach einer Schwangerschaft von anderthalb Monaten.

Wir sind vielleicht ungefähr zwei Stunden dort herumgelaufen, so daß ich erst gegen zwölf Uhr zu Hause war. Ich habe Dir damals gesagt, vielleicht erinnerst Du Dich, daß ich noch spät im Labor gearbeitet hätte. Ich habe sie übrigens nicht nach Hause gebracht. Es war mein erster Spaziergang mit ihr. Es muß Anfang Mai gewesen sein, denn ich erinnere mich, daß ich an dem Abend, als ich nach Hause kam, noch für einen Augenblick in den Garten gegangen bin und die weißrosa Blüte der Goldrenette betrachtet habe.

Wie es hier ist, erzähle ich Dir besser, wenn ich wieder draußen bin. Jetzt lieber nicht, denn ein Brief von mir an Dich geht bestimmt nicht ungelesen aus dem Haus. Ganz viel Kraft und alles Liebe, Thomas.

2

Lieber Thomas, Lambert und Meuldijk sind noch ein paarmal hier gewesen, um mich alles mögliche zu fragen, und stets habe ich zu ihnen gesagt: »Mein Mann kann das nicht getan haben.« Dann sagten sie: »Mevrouw, diese Geschichte hören wir immer über Ehemänner und Söhne.« (Töchter und Mütter begehen offenbar keine Morde.) Dann sagte ich: »Ihr habt nicht zwölf Jahre lang mit ihm zusammengelebt. Er ist eher zu sanft und zu freundlich als zu aggressiv.« »Ja«, sagten sie dann, »das sind gerade diese In-sich-Gekehrten, die zwölf Jahre lang etwas in sich hineinfressen und dann etwas Entsetzliches tun, und ganz so sanft und freundlich kann er auch wieder nicht sein, denn Zeugen haben gesehen, daß er Mejuffrouw Fortuyn geschlagen hat.« »Und zu Recht«, sagte ich, »denn das Geschöpf ist ein Luder, und ein In-sich-Gekehrter ist er überhaupt nicht, er hat immer alles aus sich herausgeschleudert, was ihm nicht paßte.«

Lambert ist übrigens ein Kapitel für sich; das Merkwürdige ist, daß er meiner Meinung nach an seiner eigenen schlauen Beweisführung zweifelt, er kann es selbst fast nicht glauben, und wenn ich zu ihm sage: »Es ist ausgeschlossen, daß zweihundert Ratten, auch wenn sie noch so hungrig sind, in wenigen Stunden eine Leiche vertilgen, ohne eine Spur von Blut und Haaren und Knochenresten zu hinterlassen«, nickt er. »Aber«, sagt er dann, »es war genug Zeit, um alle Spuren zu verwischen, das Sägemehl im Käfig zu erneuern, und die Reste können in den großen Müllcontainer geworfen worden sein, der neben dem Labor steht. Noch am selben Morgen ist der Müll abgeholt und verbrannt worden. Wir können nie mehr herausbekommen, ob in diesem Container möglicherweise blutiges Sägemehl gewesen ist.« »Ach komm«, sagte ich, »glauben Sie das wirklich? Schöne Theorien, aber wenn so etwas geschieht, muß immer eine Spur zu finden sein, ein Überbleibsel, ein kleines Blutfleckchen notfalls.« »Ja«, sagte er, »das ist schon wahr, aber das bedeutet vielleicht nur, daß wir nicht gut genug gesucht haben, oder es bedeutet, daß derjenige, der die Spuren beseitigt hat, dies so methodisch getan hat, daß nichts mehr zu finden ist. Sehen Sie, wer es auch getan haben mag, es war bestimmt ein Wissenschaftler, der es gewohnt ist, sehr genau zu arbeiten.« »Ja, ja«, sagte ich, »ein Wissenschaftler!«

Es ist seltsam, aber ich kann jetzt verhältnismäßig ruhig darüber reden. Am Anfang fand ich es sogar schon zu grauenhaft, um überhaupt darüber nachzudenken, aber man gewöhnt sich daran, es ist schon fast normal für mich. Aber was natürlich das Verrückte daran ist, oder was sie zumindest merkwürdig oder lieber verdächtig finden, daß Deine Ratten laut Alex morgens überhaupt keinen Hunger mehr hatten, obwohl nicht eine einzige verschwunden war. Und doch glaube ich, daß ich dafür die Lösung weiß. Du hast mir oft genug erzählt, daß die beiden uralten Putzfrauen, die im Labor herumlaufen, Du weißt schon, diese beiden alten Jungfern, daß diese einen unwiderstehlichen Drang haben, die Ratten (zusätzlich) zu füttern. Sie kommen früh morgens, hast Du oft gesagt, und das erste, was sie tun, ist, sich in den Rattensaal zu schleichen, um dort Apfelstückchen, Schokoladenstückchen, Seifenstückchen und Brotstückchen und Bananen an die Ratten zu verfüttern. Daran kannst Du sehen, daß alle Menschen, und Frauen insbesondere – egal, was man heutzutage auch behauptet –, einen Versorgungsinstinkt haben und daß dieser Instinkt sehr stark ist und daß solche alten Frauen alles tun, um heimlich die Ratten zu verwöhnen, auch wenn Du ihnen schon hundertmal gesagt hast, daß das nicht erlaubt ist. Du hast mir erzählt, daß Du jetzt den Rattensaal immer abschließt, um zu verhindern, daß sie ihrem Mutterinstinkt folgen. Aber hattest Du das vielleicht diesmal vergessen, so daß sie wieder in aller Herrgottsfrühe mit ihren aufbewahrten Brotrinden und ihrer verschimmelten Schokolade und ihren Stückchen Sunlichtseife hineingegangen sind? Wenn der Ermittlungsrichter – so heißt der Mann doch? Der verhört Dich doch jetzt? – Dich wieder in die Mangel nimmt, mußt Du ihn mal darauf aufmerksam machen.

Und Du kannst auch einmal darüber nachdenken – oh, aber das tust Du natürlich schon den ganzen Tag – und mußt es mir dann schreiben, warum das Mädchen

Deiner Meinung nach verschwunden ist. Meiner Meinung nach hält sie sich versteckt. Aber wozu? Will sie sich vielleicht an Dir rächen? Hat sie vielleicht das Land verlassen? Nein, das kann nicht sein, sie hat ihren Paß nicht mitgenommen. Obwohl, so jemand kommt natürlich leicht über die Grenze. Schreib in jedem Fall alles auf, jede Einzelheit, an die Du Dich erinnerst, nichts ist ohne Bedeutung, sogar das unwichtigste Detail kann der Schlüssel zur Lösung sein.

Weißt Du, was schlimm ist: die Zeitungen! Sie haben sich richtig darauf gestürzt. Ein paarmal standen auch schon diese bescheuerten Kerle vor der Tür, mit einem Fotografen als Rückendeckung. Aber ich werfe sofort die Tür zu, wenn ich unbekannte Leute mit Blitzlicht sehe, nachdem geklingelt worden ist. Von Lambert hörte ich, daß Du keine Zeitungen lesen darfst, weil Du weiterhin nur schweigst und weil sie Angst haben, daß Du Fakten erfahren würdest, die Du später im Prozeß gebrauchen könntest. Aber diese Zeitungen, und dann vor allem die Morgenzeitungen, scheinen den Verstand verloren zu haben. Für sie alle ist es eine so aufregende Geschichte, daß sie sie ohne weiteres glauben. Sie zitieren aus Büchern, daß Ratten, wenn sie ihre Artgenossen verschlingen, nur das Schwanzende übriglassen. Als ob ein Mensch ein Artgenosse wäre! Sie haben auch in alten Archiven gestöbert, in denen solche Fälle beschrieben werden. So scheint im 18. Jahrhundert ein Landarbeiter in eine Jauchegrube mit Ratten geworfen worden zu sein, und von diesem Mann wurde weiter nichts gefunden als der Schirm seiner Mütze, und im 19. Jahrhundert muß ein Junge, der eine goldene Uhr gestohlen hatte, durch eine Falltür in einem Keller mit Ratten gelandet sein. Junge weg, Uhr glücklicherweise wiedergefunden. Hurra, sie ging noch!

In einer Zeitung heißt es, daß diese Art Geschichten Mäuseturmgeschichten sind. Schon seit dem Mittelalter existiert eine umfangreiche Literatur über Fälle, in denen Menschen von Ratten und Mäusen völlig aufgefressen wurden. Früher wurden Menschen zur Strafe in einen verschlossenen Turm mit Mäusen und Ratten eingesperrt – den Rest kann man erraten.

Was mir dabei auffällt? Daß einer gräßlichen Geschichte immer Glauben geschenkt wird. Offensichtlich knüpft das an etwas in unserem Innersten an, das sich heimlich nach so Schrecklichem sehnt. Wenn Menschen darüber sprechen, sieht man einen bestimmten Glanz in ihren Augen, der verrät, wie wunderbar sie es finden, während sie mit dem Mund fromm beteuern, wie schockiert sie sind. Und schon ein paarmal hat man zu mir gesagt: »Welch ein Husarenstück!« Fest davon überzeugt, wie sie sind, daß es wirklich passiert ist, scheint es manchmal geradezu, als bewunderten sie Dich, als dächten sie: Das hätte ich auch gern getan. Sogar Dein eigener Anwalt, der hier auch schon zu Besuch gewesen ist, scheint davon überzeugt zu sein, daß Du es getan hast. Doch einige finden es befremdlich, daß sie Dich festhalten: Solange es nicht eine Spur irgendeines Leichenteils gibt, scheint man niemanden wegen Mordverdachts einsperren zu dürfen. Nun ja, das muß Dein Rechtsanwalt herausfinden. Solange er noch glaubt, daß Du schuldig bist, lege ich keinen Wert darauf, ihn zu sehen, will ich nichts mehr mit ihm zu tun haben.

Was denkst Du: Soll ich unseren Urlaub annullieren, oder wirst Du vor Ende September wieder frei sein? Glücklicherweise haben wir eine Reiserücktrittsversicherung abgeschlossen. Ich nehme wenigstens an, daß Untersuchungshaft ein Annullierungsgrund ist. Aber es steht nicht im Kleingedruckten, das habe ich schon gesehen. Ich fände es übrigens nicht schlimm, wenn wir nicht wegführen. Urlaub machen ist doch nichts anderes, als sehr viel Geld ausgeben, um armselig aus zwei Koffern zu leben. Es macht mir nichts aus, ob ich verreisen kann oder nicht, wenn Du nur schnell wieder frei bist. Du ißt da doch wohl gut?

Mit Alex habe ich verabredet, daß wir genau feststellen werden, wieviel Gramm eine hungrige Ratte frißt, die vier Tage gefastet hat. Weißt Du, was er sagte, als ich ihm das vorschlug? »Ja, geben Sie mir bloß wieder etwas zu tun, jetzt, wo Ihr Mann weg ist, komme ich zu nichts mehr, *enfin*, diese Beschwerde habe ich mit Michelangelo gemeinsam.«

Ganz viel Liebes und ganz viel Kraft dort, Deine Leonie.

3

Liebe *Leonie*, dies ist mein letzter Brief von der Polizeiwache aus. Sie haben mich hier jetzt vier Tage oder, wie sie es nennen, zweimal zwei Tage festgehalten, und der Ermittlungsrichter hat heute entschieden, daß ich noch sechs Tage in Untersuchungshaft kommen soll. Eventuell kann dieser Termin noch einmal um sechs Tage verlängert werden, aber ich glaube einfach nicht, daß sie mich danach noch weiter festhalten können. Also spätestens Mittwoch, den 18. September, bin ich wieder frei. Da hätte natürlich schon unser Urlaub angefangen, also annulliere ihn doch lieber, vor allem, weil ich mich vielleicht der Polizei zur Verfügung halten muß, solange Jenny noch nicht zum Vorschein gekommen ist. Nein, keine Ahnung, wo sie sich herumtreibt, sie hatte so viele Freunde, sie kann wirklich überall untergetaucht sein.

Was ich hier esse? Sie holen jeden Tag etwas für mich beim Chinesen an der Ecke von der Steenschuur. Wenn Du wissen willst, wie es ist, müßtest Du da einmal hingehen.

Ich glaube, es ist das beste, wenn ich Dir noch erzähle, was sich weiter zwischen mir und Jenny abgespielt hat, dann kannst Du selbst sehen, daß weiter nichts daran war, und auch, daß sie niemals aus Rache verschwunden sein kann. Erst am Tag, nachdem Du zu Deiner Mutter gefahren bist, also am Mittwoch, dem 24., habe ich zum zweitenmal einen Abend mit ihr verbracht. Kurz vor neun Uhr abends ging ich zur Bibliothek. Aber sie war nicht hinter dem Stempelapparat zu finden. Deshalb lief ich an den Bücherregalen vorbei zum Ausgang. Plötzlich sah ich durch die Lücken zwischen den Bücherrücken, wie sie ganz hinten damit beschäftigt war, Bücher zurückzustellen. Sie lachte mir zu, wandte sich dann plötzlich ab, tat, als stelle sie etwas weg, aber schaute dabei über die Schulter nach hinten, mit hochgezogenen Brauen und etwas Schelmischem und Fröhlichem in den Augen. Vor langer Zeit hast Du auf einem Bahnsteig, von der anderen Seite der Schienen her, auch einmal so zu mir herübergeschaut. Du fuhrst damals am Wochenende zu Deiner Mutter, und ich fuhr zu meinem Vater, also beide in eine andere Richtung. Was geschieht dann mit einem Menschen, mit einem Mann? Warum muß man in dem Augenblick, wenn man so schelmisch angeblickt wird, ein Schluchzen unterdrücken? Ist das der Moment, von dem jener afrikanische Stammesfürst, der das Balzverhalten der westeuropäischen Menschen beschrieb, feststellte: »Er jagt ihr hinterher, bis sie ihn fängt«? Jedenfalls ging ich nicht weiter. Ich setzte mich auf einen Hocker, und sie kam, durch das Alphabet gezwungen, näher und stellte Bücher dorthin zurück, wohin sie nun einmal gehörten.

Als sie in dem engen Gang stand, in dem ich saß, fragte ich so nonchalant wie möglich: »Gehst du gleich, wenn hier geschlossen wird, noch etwas mit mir trinken?«

»Oja, schön.«

Und da hätte ich aufstehen und weggehen können, da war es genug, da brauchte nichts weiter zu passieren, da wollte ich eigentlich auch gar nicht, daß noch etwas passiert. Aber man hat dann eine Verabredung getroffen, und man muß sich daran halten, obwohl das Ziel längst erreicht ist und schon wieder etwas anderes lockt, ein stiller Abend zum Beispiel, an dem man mit einem Glas Rotwein in Reichweite, das man kaum anrührt, *Unterm Birnbaum* von Fontane liest oder ein Streichquartett von Haydn hört.

So kam es, daß ich eine halbe Stunde später mit ihr im Café De Twee Spiegels saß und sie schräg gegenüber neben mir an der Bar sitzen sah, und ich trank Bier, und sie trank Gin Tonic, und wir gingen danach in ein anderes Café, und da trank ich Bier und sie Gin Tonic, und ich konnte sie wieder in anderen Spiegeln betrachten – das einzig Gute an Cafés ist, daß da immer Spiegel sind –, und wir gingen in ein drittes Café und in ein viertes, bis wir beide gehörig beschwipst waren und wir uns gegenseitig schon stützen mußten, als wir weitergingen. Was mir bei dieser Zechtour auffiel, war, daß sie in jedem Café gute Bekannte begrüßte, und das störte mich. Ich wollte ihr Spiegelbild für mich allein haben. Deshalb fragte ich sie, als ich sie gegen zwei Uhr nach Hause brachte, ob sie am nächsten Tag mit mir essen gehen wolle. Das wollte sie, und so verbrachte ich noch einen Abend mit ihr, und sie erzählte mir von ihrem Leben, zeigte mir zwei kleine Narben an ihren Handgelenken – »da habe ich versucht, Schluß zu machen, aber ich wußte nicht, daß man seine Schlagadern nicht quer, sondern längs aufschneiden muß« – und wollte mich davon überzeugen, daß sie sich in ihrer siebten Reinkarnation befand. Als ich sie nach Hause brachte, verabredeten wir uns für den nächsten Tag zum Lunch.

Manche Dinge an ihr konnte ich schwer begreifen. So wollte sie diesen Lunch mit aller Gewalt selbst bezahlen, weil es ihre feministischen Prinzipien nicht zuließen, daß ein Mann für sie zahlte. »Aber du verdienst dort in der Bibliothek fast nichts«, sagte ich, »und ich kassiere als wissenschaftlicher Angestellter ein lächerlich hohes Gehalt.« Trotzdem wollte sie nichts davon wissen, daß ich bezahlte, aber ich hielt daran fest, daß dies selbstverständlich sei, und da schlossen wir einen eigenartigen Kompromiß, sie ließ sich schließlich dazu überreden, mit meinem Portemonnaie – wir saßen draußen auf der Terrasse – hineinzugehen, so daß es aussah, als bezahle sie, während es mein Geld war. Dieses seltsame Ritual wiederholte sich abends nach einem Diner mit schwarzversengtem, gegrilltem Fleisch auf Holzbrettern, wofür man ein Vermögen bezahlt.

So verbrachte ich mit ihr den Mittwoch, Donnerstag und Freitag der Woche, in der Du bei Deiner Mutter warst. Am Wochenende fuhr sie zu einem Familientreffen irgendwo auf einem Bauernhof in Nordholland. Den Montag darauf traf ich sie abends nicht bei der Stempelmaschine an, und daher stieg ich die Treppen zu ihrer Dachkammer hinauf. Erst als ich an ihre Tür klopfte, hörte ich eine Männerstimme.

»Oh, du hast Besuch«, sagte ich, als sie die Tür öffnete, »dann komme ich lieber ein anderes Mal, ich wollte nur eben sehen, ob du zu Hause bist, und fragen, ob du vielleicht Lust hättest, etwas mit mir trinken zu gehen.«

»Komm rein.«

»Nein, du hast Besuch, ich komme ...«

»Warum nicht? Robert hat herrlichen Rotwein mitgebracht, und ich fände es schön, wenn ihr euch kennenlernen würdet, komm, trink ein Gläschen mit.«

Sie stellte mich einem dunkelhaarigen Mann vor, der mich halb amüsiert, halb spöttisch ansah und mir dann die Hand drückte mit dem Gehabe von jemandem, der einem in jedem Fall »überlegen« ist. Plötzlich legte er mir jovial die Hand auf die Schulter.

»Das trifft sich ja gut«, sagte er, »von Jenny erfuhr ich, daß du im Bereich Medizin und Biologie tätig bist, nun, ich habe einen unheimlich interessanten Fall für dich: Ich bin Rechtsanwalt, und einer meiner Klienten hat einen Antrag auf Ehescheidung eingereicht, weil er – ja, man glaubt es fast nicht – nach drei Jahren entdeckt hat, daß jene dunkelhaarige Schönheit, die er in Singapur aufgegabelt und dort geheiratet und anschließend in die Niederlande gelockt hat, keine Frau, sondern ein Mann ist. Jeden Abend legt sie ihn einmal kurz übers Knie, um ihn zur Ruhe zu bringen, und davon hat er nun die Nase so voll, daß er sie los sein will. Sie schafft übrigens in der Geleenstraat in Den Haag an, sie scheint da als Fensterschwalbe ziemlich gefragt zu sein. Nun habe ich zwei meiner Freunde, die Ärzte sind, gebeten, an einem Abend dorthin zu gehen, aber ich weiß nicht, ob der Richter ihre Zeugenaussage als Beweis akzeptiert. Wie beweise ich eindeutig, daß es ein Mann ist?«

»Du mußt eine Körperzelle, und zwar am besten eine Geschlechtszelle untersuchen lassen, wenn ein Y-Chromosom drin ist, ist es ein Mann.«

»Ja, halleluja, wie komme ich an eine solche Zelle?«

»Ihm abnehmen.«

»Geht nicht, es ist ein Zivilprozeß, keine Strafsache. Na, durch dich komme ich auch nicht weiter. Dann also darauf setzen, daß meine beiden Freunde den Richter überzeugen können. Was mich das übrigens gekostet hat, sie zur Geleenstraat zu kriegen! Wenn sie sich bloß nicht selbst im Gerichtssaal zeigt. Sie sieht phantastisch aus, ja, sie hat unverkennbar etwas Männliches, aber gerade das macht sie so wahnsinnig anziehend. Nebenbei bemerkt, was einen Mann an einer Frau anzieht, ist das Männliche an dieser Frau, nicht wahr, Jenny, an dir entzückt mich der männliche Flaum auf deiner Oberlippe.«

»Pah, hör auf.«

»Doch, es ist wahr, was ich sage. Ist es nicht auch deine Erfahrung, daß du, wenn jemand vom anderen Geschlecht und, sagen wir, in Wirklichkeit auch jemand von deinem eigenen Geschlecht – denn diese Dinge laufen quer durcheinander, die sind überhaupt nicht so schön getrennt, wie man vielleicht denkt – dich anzieht, daß du, wenn es ein Mädchen ist, von etwas Jungenhaftem an ihr beeindruckt bist, und wenn es ein Junge ist, von etwas Mädchenhaftem an ihm. Oder etwa nicht.«

»Ich weiß es nicht«, sagte ich, »ich geh mal wieder, glaube ich.«

»Nein, nein«, sagte er, »das tust du nicht, du bleibst hier, ich gehe sowieso gleich.«

»Ich muß rechtzeitig zu Hause sein«, sagte ich.

»Ach Gott, hast du Ausgehverbot?« fragte er spöttisch.

Der Ton, in dem er das sagte, bewirkte, daß ich blieb. Er ging ziemlich bald nach dieser Bemerkung, und Jenny erzählte mir, daß er gekommen sei, um Abschied zu nehmen.

»Wenn der Prozeß zu Ende ist, geht er nach Südamerika, er denkt, daß es hier nicht mehr sicher ist, daß wir in allernächster Zeit in einen Atomkrieg geraten werden, und er will vor dem Sturm in Sicherheit sein.«

»In der Pampa bestimmt«, sagte ich, »da kann er von einer Klapperschlange gebissen werden oder auf eine Vogelspinne treten.«

»Ich finde es schade, daß er weggeht«, sagte Jenny, »ich habe viel von ihm gelernt.«

Am nächsten Tag habe ich sie nicht gesehen. Sie mußte ins Frauenhaus, sie ging jeden Dienstagabend dorthin. Erst am Tag darauf, am Abend vor Deiner Rückkehr, bin ich wieder in die Bibliothek gegangen und habe mit ihr, zum letztenmal, eine Zechtour gemacht. Am Ende dieser Tour habe ich, wie Du bestimmt schon weißt oder in den Zeitungen gelesen hast, die mir vorenthalten werden, versucht, sie zu überreden, mit mir nach Hause zu kommen. Aber das ist mir nicht geglückt.

Ich glaube nicht, daß sie schon von vornherein mit dem Plan herumgelaufen ist, in der Nacht zu verschwinden. Dann hätte sie niemals diese kleinen weißen Stiefel angezogen. Mit solchen hohen Absätzen kannst Du nichts unternehmen, kannst Du absolut nicht auf Reisen gehen. Nein, das einzig Merkwürdige ist, daß sie ihre langen Nägel – auf die sie sehr stolz war – abgeschnitten hatte. Vielleicht könnte man daraus wieder ableiten, daß sie doch vorhatte zu verschwinden, und du kannst leichter mit kurzen Nägeln verschwinden als mit sehr langen, die gewöhnlich auch noch – ja, erschrick nur nicht, das findest Du natürlich gräßlich – schwarzlackiert waren. Denn solche langen schwarzen Nägel fallen ziemlich auf. Aber ja, weiße Stiefel mit sehr hohen Absätzen fallen auch ziemlich auf – ich verstehe das Ganze, ehrlich gesagt, überhaupt nicht.

Das ist alles, was ich Dir über diese Woche, in der Du weg warst, erzählen kann. Sie hatte so viele Freunde, sie kann überall hingegangen sein. Als ich sie beispielsweise nach dieser ersten Zechtour am Mittwochabend nach Hause brachte, begegneten wir in der Nähe ihrer Wohnung einem mir bis dahin unbekannten Mann, der sie grüßte. Ein Stückchen weiter sagte sie, nachdem er um eine Ecke verschwunden war: »Den habe ich auch schon gehabt.«

Sieh zu, daß Du gut für Dich sorgst! Auch kochen, wenn ich nicht da bin, Du. Sie lassen mich ganz sicher sehr bald frei, alles Liebe, Thomas.

4

Lieber Thomas, Du weißt sicher noch nicht, daß ihre Familie einen Hellseher hinzugezogen hat, so einen Mann, der sich, wenn etwa jemand ertrunken ist, ans Ufer begibt, wo das Drama vermutlich stattgefunden hat, dann krampfhaft die Augen schließt, einige beschwörende Gebärden macht und daraufhin mit hohler Stimme erklärt: »Ich sehe Wasser, ich sehe sehr viel Wasser.« Nun, Alex erzählte mir, daß dieser Paragnost in Deinem Rattensaal ebenfalls die Augen geschlossen und dann gemurmelt hat: »Ich sehe kleine, wimmelnde, durcheinanderlaufende Tierchen, oh, wie viele schwarze wimmelnde Tiere, ich kann nicht sehen, was sie verbergen, was sich darunter befindet.« Ja, das brachte sie natürlich weiter, diese Familie Fortuyn! Merkwürdig, immer Männer: Paragnosten. Daran kann man deutlich sehen, daß es geborene Lügner sind. Und dieser Fall beweist auch, daß meine Großtante recht hatte! Sie sagte immer: »Männer sind ein merkwürdiges Völkchen, aber du kannst nicht ohne sie, denn ab und zu muß frisch gedüngt werden.« Ja, ich kann auch nicht ohne Dich; denn seit Du weg bist, schleichen sich die Spinnen in Horden herein. Heute morgen hingen drei Kreuzspinnen an einem Faden von der Decke im WC herunter. Glücklicherweise hat jemand das Spinnen-Golgatha für mich entfernt, aber dazu komme ich gleich. Zuerst will ich Dir erzählen, daß es gestern morgen so gegen elf klingelte. Auf der Matte stand ein belgischer Reporter mit einem Fotografen. Ob er eben mal ein »kurzes Gespräch bekommen dürfte«. Ein kurzes Gespräch bekommen dürfen – Menschenskind! Ich habe die Tür zugeknallt. Später hörte ich, daß er auch schon bei Alex gewesen war. »Ja, Mevrouw«, sagte der, »in Belgien wissen sie es also auch schon, da sehen Sie mal wieder, daß der Barde vom Avon es richtig erfaßt hatte, als er schrieb, ›*welch' fert'ge Zunge Argwohn hat*‹.« Als ich heute morgen mit Alex alles für unseren kleinen Versuch vorbereitete, kam Dein Kollege von der Abteilung Gewebekulturen herein, um einen Erlenmeyerkolben auszuleihen. Er sagte: »Es ist sicher nicht leicht, in diesen Tagen.« Ich sagte: »Nein, aber das Schlimmste ist, daß das Haus voller Spinnen ist und ich nicht wage, sie hinauszusetzen«, und da sagte er: »Soll ich in der Mittagspause kurz vorbeikommen und sie wegnehmen?« Also, das hat er gemacht, und er hat ein Butterbrot mitgegessen, und ich sagte: »Was für herrliches Wetter«, und er sagte: »Ja, richtiges Wetter zum Rudern«, und ich sagte: »Gehst du denn heute nachmittag rudern?«, und er sagte: »Nein, heute abend, heute nachmittag muß ich noch arbeiten«, und da konnte ich sehen, daß er am liebsten gefragt hätte, ob ich vielleicht mitwollte, es aber nicht wagte oder aus Pietät Dir gegenüber unterließ. Da habe ich einfach gesagt, daß ich hier wirklich einmal herausmüßte, um die ganze Misere ein wenig abzuschütteln, und so haben wir zuerst zusammen irgendwo gegessen – kein schwarz gegrilltes Fleisch von Holzbrettern glücklicherweise –, und danach sind wir durch das Schilf in der Nähe seines Hauses gerudert. Nach einiger Zeit glitten wir durch eine Bucht, in der Inseln aus verwesenden Sumpfpflanzen trieben, und er ruderte nicht mehr, wrickte nur ganz vorsichtig mit dem einen Ruder, und wir fuhren durch diese Inseln hindurch, auf denen Wasserschierling wurzelte, und am Ufer blühten überall Leberblümchen, und darauf saßen dunkelrote Schmetterlinge, die sich schwarz gegen den kobaltblauen Himmel abzeichneten, und er sagte: »Horch, der Zaunkönig«, aber der hielt daraufhin sofort den Schnabel, und es war totenstill auf dem Wasser, man hörte nur die Wellen gegen sein Ruderboot plätschern. Danach hat er mich wieder nach Hause gebracht und hier noch ein Glas Wein getrunken. Es dämmerte schon, ich habe kein Licht angemacht, und er sagte: »Thomas wird sicher bald wieder freigelassen werden. Solange keine Spur vorhanden ist, die auf ein Verbrechen deutet, können sie ihn kaum länger festhalten. Meiner Meinung nach hätte ein guter Anwalt ihn sowieso längst rausgeholt.« Merkwürdig, da wurde mir eigentlich erst richtig klar, es gibt tatsächlich keinen einzigen Hinweis darauf, daß etwas Schreckliches passiert ist. Es ist nur jemand verschwunden. Und er sagte: »Vor langer Zeit habe ich einen entfernten Freund über einen Monat lang versteckt gehalten, und kein Mensch hat etwas davon gemerkt, es kann gut sein, daß sie sich auch irgendwo versteckt hat, ich verstehe nur nicht, warum, dieser Junge, den ich bei mir zu Hause hatte, wurde des Mordes verdächtigt, aber sie hatte doch nichts auf dem Gewissen?« »Nein«, sagte ich, »nichts weiter, als daß sie Thomas den Kopf verdreht hat.«

Nach Deinem Brief weiß ich, wo sie steckt. Die ist natürlich mit ihrem Rechtsanwalt nach Südamerika gegangen, das ist so deutlich wie nur etwas. Sie hat ganz bestimmt im Rathaus einen neuen Paß beantragt, um ihren alten Paß zurücklassen zu können, oder vielleicht war der alte schon abgelaufen und sie konnte ihn deshalb nicht mehr gebrauchen. Ich werde der Sache genau nachgehen, wetten, daß sie mit diesem Rechtsanwalt durchgebrannt ist? Du weißt sicher nicht, wie er hieß und wo er wohnte? Na, dahinter komme ich schon. Ich werde alle Cafés abklappern, wo Du mit ihr gewesen bist. Wie gemein übrigens, daß ich Dich nicht besuchen darf! Wenn wir einmal gründlich zusammen sprechen könnten, würden wir meiner Meinung nach die Angelegenheit schnell hinter uns bringen. Aber Du mußt bei dem Ermittlungsrichter darauf dringen, daß sie Dich freilassen, sie haben wirklich nichts in der Hand, es ist lächerlich, daß sie Dich noch immer festhalten.

Mein Gott, glaubte sie also an Reinkarnation. Bei Chesterton habe ich herausgesucht, was er Father Brown darüber sagen läßt: »Ich habe noch nie einen Verbrecher getroffen, der – wenn er überhaupt philosophierte – nicht von orientalischen Kulten wie Wiederkehr und Wiederverkörperung sprach. Vom Rad des Schicksals und der Schlange, die sich in den Schwanz beißt. Durch die Erfahrung habe ich gelernt, daß auf diesen Dienern der Schlange wirklich ein Fluch ruht; auf ihrem Bauche sollen sie kriechen, und Staub sollen sie fressen; es hat noch nie einen Schuft oder Verbrecher gegeben, der nicht mit dieser Art Geistigkeit aufwarten konnte.« Schön, nicht wahr, es steht in der Geschichte *The Dagger with Wings*, ja, ich lese alle diese Bücher wieder, man weiß nie, ob es einem nicht zustatten kommt, jetzt, wo ich selbst Nachforschungen anstellen muß. Ganz furchtbar viel Liebes, und sorg mal dafür, daß Du bald freigelassen wirst, Deine Leonie.

3

Leonies Tagebuch

Sonntag, 8. Sept. Es ist Mitternacht. Im Hause ist es ungewohnt still. Sogar die Pendeluhr im Wohnzimmer tickt nicht mehr. Thomas zieht sie immer auf; ich bin dafür nicht kräftig genug. Heute mittag ist die Uhr stehengeblieben. Ohne ihr vertrautes Ticken kann ich nicht schlafen. Außerdem bewegen sich die Schatten des Mondlichts auf den Gardinen.

Dienstag, 10. Sept. Meinen Brief über den Paragnost habe ich zurückbekommen. Weitere Korrespondenz sei vorläufig nicht möglich. Wenn ich damit nicht einverstanden sei, solle ich mich mit seinem Rechtsanwalt in Verbindung setzen. Aber der glaubt ja auch, daß Thomas schuldig ist, daher will ich nichts mit ihm zu tun haben. Wie traurig, daß ich ihm jetzt nicht mehr schreiben darf. Einen Vorteil hat das allerdings: Ich brauche nun nicht mehr diesen forciert optimistischen Ton in meinen Briefen anzuschlagen. In dem Brief über den Hellseher hatte ich übrigens, sozusagen als unschuldige Rache, erzählt, daß ich mit einem andern Mann gegessen hätte und gerudert sei.

Warum hielt es Thomas in seinem ersten Brief für nötig, mir eine literarische Vorlesung über ein Spiegelbild zu halten? Als ob ich darauf reinfallen würde! Verliebt in ein Spiegelbild, nicht in die wirkliche Frau! Und natürlich nichts darüber, was tatsächlich passiert ist, nichts über das, was mir bis zum Verrücktwerden im Kopf herumspukt.

Und wer war dieser Mann, über den Thomas bemerkte: »Ein mir bis dahin unbekannter Mann«? Wenn dieser Zusatz gefehlt hätte, würde ich nichts dahinter gesucht haben. Aber jetzt bin ich geneigt zu lesen: »Ein mir bis dahin *noch* unbekannter Mann«. Inzwischen weiß Thomas, wer es war, aber er hat es mir nicht erzählen wollen. Oder er konnte es mir nicht erzählen, weil er wußte, daß auch andere seinen Brief lesen würden. Wer war dieser Mann? Das muß ich wissen, daraus ergibt sich vielleicht des Rätsels Lösung.

Mittwoch, 11. Sept. Wieviel frißt eine Ratte, die vier oder fünf Tage gehungert hat? Wenn es wahr ist, daß sie sie aufgefressen haben, muß jede von ihnen, da sie selbst pro Stück ungefähr 250 Gramm wiegen, auch 250 Gramm Fortuyn gefressen haben. Rechne nach. Sie wog, schätze ich, ungefähr 50 Kilo. Zweihundert Ratten. Also 50 000 Gramm geteilt durch 200 sind pro Ratte 250 Gramm. Wer kann nun jemals glauben, daß eine Ratte, auch wenn sie noch so hungrig ist, genausoviel auffressen kann, wie sie wiegt? Bei Spitzmäusen scheint das möglich zu sein, aber nun ja, das sind winzig kleine, wandelnde Kanonenöfchen, und die brauchen den ganzen Tag dazu, um genauso viele Kellerasseln und Weberknechte zu verkonsumieren, wie sie wiegen.

12. *Sept.* Oft denke ich, daß ich es als Kind schon gewußt habe. Als ich noch nicht lesen konnte, spielte ich mit einem kleinen Weberschiffchen. Eine Tante sagte zu mir: »Wie schön du weben kannst«, und dann erzählte sie mir die Geschichte von Arachne, die in eine Spinne verwandelt worden ist, nachdem sie eine Göttin herausgefordert hatte. Seitdem habe ich nie wieder ein Weberschiffchen angerührt, weil ich damals dachte: Wenn ich in eine Spinne verwandelt werde, kann ich nie Mutter werden.

Später, nicht einmal so sehr viel später, stand ich im Flur unseres Hauses. Im Wohnzimmer waren Stimmen zu hören. Eine meiner Großtanten hörte ich sagen: »Ja, sie ist eine Hagwitwe.« Ich ging hinein und fragte meine Mutter leise: »Was ist eine Hagwitwe?«, und sie sagte: »So nennen manche eine Frau, die ein Kindchen bekommt, aber keinen Mann hat.« Da sagte ich: »Und eine Hagmutter? Ist das eine Frau, die einen Mann hat, aber kein Kindchen bekommt?« Alle meine Tanten und Großtanten, die dort versammelt waren, lachten mich fröhlich aus, aber im selben Moment wußte ich, daß ich mich selbst verurteilt hatte. Um meine Verwirrung nicht zeigen zu müssen, brachte ich dann gern die Teetassen in die Küche. Während ich das Porzellan auf die Anrichte stellte, sah ich, daß in jeder Tasse ein etwas anderer Rest Tee übriggeblieben war. Von der einen ein paar säuberlich angeordnete Teeblätter, von der anderen ein grünlicher, getrockneter Rest. Von der dritten nur etwas braunes Pulver. Seitdem ist es mir oft aufgefallen – Thomas sagt immer, es sei nicht wahr, ich bildete mir das nur ein –, daß jeder Mensch in einer Teetasse einen für ihn charakteristischen Rest übrigläßt.

Aber erst in Paris war ich dann ganz davon überzeugt, daß ich niemals Kinder bekommen würde. Ich streifte durch den Louvre und dachte: Ach, alle diese Gemälde, ich verstehe sie nicht, sie sagen mir nichts, bis ich in einem vollen Saal über die Schultern anderer hinweg auf einmal einen kleinen Jungen sah, der einem Kreisel zuschaute. Es war, als stünden meine Augen in Flammen. Schnell lief ich weg – es war wie eine Flucht. Ich betrachtete so viele andere Gemälde wie möglich, und wie stimmungsvoll waren sie, wie unschuldig, wie ungefährlich! Ich ging Treppen hinunter und stieg Treppen hinauf und war plötzlich wieder in demselben Saal nun mit anderen Schultern, über die ich nicht einmal immer hinwegsehen konnte. Da habe ich mich dem gestellt, habe ich mich dem Gemälde ehrfurchtsvoll genähert. Meine Augen glühten, ich ging Schritt für Schritt näher, und ich dachte: Ach komm, es ist nur ein kleiner Junge, der einen Kreisel betrachtet, nichts weiter als ein Kerlchen von etwa sechs Jahren, der älter erscheint, weil er altmodische Kleidung trägt und eine Perücke mit einem Zopf und einer Haarschleife darin. Er soll eigentlich seine Hausaufgaben machen, aber er hat das Tintenfaß auf sein Buch gestellt, um für den Kreisel Platz zu haben, den er heimlich dreht und sofort wieder in dieser bereits offenstehenden Schublade verstecken kann. Seltsam ist nur, daß seine Hände so groß sind. Vielleicht hat Chardin die Hände von jemand anderem gemalt. Das sind doch keine Kinderhände? Aber während ich das alles dachte, dröhnte es mir im Kopf: Sieh, das ist nun dein Sohn, aber er ist damals schon geboren, und deshalb kannst du ihn jetzt nicht mehr bekommen.

13. Sept. Zum erstenmal in meinem Leben bin ich spät abends allein in einem Café gewesen. Als ich den verräucherten, stickigen Raum betrat, sah ich in den vielen Spiegeln von De Twee Spiegels, daß ich zu gut gekleidet war. Trotzdem fand ich sofort Kontakt. Aber die meisten Jungen und Mädchen, die da um die Bar herum standen oder hingen, konnten mir nur wenig von Jenny Fortuyn erzählen. (Merkwürdig: Es macht mir Mühe, ihren richtigen Namen aufzuschreiben. In Gedanken nenne ich sie immer Antje Spektakel.) Aber der junge Mann mit dem fröhlichen Schnurrbart hinter der Bar – »Sag ruhig Tommy zu mir, und dein erster Schnaps, oh, du willst keinen Schnaps, du willst ein Glas Wein, nun, egal, dein erstes Glas Wein geht aufs Haus, weil du bisher noch nie hier warst« – konnte mir doch erzählen, daß sie mit »allem und jedem herummachte«. Und ein anderer Junge, der ein Glas Bier vor sich stehen hatte, ohne es zu trinken, fügte hinzu: »Sie schlief mit jedem, der mit ihr schlafen wollte und nicht schielte, sie schlief mit Frau, Freund und Winterrübe«, und während alle lachten, bestellte er bei

Tommy ein neues Glas Bier, obgleich sein altes Glas noch voll war. Allerdings war der Schaum darauf verschwunden. Als ich fragte, ob er sie zusammen mit Thomas gesehen hätte, sagte er: »Ich kann mich erinnern, daß sie vor gut einem Monat mit jemandem reinspaziert kam, der hier deutlich aus dem Rahmen fiel. Das wird er also wohl gewesen sein. Er guckte sie die ganze Zeit über hungrig an. Wenn du mich fragst, war er ganz schön verknallt, aber naja, das waren wohl noch mehr.« Dann fragte ich: »Meinst du, daß sie ...«, und danach biß ich mir fast die Zunge ab, doch er sah mich nicht einmal an, rückte nur das Glas Bier, aus dem er nicht trank, hin und her und sagte: »Nun, da noch nicht, du guckst eine Frau nicht so hungrig an, wenn du sie schon gehabt hast.«

Bevor ich merkte, wie dankbar ich ihm dafür war, setzte sich jemand zwischen ihn und mich, und auch an meiner rechten Seite nahm jemand auf einem Barhocker Platz. Der Junge links von mir sagte: »Ziemlich warm, was?«, und ich wußte nicht, ob ich gemeint war oder der andere, der jetzt neben mir saß.

Jedenfalls antwortete der ruhig: »Ja, ein steiles Hoch.«
»Ist das ein stehender Ausdruck?« fragte ich.
»Von heute an vielleicht«, lachte er, und er fügte, möglicherweise nicht zu mir, sondern zu dem anderen, hinzu: »Ich steh eigentlich auf Stopfnadeln, aber mit allem Drum und Dran«, worauf der andere erwiderte: »Für mich muß sie aussehen wie die Sphinx von Gizeh«, und durch diesen einfachen Dialog schien ich, als ich kurz darauf gehen wollte, dem anderen Jungen, der

Stopfnadeln liebte, zugeteilt worden zu sein. Er war tief beleidigt, als ich ihm auf dem Bürgersteig vor dem Café sagte, daß ich nicht vorhätte, ihn mitzunehmen.

»Aber das war doch verabredet«, sagte er, »du hast doch nicht für nichts und wieder nichts gefragt, ob es ein stehender Ausdruck ist, oder?«

15. *Sept. Sonntagmittag.* Ich bin gerade von dem Besuch bei dem alten Mann zurück, der schräg gegenüber vom Labor wohnt. Übrigens machte eine alte Frau, die ich für seine Frau hielt, sich aber als seine Schwester herausstellte, vorsichtig die Tür auf. Sie wollte mich zuerst nicht hereinlassen, fand es offenbar völlig unangemessen, daß ihr Bruder Besuch von einer Frau bekam. Aber er war begeistert von meinem Kommen, bot mir sofort einen Sessel in seinem Zimmer an und erzählte umständlich von dem Sonntagmorgenbesuch seines Enkels.

»Opa, sagte dies kleine Äffchen zu mir, stirbst du bald? Nein, sagte ich, ich bin zwar alt, aber ich sterbe noch nicht, die meisten Menschen werden alt, nur manche Menschen sterben jung. Fragt dieser kleine Dreikäsehoch mich ängstlich: Opa, bin ich ein mancher Mensch?« Und während ich lachte, wiederholte er, wie alle Menschen, die mit einer Bemerkung ein Lachen auslösen, ruhig und verträumt: »Bin ich ein Manchermensch?«

Inzwischen kam seine Schwester herein, mit zwei Tassen Tee auf einem viel zu großen Tablett. Hastig schob der alte Mann einige Bücher und Zeitschriften beiseite. Die alte Frau hielt das Tablett über den Tisch, aber konnte es noch immer nicht absetzen, weil mitten darauf ein Bleistift und ein Anspitzer lagen. Auch die schob er beiseite, und er sagte: »Ja, lande nur.«

Während er sorgfältig seinen Tee umrührte, obwohl er keinen Zucker hineingetan hatte, sagte er: »Sie wollen noch einiges über diese Nacht wissen? Ja, ich will mein Bestes tun, aber ich werde alt, langsam, aber sicher fällt mein Gehirn auseinander, schlafen, das gibt's überhaupt nicht mehr, ich gehe deshalb zu einem Physiotherapeuten, der bearbeitet meine Muskeln und meinen Rücken, aber weißt du, was so schlimm ist: Er hat fürchterlich harte Hände, geradezu rosa Kneifzangen, und während er sich mit dir beschäftigt, guckt er nach so einem winzig kleinen Fernseher wie eine Mausefalle, nun ja, er kann damit das Testbild vom russischen Fernsehen kriegen, und das guckt er so gern an, davon kann er überhaupt nicht genug kriegen. Darum glaube ich, daß ich da lieber weggehe, alle sagen zu mir, du hast nichts davon, wenn du dich von einem Therapeuten behandeln läßt, davon wirst du bestimmt nicht besser schlafen, du mußt die Moerman-Diät probieren. Denken Sie, daß die helfen wird?«

»Nein, das denke ich nicht«, sagte ich, »die ist für Menschen, die Krebs haben.«

»Oh, naja, auch wenn sie bei Schlaflosigkeit geeignet wäre, ich fange lieber gar nicht damit an, wenn du das von klein auf machst, wird es wohl nicht schaden, aber ich in meinem Alter...«

Ich dachte: Ob ich in dem Alter auch nur noch über

meine Gesundheit reden werde, und ich fragte: »Könnten Sie mir das alles noch einmal genau erzählen?«

»Natürlich«, sagte er, »ich stand um halb vier auf, ja, ich weiß das noch so genau, daß es halb vier war, weil ich eine Uhr mit Leuchtziffern habe, sehen Sie mal, und dann ging ich ans Fenster, um das Gewitter zu beobachten, und da sah ich auf der anderen Seite drüben einen Mann und eine Frau im Eingang stehen.«

»Stehen?« fragte ich. »Gingen sie denn nicht hinein?«

»Nein, zuerst nicht, meiner Meinung nach wollte die Frau nicht mit hineingehen, stand der Mann da und redete auf sie ein, um sie dazu zu bringen, mit hineinzugehen.«

»Konnten Sie den Mann genau sehen?«

»Nun, nein, sehen Sie, sie standen beide unter dem Vordach, und da ist zwar eine Lampe dran, aber die brannte nicht, die muß man von innen anmachen, und sie waren noch nicht drinnen.«

»Wissen Sie sicher, daß es mein Mann war?«

»Nun, ich denke es, sicher wissen ist etwas anderes, denn sehen Sie, es war ziemlich dunkel.«

»Aber Sie kennen meinen Mann doch, Sie haben ihn täglich hineingehen sehen.«

»Ja, ich kenne ihn gut, den Rücken ein bißchen gebeugt, und er stolpert fast über die Schwelle, ja, diesmal auch ... darf ich das sagen? Ihr Mann ist irgendwie ungeschickt, wissen Sie, und daran kann man ihn immer erkennen.«

»Ja, das ist wahr«, sagte ich, »aber er ist nicht der einzige Mann, der ungeschickt ist.«

»Eins zu null für Sie«, sagte er, »von mir selber ganz zu schweigen, meine selige Frau sagte immer: Ungeschickter als du – der muß noch ausgebrütet werden.«

»Also sind Sie sich doch nicht absolut sicher, daß es mein Mann war?«

»Es war stockdunkel.«

»Es brannten aber doch Straßenlaternen?«

»Nun, es ist hier nachts unwahrscheinlich dunkel, wissen Sie, und wenn es dann auch noch bewölkt ist und nicht der kleinste Mond am Himmel, und dann auch noch unter diesem Vordach ...«

»Wie sah die Frau aus?«

»Nun, ziemlich groß, fand ich.«

»Das ist alles, was Sie über sie sagen können?«

»Ja, sie war groß, eine Spur größer als er.«

»Was hatte sie an?«

»Soll ich das nun noch wissen? Wo es doch so stockdunkel war?«

»Sie ging schließlich doch mit ihm hinein?«

»Ja, nach einer Weile, er stand da und redete wild auf sie ein, und dann ging sie schließlich doch mit ihm hinein.«

»Und später kamen sie wieder zurück?«

»Sie? Nein, nein, nur Ihr Mann ist zurückgekommen, das weiß ich absolut sicher, ich sah ihn schnell nach draußen laufen, es goß da, man konnte fast nichts erkennen, man konnte nur sehen, daß er wegrannte, und auf meiner Uhr war es halb sechs.«

»Haben Sie die ganze Zeit, von halb vier bis halb sechs, am Fenster gestanden und hinausgesehen?«

»Ja, denn es regnete, und es gewitterte, ich wollte nichts davon versäumen, es zogen feurige Streifen über den Himmel.«

»Und die ganze Zeit ist nichts passiert im Labor? Keine Lampen an und aus?»

»Nein, ich habe nichts gesehen.«

»Aber sie können doch nicht die ganze Zeit im dunklen Labor…«

»Von hier aus kann man lange nicht in alle Räume sehen, an der anderen Seite des Gebäudes sind auch Räume, da können sie alle Lampen anmachen, ohne daß man es hier bemerkt.«

»Haben Sie nach halb sechs noch etwas gesehen?«

»Nein, nichts weiter, ich bin dann wieder unter die Decke gekrochen, ach ja, geschlafen habe ich natürlich nicht mehr, was soll ich bloß dagegen tun, also Sie denken, daß diese Moerman-Diät…«

»Dann muß man den ganzen Tag Apfelsinen essen«, sagte ich.

»Ist das wahr«, sagte er betroffen.

»Ja«, sagte ich, »und Grapefruits und Zitronen, und das ist wirklich nicht gegen Schlaflosigkeit, sondern gegen Krebs.«

»Nun ja, aber von Schlaflosigkeit kann man doch auch sehr leicht Krebs bekommen?«

»Ich weiß es nicht«, sagte ich, »ich verstehe nichts von diesen Dingen.«

»Nein, das glaube ich gern, so wie Sie aussehen! Sie sind natürlich noch nie zu einem Doktor gegangen.«

Ich antwortete nicht, sagte nur, daß ich jetzt gehen

müsse, und er fragte: »Aber Sie kommen doch sicher bald mal wieder, Sie müssen einmal kommen, wenn mein Enkel hier ist. Das ist doch was: Bin ich ein Manchermensch, wie kommt so ein Kind dazu.«

Wieder auf der Straße, dachte ich: Wer löst mir das folgende Rätsel – warum tragen Junggesellen und Witwer fast immer eine Digitaluhr?

Am Sonntagabend sehne ich mich aus unerfindlichen Gründen heftiger nach der Geborgenheit des Glaubens denn je in einer anderen Stunde der Woche. Ich bezweifle übrigens, daß man mich ungläubig nennen kann. In meinen Träumen bin ich noch immer christlich-reformiert. Wenn ich nicht träume, kann ich das Apostolische Glaubensbekenntnis für mich allein aufsagen, und jedes Wort darin scheint dann noch genausoviel Bedeutung zu haben wie früher. Aber die Worte gleichen einer Sammlung von Bildern, die du früher wie selbstverständlich für Chardins gehalten hast; nun weißt du, daß es Fälschungen sind. Dennoch willst du diese Fälschungen um keinen Preis aus der Hand geben; ja, es scheint manchmal, als wären sie sogar noch schöner als früher. Menschen wie Thomas, die von Haus aus ungläubig sind, können das nicht verstehen. Und doch habe ich bei Thomas einmal eine religiöse Anwandlung erlebt, nämlich bei seiner Promotion, und die stand wie ein Berg vor ihm.

In vollem Ernst sagte er kurz vorher: »Gott gibt uns das Kreuz und die Kraft«, und da war ich so taktlos zu fragen: »Gilt das auch für impotente Männer?«

16. Sept. Heute morgen, als ich sein Zimmer aufräumte, fiel mir auf, daß *The Golden Treasury* von Palgrave auf der Fensterbank lag. Ein weißer Zettel sah heraus. Ich schlug das Buch an der Stelle auf, las zuerst ein Gedicht von Swinburne. Das war offenbar nicht gemeint, nein, dieser Zettel lag wegen eines Gedichts von Leigh Hunt darin. Über Jenny, die ihn küßte. Also hat er sie auch geküßt. Warum ist das ein unerträglicher Gedanke? Und warum ist diese andere Unterstellung noch viel unerträglicher? Nie habe ich gewußt, daß man das einfach nicht verarbeiten kann. Aber warum nicht? Wenn das geschehen ist, dürfen sie ihn von mir aus häuten oder verbrennen, ich rühr dann keinen Finger mehr für ihn. Dann existiert er nicht mehr für mich.

Und doch kann ich mich mit einer Verszeile von Bloem trösten: »Und dann: Um wieviel schlimmer hätt' es kommen können.« Um wieviel schlimmer? Ja, wenn er ein Kind von einer anderen hätte. Aber wenn ich daran denke, fühle ich mich sofort schuldig. Da es an mir liegt, daß wir keine Kinder haben, muß es für ihn gewissermaßen sogar ein noch größerer Kummer sein als für mich. Er könnte sie ja haben, wenn er nur mit einer anderen Frau verheiratet wäre. Was für mich eine Tatsache ist, ist für ihn nur Zufall. Ist das der Grund dafür, daß ich wegen nichts, wegen eines einzigen Blicks, eines einzigen Lächelns für eine andere schon eifersüchtig bin? Oder sind andere das auch, und können sie das nur besser verbergen?

Im zweiten Café waren nur acht Leute. Weil Montag war? Trotzdem hing ein Geruch von lange nicht gewaschener Unterwäsche im Raum. Drei Jungen spielten Billard. Wie sie doch, wenn sie einen Stoß tun wollen, zuerst drei-, viermal zum Schein stoßen! Sie bewegen ihr Queue ruckartig hin und her; es ist, als wollten sie schon mal für ihre nächste Nummer üben. Und woher kommt das Wort »Queue«? Was für ein Spiel!

Auf wackligen, hohen Hockern saßen drei Mädchen. Alle drei trugen Jeans. Der junge Mann hinter der Bar erinnerte sich noch sehr gut an Jenny Fortuyn.

»Die geht mit jedem Kerl in die Kiste, der ihr auch nur ein bißchen Kokain zu schnupfen gibt«, sagte er, und ein Junge in Springerstiefeln fügte hinzu: »Sie hat es hier irgendwann auch noch mit einer anderen Tussi getrieben, wo jeder dabei war.«

Dann bot er mir etwas zu trinken an und erzählte fröhlich: »Sie lebte von Pindakaas, sie schaffte das ganz gut, wenn ich eine Woche lang nur Pindakaas esse, fallen mir alle Zähne aus dem Mund.«

»Hatte sie keine Freunde, mit denen sie länger zusammen war?« fragte ich.

»Nein, weißt du, sie hatte keine festen Freunde oder Freundinnen, sie machte hier und da rum.«

»Aber sie hatte doch einen Rechtsanwalt?«

»Robert?«

»Ja, so hieß er, glaube ich.«

»Mit dem war sie tatsächlich ziemlich dicke, aber Robert ist längst weg, ich hab ihn seit Monaten nicht gesehen, Leute, habt ihr Robert in letzter Zeit gesehen?«

»Nein«, sagte eins der Mädchen in Jeans, »nein, der ist abgehauen nach der Sache mit dieser Frau aus Singapur, der ist in Urlaub gefahren, als er gewonnen hatte.«

»Von wegen Urlaub«, sagte ein anderes Mädchen, »er hat den Fall überhaupt nicht abgeschlossen, er hat ihn einem Kollegen übergeben, er hat das Land für immer verlassen, er ist jetzt irgendwo in Amerika.«

»Ich hab übrigens von ihm selbst gehört, daß er nach Argentinien auswandern wollte«, sagte der junge Mann hinter der Bar.

»Kann Jenny nicht mitgegangen sein?« fragte ich.

»O nein, auf keinen Fall, er ist zusammen mit seiner Frau ausgewandert, sie haben alles schon seit Monaten gemeinsam vorbereitet, er hat sein Häuschen im Loridaanhof verkauft, ja, ich hätte es gern gekauft, wenn es nicht so teuer gewesen wäre, aber er verlangte hundertdreißig dafür. Und das für so ein kleines Seniorenhäuschen!«

»Wo ist dieses Hofje?« fragte ich.

»Oh, beim Sionssteeg und der Dolhuisstraat«, sagte der Barkeeper, »ja, schade, daß er weg ist, er war ein netter Kerl, und sie war auch sehr nett.«

»Wer sie?«

»Seine Frau.«

»Ja, ein nettes Mädchen«, sagte eines der Jeansmädchen, »sie hatte absolut nichts Trutschiges.«

Ich begriff sofort, daß ich offenbar sehr wohl etwas »Trutschiges« hatte. Na gut, dann auch ruhig eine trutschige Frage gestellt: »Habt ihr Antje ... ich meine, habt ihr Jenny hier zufällig mal mit meinem Mann gesehen?«

»Deinem Mann?« fragte der junge Mann hinter der Bar. »Ist das dieser Kerl, von dem man sagt, daß er sie an seine Ratten verfüttert hat? Ja, der ist zweimal mit ihr hier gewesen. Sah nicht gerade fröhlich aus. Ihr konntest du richtig ansehen, daß sie andauernd dachte: Ich hab einen schwerreichen Macker, da kann ich nun mal richtig absahnen. Und sie fand, daß er nicht nur ihre Schnäpse bezahlen sollte, sondern auch die Schnäpse von allen andern hier, ja, schade, daß er nur zweimal dagewesen ist.«

»Ein netter Kerl«, sagte der Junge in Springerstiefeln, »kein Mann, um eine solche Frau um die Ecke zu bringen.«

Sofort war ich auf der Hut. Er sagte das wahrscheinlich nur aus Gefälligkeit zu mir. Und doch wollte ich noch die entscheidende Frage stellen, aber ich konnte nicht die richtige Form finden, konnte sie nicht über die Lippen bringen, hier, wo mich alle diese bleichen Alkoholgesichter musterten, und als ob er erriete, was ich wissen wollte, sagte er: »Sie ging mit jedem ins Bett, es war wie ein Bahnübergang, bei dem die Schranken immer offen waren, jeder konnte rüber.«

Vielleicht sagte er das nur, um mich zu trösten, um mir indirekt mitzuteilen: Ach, sie war eine Allerweltsfreundin, mit ihrem Verhältnis zu deinem Mann kann es nicht weit her gewesen sein, dennoch war es, als stockte mir das Blut in den Adern. Einen Augenblick lang blieb ich noch sitzen, verlangte dann die Rechnung, bezahlte selber den ganzen Rotwein, den ich getrunken hatte, danach ging ich.

Kaum war ich die wackligen Steinstufen vor dem Eingang zum Café hinuntergestiegen, als ein Mädchen auf mich zukam und mich fragte: »Du bist doch die Frau von Thomas Kuyper?«

»Ja«, sagte ich.

»Wie schwer mußt du es jetzt haben«, sagte sie, »und gehabt haben.«

»Schwergehabt haben?« fragte ich.

»Ja, mit so einem Mann.«

»Wie meinst du das?«

»Na, so ein gemeines Luder! Ein Mädchen an seine Ratten zu verfüttern! Wir sprechen schon wochenlang von nichts anderem mehr im Frauenhaus, wir kannten sie sehr gut, sie war wirklich immer da. Warum kommst du nie ins Frauenhaus? Du wirst es nun sicher *sehr* nötig haben. Wir überlegen uns, ob wir das Frauenhaus nach ihr benennen sollen, weil sie ein Symbol der widerlichen, scheußlichen Aggression von Männern ist.«

»Hast du zuviel getrunken?« fragte ich.

»Warum fragst du das?«

»Weil du redest, als ob du Fieber hättest.«

»Ich habe *überhaupt* kein Fieber, ich will dir nur *ganz* deutlich machen, daß wir *hinter* dir stehen und daß du auf uns *zählen* kannst.«

»Dennoch würde ich damit noch etwas warten.«

»Womit?«

»Dem Frauenhaus ihren Namen zu geben.«

»Warum? Findest du denn nicht, daß sie ein typisches Symbol für alles ist, was so grundverkehrt ist an dieser abscheulichen Männergesellschaft?«

»Meiner Meinung nach ist sie noch quicklebendig.«

»Quicklebendig? Sie ist von deinem Mann ... er hat sie lebendig seinen Ratten ...« Nach dem Wort Ratten war nur noch ein Schluchzen zu hören.

»Stimmt überhaupt nicht«, sagte ich, »es ist ausgeschlossen, daß zweihundert Ratten in zwei Stunden eine Leiche auffressen.«

»Also du glaubst das nicht?«

»Ich weiß sogar sicher, daß es nicht wahr ist.«

»Verräterin.«

Sie rannte weg, und sprachlos blickte ich ihr nach. Verräterin? Da brach ich in Lachen aus, und durch die mondscheinhellen Straßen wanderte ich aufgemuntert nach Hause.

17. Sept. Heute morgen wachte ich auf, und die Sonne schien mir ins Gesicht, weil ich die Gardinen offengelassen hatte. Das goldfarbene, durch den Morgennebel ein wenig gedämpfte Licht füllte das Zimmer bis in die hinterste Ecke, und ich fühlte mich unaussprechlich glücklich. Während ich noch in diesem goldenen Zimmer vor mich hindöste, dachte ich: Wie ist das möglich? Gestern noch bin ich als Verräterin beschimpft worden, und mein Mann sitzt hinter Gittern, und vom Gynäkologen habe ich noch immer nichts gehört. Obwohl ich doch schon weiß, wie das Ergebnis aussehen wird. Aber unbeirrbar glühte das Glücksgefühl in mir, und es blieb, auch als ich aufstand und merkte, wie kalt es war. Seltsame, große Tage sind es im September, sie beginnen kühl, sie enden warm, als verleugne ein solcher Tag seine eigene Jugend und seine Herkunft. Als ich in den Garten ging, sah ich auf der Terrasse vor den Türen einen Wirrwarr an glitzernden Spuren. Die ganze Nacht hindurch mußten da Regenschnecken gekrochen sein, und ich konnte weder daraus ablesen, woher sie gekommen waren, noch, wohin sie verschwunden waren.

Kurz nach zehn Uhr stieg ich die Treppe zum Dachboden der Bibliothek hinauf. Thomas hat in seinen Briefen zwar nicht genau beschrieben, wie man vom Lesesaal aus auf diesen Dachboden kommt, aber ich habe es doch gefunden.

Das Mädchen, das in der anderen Dachkammer wohnt, war noch im Bett. Vielleicht kein so glücklicher Anfang; sie war ziemlich schlecht gelaunt, als ich anklopfte und hereinkam. Aber als ich mich vorgestellt hatte, war sie doch bereit, mit mir zu reden.

»Wie oft ist Thomas hier gewesen?« fragte ich sie.

»Weiß ich nicht, ich bin längst nicht immer zu Hause.«

»Aber du bist doch wohl irgendwann zu Hause gewesen, als Thomas und das Mädchen in ihrem Zimmer waren?«

»Ja, einmal, glaube ich.«

»Was haben sie da gemacht?«

»Sie haben Platten gehört.«

»Was für Platten?«

»Oh, den Krempel, den sie da stehen hat, Sachen von Bowie und so.«

»Und dann? Nach den Platten?«

»Diesmal gingen sie noch irgendwo was trinken und ließen mich hier allein sitzen, eine Hundsgemeinheit, denn sonst hat Jenny mich immer gefragt, ob ich mitkäme. Sogar wenn Robert da war und sie mit ihm was trinken ging, fragte sie meistens noch, ob ich mitwollte, aber mit diesem Thomas von dir ging sie allein weg.«

»Warum hat sie das wohl getan?«

»Weil sie meiner Meinung nach etwas zu verbergen hatte.«

»Und was?«

»Ja, wenn ich das wüßte, könnte ich dir vielleicht auch erzählen ... Oder, nun ja, ich denke, daß ich es doch weiß, ungefähr wenigstens. Meiner Meinung nach scherte sie sich einen Dreck um diesen Kerl von dir und wollte mich das nicht merken lassen, denn ich finde es eine Hundsgemeinheit, einen Kerl wegen seines Geldes zappeln zu lassen oder wegen etwas anderem, das dir von Nutzen sein kann.«

»Also, du denkst ...«

»Oh, ganz bestimmt, er war überhaupt nicht der Typ, auf den sie stand, und ich denke, daß er das in der Nacht entdeckt hat und dann, nun ja, den Rest kennst du ja.«

»Kamen sie das eine Mal noch wieder zurück, nachdem sie zusammen was trinken gegangen waren?«

»Das weiß ich nicht, denn ich schlief dann schon immer.«

Sie wickelte ihren abgetragenen Morgenmantel fester um sich und schaute zu Boden.

»Aber vielleicht kannst du dich noch erinnern, ob er morgens früh einmal hier war?«

»Nein, er ist hier, soweit ich weiß, nie morgens früh gewesen, nein, weißt du, sonst würde ich mich sicher daran erinnern.«

»Also, er ist hier ... er hat hier nie übernachtet.«

Sie sah kurz auf. Zum erstenmal kräuselte sich ein Lächeln um ihre Lippen. »Ist es das, worauf du aus bist? Willst du nur wissen, ob er sie hier gevögelt hat? Bist du so eine? Ich kann nur sagen, daß sie niemals, überhaupt niemals, hier in ihrem eigenen Zimmer vögelte. Sie war ein richtiges Außer-Haus-Liebchen, du mußt nur dahinterkommen, ob sie es bei dir zu Hause getan haben. Und wenn sie irgendwo hopste, dann schlief sie da auch, sie war keine von denen, die sich in einem fremden Haus nur mal eben an die Wand stellen und sich nehmen lassen, ui, ui, also darauf bist du aus. Es interessiert dich eigentlich gar nicht, was mit ihr passiert ist, und auch nicht, daß deinem Mann eine schreckliche Sache vorgeworfen wird, nein, du willst nur wissen, ob er ... und sie ... Hat Angst, daß ihr Mann vielleicht in einer andern gestochert hat! Na, worüber regst du dich auf? Er mit einer andern, dann du doch auch mit einem andern?«

Aber ich hörte kaum noch zu, wunderte mich nur über meine Entdeckung, daß es noch viel schlimmer wäre, wenn Thomas es mit ihr vielleicht unter unserem eigenen Dach getan hätte, und dachte trotzdem zwischendurch: Und doch sehe ich noch immer die glitzernden Schneckenspuren vor mir, noch immer ist etwas übrig von meiner Stimmung von heute morgen. Aber trotz des vagen Glücksgefühls spukte es weiter im Kopf herum: Warum ist es noch so viel schlimmer, wenn es bei mir zu Hause passiert ist?

»Willst du vielleicht einen Kaffee?« fragte das Mädchen, jetzt auf einmal viel freundlicher.

»Aber du mußt erst welchen machen«, sagte ich.

»Ach nein, ich stell nur eben Jennys Kaffeemaschine an.«

Sie stand vom Bett auf, verließ das Zimmer, kehrte schon nach wenigen Minuten zurück und sagte: »Ich ziehe mich schnell an, wenn du nichts dagegen hast.«

Sie schüttelte ihren Körper, als käme sie aus dem Wasser, und der Morgenrock fiel ihr von den Schultern, und sie stieg aus ihrer Pyjamahose und zog sich mit einer Hand unbeschreiblich anmutig ihre Pyjamajacke über den Kopf. Dann wandte sie sich um, schien sich plötzlich daran zu erinnern, daß ich auch noch im Zimmer war, und ich dachte: Sie findet mich auf einmal nett, weil ich so unglücklich darüber bin, daß es bei uns zu Hause passiert sein könnte. Aber gerade eben hat sie sich noch höhnisch darüber ausgelassen. Wie paßt das zusammen? Und ich sah sie an; eine helle, rote Glut überzog ihren schmalen Körper (und höchst erstaunt dachte ich: Guck mal, alles errötet, nur nicht ihr Kopf), und still und unsicher stand sie da, schräg von mir abgewandt, und, sich ein wenig umkehrend, starrte sie mich an, während das Septembersonnenlicht auf ihrem mageren Rücken ein Dreieck zum Glühen brachte. Ruhig schaute ich zurück, begriff noch immer nicht, was da vor sich ging, obwohl mein Körper es offenbar sehr wohl begriff, denn der stand vom Stuhl auf, um, langsam und ohne der anderen weh zu tun, das Zimmer zu verlassen. Aber weiter als einen Schritt kam ich nicht. Die andere interpretierte das Aufstehen falsch, betrachtete es als Aufforderung. Trotzdem war sie so unsicher, daß sie sich nur zwei Schritte in meine Richtung traute, auf diese Weise meinen Weg zur Tür versperrte, so daß ich wohl oder übel stehenbleiben mußte, während ich dachte: Deshalb habe ich also heute morgen dieses große Glücksgefühl erlebt – weil ich auch diesem ins Auge sehen sollte, und doch war es nicht etwas, was das Glücksgefühl minderte, es war eher etwas, worüber ich erstaunt sein konnte, und etwas, das schwindelerregendes, schnelles Denken erforderte, denn was sollte ich jetzt tun? Ich fand dieses magere, bis unters Kinn errötende Mädchen sehr sympathisch, aber das bedeutete nicht, daß ich sie auch umarmen wollte. Oder doch, war ich doch gerührt, weil sie mich auf einmal liebte, nachdem sie entdeckt hatte, daß ich nur eine einzige Sache wissen wollte? Und warum rührte mich das dann? Warum half es, stützte es, tröstete es mich?

Dann brodelte die Kaffeemaschine. Sie drehte sich um und lief hinaus; ich ließ mich auf den Stuhl fallen, von dem ich aufgestanden war, merkwürdig fröstelnd und müde.

Als sie zurückkam, brachte sie nicht nur zwei Becher Kaffee, sie hatte sich auch auf dem großen Dachboden angezogen. Etwas geniert lachte sie mich an und sagte: »Willst du das wirklich so gern wissen?«
»Was?«
»Ob dein Thomas mit ihr ins Bett gegangen ist?«
»Ich will wissen, wo sie abgeblieben ist.«
»Glaubst du denn nicht, daß sie im Labor verschwunden ist?«
»Nein, das nun wirklich nicht.«
»Ich auch nicht.«
So gern hätte ich sie dankbar angesehen, aber es gelang mir nicht, weil ich fast sicher war, daß sie es nur mir zuliebe sagte.
»Ich weiß natürlich nicht genau«, sagte sie, »ob etwas zwischen Thomas und ihr gewesen ist, aber ich kann dir vielleicht doch ein paar Dinge erzählen, die du von niemandem sonst so bald zu hören bekommst. Ich kannte Jenny sehr gut; eine ihrer Eigenschaften war, daß sie mit jedem schlief, das wohl, aber eine der Voraussetzungen war, daß sie ein bißchen in den andern verliebt sein mußte. Mit mir«, ihre Stimme stockte und setzte dann plötzlich eine Terz höher an, »mit mir hat sie nie schlafen wollen, obwohl sie sich wirklich was aus Frauen machte und ganz genau wußte, daß Frauen miteinander viel besser Liebe machen können als mit ... als mit Männern.«
Ganz kurz berührte ihr Blick mein Gesicht, und etwas in mir sagte: Sie ist dabei, sich in dich zu verlieben, sorg dafür, daß du so schnell wie möglich hier weg-

kommst. Aber ich wollte noch nicht weg, ich hatte erst eines der Dinge gehört, und sie hatte von ein paar Dingen gesprochen.

»Und dann noch etwas ganz anderes«, sagte das Mädchen, deren Namen ich noch nicht einmal kannte, »sie wollte etwas von deinem Mann. Was, weiß ich nicht. Sie wollte ihn für irgend etwas benutzen, und wenn du einen Mann für irgend etwas benutzen willst, mußt du ihn an der langen Leine halten, mußt du ihm vage versprechen, daß durchaus irgendwann ... ja, natürlich ist es noch viel besser, ihn an dich zu binden, indem du einmal mit ihm ins Bett gehst, aber wie oft gelingt das? Meistens hat so ein Mann nach dem ersten oder zweiten Mal genug von dir und geht wieder fröhlich auf die Suche nach einer anderen, es kommt doch nur selten vor, daß du ihn wirklich an der Angel hast und festhältst. Ich denke nicht, daß sie schon mit ihm ... das lag auch nicht in ihrer Art, und er lief noch zu sklavisch hinter ihr her. Aber eins ist sicher: Er hatte etwas, das für sie wichtig war. Was, und diese Frage mußt du doch beantworten können, was war das Besondere an deinem Mann, daß es sich lohnte, ihm mehr als eine Woche lang etwas vorzuspiegeln?«

»Was das Besondere an ihm war? Er hat nichts ...«

Erstaunt schwieg ich; hatte Thomas nichts Besonderes? Forschend schaute sie mich an; ihre Augen waren blaßblau und versteckten sich halb hinter langen Wimpern.

»Nun«, sagte sie, »was hatte er ... was war er ... was tat er, das sie vielleicht gut gebrauchen konnte.«

»Er ist Pharmakologe«, sagte ich, »und sonst ... ja, ich wüßte nicht ...«

»Vielleicht können wir gemeinsam noch dahinterkommen, vielleicht kann ich dir dabei helfen.«

»Hast du die Telefonnummer ihrer Eltern?« fragte ich.

»Was willst du sie fragen?«

»Ob sie an dem Wochenende vom 3. und 4. August wirklich auf einem Familientreffen gewesen ist.«

»An dem Wochenende? Das war doch das Wochenende ... ach nein, da ist Robert die ganze Zeit hier bei ihr gewesen; der ist in derselben Woche für immer fortgegangen, und sie haben ein ganzes Wochenende lang Abschied voneinander genommen.«

»Kann sie nicht mit Robert mitgegangen sein?«

»O nein, undenkbar, erstens hätte Roberts Frau das niemals akzeptiert, und zweitens weiß ich mit Sicherheit ... er hat vor einiger Zeit, als er einmal hier raufkam und Jenny nicht da war, bei mir eine Tasse Kaffee getrunken, und da hat er zu mir gesagt: Es wird mir zuviel, ich finde Jenny unheimlich nett, aber ich muß von ihr loskommen, das muß aufhören, und das ist, denke ich, einer der vielen Gründe, weshalb er ausgewandert ist.«

»Einer der vielen Gründe?«

»Ja, es gibt sicher auch noch andere Gründe, er hatte ... er machte ziemlich schmutzige Geschäfte.«

Plötzlich wurde sie hochrot im Gesicht, verbarg es schnell in den Händen, sagte zwischen ihren Handflächen hindurch: »Wenn er ungefähr zehn Minuten hier war, ging ich immer an ihre Tür und horchte. Wenn sie zusammen waren, konnte sie es kaum erwarten, sie zog ihm so schnell die Kleider aus, daß die Knöpfe gegen die Fenster knallten.«

»Aber du sagtest doch, daß sie unter ihrem eigenen Dach nie...«

»Mit Robert ja. Nur bei Robert machte sie eine Ausnahme.«

»Warum?«

»Weil es bei ihm zu Hause nicht ging und weil ... weil sie genauso verrückt nach ihm war wie ich nach ihr. Aber es war ihm zuviel, er rief die letzten paar Male immer: ›Muß ich nun schon wieder?‹«

Sie seufzte. Sie schlürfte ihren Kaffee. Es war, als wollte sie mit dem lauten Geräusch das Echo ihrer Worte übertönen.

»Wenn du mich fragst«, sagte sie, »ist er deshalb fortgegangen, er hat es nicht mehr ausgehalten, er wollte sie los sein.«

»Los sein?« fragte ich. »Er hatte also wirklich einen Grund, sie verschwinden zu lassen.«

»Oh, nein, so meine ich das nicht, er ist vor ihr geflüchtet, er hat diesen Job in Argentinien unter anderem deswegen angenommen.«

»Ob ich mich einmal kurz in ihrem Zimmer umsehen darf?« fragte ich.

»Ja, natürlich, sieh dich ruhig um, aber was hoffst du da zu finden?«

»Ach, man kann nie wissen.«

Wir gingen über den schummrigen Dachboden. Auf halbem Wege war unter einem Dachfenster eine kleine

Küche eingerichtet, und das Mädchen sagte: »Vielleicht ist sie auch weggeblieben, weil noch soviel Abwasch dastand.«

Sogar auf dem Fußboden stapelten sich Töpfe, Teller und Tassen. Unter dem staubigen Dachfenster, mit einer Gardine aus Spinnweben überzogen, stand ein Teeservice. Während ich daran vorbeiging, sah ich etwas, das mir einen Augenblick lang den Atem stokken ließ. Da stand eine Tasse, aus der Thomas Tee getrunken hatte. Niemand anders läßt seine Teeblätter in Form eines griechischen Kreuzes übrig. Und schräg dahinter sah ich etwas, das noch viel erstaunlicher war: Da stand eine Tasse, in der genau dieselbe wunderliche Konfiguration von Teeblättern und angetrocknetem grünem Tee zu sehen war wie in der einzigen Tasse, die Lambert bei uns zu Hause getrunken hatte.

»Ist Meneer Lambert früher schon einmal hier gewesen?« fragte ich das Mädchen.

»Ja, nachdem Jenny verschwunden war, hat er in ihrem Zimmer das Unterste zuoberst gekehrt.«

»Aber dieser Abwasch steht hier doch aus der Zeit vor ihrem Verschwinden?«

»He? Was hat das damit zu tun?«

»Nun, das bedeutet, daß Lambert hier gewesen sein muß, bevor sie verschwand.«

»Bevor sie weg war? Wie kommst du darauf? Und warum sollte jemals Polizei hierherkommen?«

Es klang so unschuldig, das Mädchen wurde auf einen Schlag unglaubwürdig. Lambert war früher hier gewesen. Wann? Und warum?

Dann ging ich in Jennys Zimmer, in die Dachkammer, die ich noch nie gesehen hatte, und das erste, was mir auffiel – und fassungslos dachte ich: Aber das ist doch unmöglich! –, war eine Reproduktion der blauen Vase von Chardin.

»Sie hat etwas von Chardin hängen«, sagte ich erstaunt.

»Na und, was soll das? Ist das nicht erlaubt?«

»Doch, natürlich, aber er ist einer meiner Lieblings...«

»Und darum sollte sie ihn nicht lieben dürfen?«

»Oh, das schon, ja, selbstverständlich doch, aber ...«

»Findest du, daß sie ihn nicht mögen darf, weil du ihn zufällig magst? Oder ist es nur, weil du nicht willst, daß sie etwas mit dir gemeinsam hat? Haßt du sie so sehr?«

»Ja«, sagte ich leise.

»Dann mußt du dich selbst auch hassen«, sagte sie, »denn so ungefähr das erste, was mir auffiel, als ich dich sah, war, daß du denselben Augenaufschlag hast wie Jenny, und auch sonst erinnerst du mich ganz furchtbar an sie.«

»Von wegen«, sagte ich, »nie werde ich Kokain schnupfen.«

»Na, sei dir dessen nicht so sicher, und du kannst mir ruhig glauben, daß Jenny deinem Thomas den Kopf verdreht hat, weil sie dir ähnlich sah. Wenn ein Mann seine Frau für eine andere beiseite schiebt, ist diese andere fast immer eine jüngere Ausgabe von der, die er hat sitzenlassen.«

»Von wem hast du diese Weisheit?« fragte ich bissig.

»Oh, habe ich bei Updike gelesen, aber es stimmt.«

Hingehockt vor einem Regal, schaute ich ihre Platten durch. Zu meiner Beruhigung sah ich, daß nichts von Schumann dabei war, überhaupt nichts von einem Komponisten. Dennoch sah ich mich bestürzt um. Daß von allen Reproduktionen auf der Welt nun ausgerechnet die blaue Vase von Chardin da hängen mußte! Die ganze Zeit blickte ich dorthin, sah immer nur die eine rote Rose – oder war es Klatschmohn? –, die daneben lag.

»Du sagtest doch, Thomas und Jenny hätten Platten gehört?« fragte ich.

»Na und?«

»Hier steht nur Popmusik«, sagte ich, »nun, Thomas haßte Popmusik schon immer aus tiefster Seele. Er ist einmal mitten in der Nacht, als zwei Häuser weiter eine Party war und sie bei offenen Fenstern Popmusik spielten, aufgestanden und hat denen in aller Seelenruhe den Plattenspieler kaputtgeschlagen.«

»Wie brutal!«

»O nein, nicht im geringsten, nur wenn er durch irgend etwas bis aufs Blut gequält wird, kann er plötzlich furchtbar loslegen. Aber ich glaube niemals, daß er hier Pop gehört hat.«

»Doch, ganz bestimmt, ich weiß es genau, da kannst du sehen, wie verrückt er nach Jenny war. Sogar das hat er für sie getan.«

»Aber wie ist das möglich? Er sagte immer: Verstehst du das? Es sind normale und manchmal sogar durchaus nette Menschen, sie essen wie alle anderen, sie schlafen in einem Bett wie alle anderen, und sie trinken vielleicht sogar ganz normal Milch. Und doch lieben sie Popmusik.«

»Du magst sie sicher auch nicht.«

»Ach, ich bin so hoffnungslos altmodisch in diesen Sachen, am meisten liebe ich Chopin.«

Ich hatte es schon gesagt, bevor ich merkte, daß ich einen anderen Namen hätte nennen müssen. Oder wollte ich ihr gegenüber nicht preisgeben, wen ich am meisten liebte? Oder hatte ich den Namen Chopin gewählt, weil er so ähnlich klang wie Chardin?

Aber egal, Chopin war schließlich auch ein großer Komponist, und sie sagte: »Vielleicht würde ich dir zuliebe sogar Chopin hören.«

Wieder erstaunt über diesen entwaffnend direkten Annäherungsversuch, sagte ich streng: »Ich weiß nicht einmal, wie du heißt.«

»Arianne«, sagte sie, »und wie heißt du?«

»Weißt du das nicht?« fragte ich erstaunt.

»Nein, woher sollte ich das wissen?«

»Weil alle Zeitungen ...«

»Ach komm, nur dein Nachname, bild dir nur nichts ein.«

»Aber vielleicht haben Thomas und das Mädchen ...«

»O nein, sie haben nicht von dir gesprochen.«

Warum wollte ich meinen Vornamen nicht preisgeben? Warum sagte ich nur: »Ich denke, ich gehe mal wieder, ich muß heute noch zu den Nachbarn von Robert und heute abend ins Frauenhaus.«

»Soll ich mitgehen ins Frauenhaus?«

Ich schwieg, und sie begriff, daß ich lieber alleine ging.

»Du kennst da niemanden«, sagte sie, »und ich bin schon oft dort gewesen. Ist es nicht einfacher, mit einer hinzugehen, die schon mal dort war?«

»Ja«, sagte ich.

»Dann hole ich dich ab.«

»Ich hole dich ab, du wohnst viel näher beim Frauenhaus als ich.«

Nach all diesen halsbrecherischen Treppen in der Bibliothek endlich wieder auf der Straße, versuchte ich, möglichst schnell zu gehen. Ich hatte noch viel zu tun, aber zuerst wollte ich nach Hause. So naiv bin ich also in diesen Dingen, dachte ich, während ich so ging, wie sie in alten Stummfilmen gehen, so naiv, nicht einmal daran zu denken, daß es in unserem Haus passiert sein könnte. Und was ich nicht denken wollte, was ich mit dem Klappern meiner Absätze beschwören wollte, dachte ich dennoch: Und es kann auch noch in unserem Bett passiert sein, und jemand in mir sagte ruhig: Nein, das kann es nicht, das ist unmöglich, so verdorben kann Thomas nicht sein.

Dennoch bezog ich unser Bett, das schon ein paarmal frisch bezogen worden war, seitdem ich von meiner Mutter zurück war, neu. Aber jetzt mußte es noch gründlicher sein. Ich nahm nicht nur neue Laken und eine neue Unterlage, sondern ich wendete auch die Matratze, obwohl das fast über meine Kräfte ging, ich klopfte alle Decken aus und dachte: Ich bin kurz davor, verrückt zu werden, hör auf, sei vorsichtig, stell dich nicht an, aber ich konnte nicht anders, ich schlug immer weiter auf die Decken ein, als schon längst aller Staub aufgewirbelt war; ich öffnete die Fenster und warf die Decken hinunter auf die silbernen, noch immer glänzenden Spuren der Schnecken. Dann rannte ich die Treppen hinab nach draußen und schlug mit den Fäusten auf den Deckenhaufen ein und konnte nur so dieser erstickenden Angst in meinem Innern Herr werden, während mein Herz wie ein Hammer schlug. Danach rannte ich verstört durchs Haus, prüfte alle Zuckerdosen, denn ich hatte in ihrem Zimmer deutlich gesehen, daß alles von jemandem, der Linkshänder ist, weggestellt und weggeräumt worden war – also mußte sie Linkshänderin sein und mußte, wenn sie in unserem Haus gewesen und beispielsweise Zukker in eine Teetasse getan hatte, den Zuckerlöffel verkehrt herum zurückgestellt haben. Aber ich wußte, daß es schon zu lange her war, daß alle Zuckerdosen schon einmal von mir gebraucht worden waren, dennoch schaute ich eine nach der anderen an. Dann ging ich ins Gästezimmer, wollte auch dort das schmale Einzelbett bearbeiten, sah aber, daß es nicht benutzt sein konnte, sah an all diesen kleinen Details, wie die Decken lagen und wie die Falten in den Laken verliefen, nachdem ich die Decken zurückgeschlagen hatte, daß alles noch genauso dalag, wie ich es, inzwischen schon vor Monaten, gemacht hatte. Dennoch traute ich der Sache nicht, dennoch mußte auch das ausgeklopft und frisch bezogen werden, aber schließlich fand ich mich selbst auf dem Bett wieder, erschöpft zur Decke starrend, ich dachte: Es ist, als hätten sie meinen Körper besudelt, als hätten sie mich mit Teer übergossen. Aber ich war zu müde, um aufzustehen, und begriff außerdem, daß ich, wenn ich duschen und mich abtrocknen würde, irgendwo stehen könnte, wo sie gestanden hatte, und ein Handtuch benutzte, das sie in der Hand gehabt hatte. Nein, ich blieb lieber auf diesem stillen, unergründlichen Bett liegen, das kein Geheimnis preiszugeben brauchte, das vielmehr etwas ganz anderes preisgab, ein altes, beglückendes Gefühl, etwas, das mich irgendwie beruhigte. Dieses Gästebett war früher mein Bett gewesen, das Bett, das ich mitgenommen hatte, als ich heiratete, das Bett, in dem ich während meiner ganzen Jugend geschlafen hatte, das Bett, das sich genau meinem Rücken anschmiegte, oder vielleicht schmiegte sich mein Rücken auch der Matratze an, erinnerten sich beide an die uralte nächtliche Symbiose. Durch den oberen Teil des Fensters mit den Butzenscheiben starrte ich in den Himmel und sah die weißen Wolken, die ruhig darüber hinzogen. Eine nach der anderen erschienen sie im Fensterrahmen, paradierten dann vor mir und nahmen auf der anderen Seite für immer Abschied. Denn keine einzige Wolke kommt jemals wieder, keine Wolke zieht zweimal in deinem Leben am Himmel entlang, und ich dachte daran, daß ich sie als Kind eine nach der anderen hatte zeichnen wollen, um sie für immer festzuhalten. Und ich wußte, daß ich nur angefangen hatte zu fotografieren, um Wolken festzuhalten, weshalb Thomas mich immer gutmütig auslachte.

Es war Mittag, als ich am Lammermarkt nach dem Weg fragte. Durch den Sionssteeg und die Dolhuisstraat konnte ich nicht zum Loridaanhof gelangen. Er schien sich meinen Versuchen, ihn zu erreichen, immer wieder zu entziehen. Erst nach vielem Suchen fand ich eine Pforte, ein schmutziges Portal, und dahinter, unerwartet, einen runden Garten, der seinen Mittagsschlaf hielt. Alles war so unwirklich still, daß ich es kaum wagte, über die gelben Kieselsteine, die das Mittelbeet einfaßten, auf das Nachbarhäuschen zuzugehen. Die hohen Pappeln, die wie ein Hexenkreis um die große Sonnenblume in der Mitte herumstanden, rauschten nicht mehr. Dann lief eine schwarze Katze miauend quer durch den kleinen Garten, und das machte mir Mut, zum Nachbarhaus weiterzugehen. Auf der anderen Seite von Roberts Haus stand eine kleine Kapelle.

Vorsichtig klingelte ich. Sobald die Tür geöffnet wurde, nahm ich den durchdringenden Geruch von Katzen wahr. Aus dem Wohnzimmer rief eine laute, heisere Stimme »Bonjour« und nahm damit der uralten Frau, die in der Tür stand, die Aufgabe ab, mich zu begrüßen.

»Und?« fragte sie.

»Ich wollte Sie, wenn das erlaubt ist, kurz etwas über Ihre früheren Nachbarn fragen.«

»Sie sind hier schon gewesen, ich habe diesem langen Mann schon alles erzählt.«

»Ja, aber die Untersuchung ist noch nicht abgeschlossen, ich wollte Sie gern auch noch etwas fragen.«

»Sie sind nicht von der Polizei.«

»Nein«, sagte ich, »ich habe nur mit dieser Sache zu tun, weil ich die Frau des Mannes bin, der zu Unrecht beschuldigt wird, das verschwundene Mädchen ermordet zu haben.«

»Oh, na, damit habe ich nichts zu tun«, sagte die alte Frau argwöhnisch.

»Komm doch rein«, rief die heisere Stimme aus dem Wohnzimmer.

»Sie will, daß du reinkommst, na, dann los, dann komm nur, sie hat eine feine Nase für nette Menschen, sie würde bestimmt nicht rufen, wenn man dir nicht trauen könnte.«

In einer Wolke aus Staub ging ich durch den Korridor. Zu meinem Erstaunen war niemand im Wohnzimmer. Erst als ich mich einigermaßen an das Halbdunkel gewöhnt hatte, sah ich einen schwarzen Vogel, der sich in seinem Käfig ein paarmal feierlich vor mir verbeugte.

»Gestern ist Jannie entwischt«, sagte die alte Frau, »sie saß hinten auf dem Schuppendach. Als ich endlich die Küchenleiter von meiner neuen Nachbarin bekommen hatte und zu ihr hinaufstieg, setzte sie sich ganz hinten auf das Dach und rief: ›Komm doch.‹ Ja, als ob ich mit meinen alten Beinen noch auf ein Schuppendach klettern könnte. ›Komm du doch‹, rief ich, na, und da kam sie. So, setz dich hin, hast du meinen Sohn noch gekannt?«

»Ihren Sohn?«

»Ja, der ist nun schon vierzig Jahre tot, ja, ich selbst bin schon vierundachtzig, würdest du auch nicht denken, warte, eben den Teppich hier aufrollen, er verschleißt so schnell, wenn Fremde drüber laufen, ja, Sparsamkeit über alles, meine Liebe, ja, vierundachtzig, und mein Sohn ist schon vierzig Jahre tot. Hast du ihn noch gekannt?«

»Nein, wie sollte ich, ich bin noch lange nicht vierzig.«

»Oh, na, ich dachte, daß du vielleicht in seiner Klasse gewesen sein könntest. Ja, hätte er dich nur kennengelernt, er wollte so gern ein Mädchen haben, und ich denke, daß er dich sicher nett gefunden hätte, du hast so ein hübsches volles Gesicht, ja, er ist gestorben, als ich vierzig war...« (Ich wollte sie unterbrechen und sagen: Aber das geht doch nicht, Sie sind vierundachtzig, und er ist vierzig Jahre tot, also waren Sie vierundvierzig, als er starb, aber was machte das schon aus, also ließ ich sie reden.) »... und sein Vater ist ihm gefolgt, ins Teerfaß, aus Schmerz, verstehst du. Ach, er war ein so lieber Junge, er arbeitete erst seit ein paar Tagen beim Apotheker, er trug Fläschchen und Pulver und Pillen aus, und dann kam er nach Hause, um sich auszuruhen. Mutter, sagte er, die Apothekerkiste ist so schwer. Ach, Junge, sagte ich, Gott gibt dir das Kreuz und die Kraft, du gewöhnst dich schon dran, und wenn du dich nicht dran gewöhnst, nimmst du einfach ab und zu einen Schluck aus einem dieser Fläschchen in der Kiste oder eine Pille oder ein Pülverchen, egal was, es sind schließlich doch alles Stärkungsmittel, ja, er kam hier eines Mittags die Straße entlang, ich sah ihn kommen, ich schrubbte den Bürgersteig, er setzte seine Kiste ab, und ich sah lauter Blut aus seinem Mund kommen, ich rannte noch zu ihm hin, aber er hatte schon alles Leben ausgespuckt, ja, es war die Auszehrung, heutzutage hast du das nicht mehr, willst du Schokoladenmilch?«

In dem Zimmer schauten mich mindestens dreißig Augenpaare wachsam an. Auf dem Tisch lagen sechs Katzen, und auf jedem Stuhl in dem kleinen Raum, außer auf meinem, saß eine Katze. Eine sprang mir auf den Schoß, und eine große weiße Katze begann, sich zu putzen.

»Ach, nun ist meine Milch alle«, sagte die Frau, »aber warte, hier ist noch welche.« Sie nahm eine Untertasse vom Fußboden auf. »Findest du nicht schlimm, was, Poekie«, sagte sie, »es ist für Adriaans Mädchen, für dich hole ich nachher neue.«

Geschäftig leerte sie eine Untertasse nach der andern. Ängstlich betrachtete ich die Vorbereitungen. Wie sollte ich hier jemals wieder herauskommen? Wie sollte ich hier jemals etwas über ihren Nachbarn erfahren?

»Wo mein Adriaan nun wohl ist?« fragte die Alte.

»Im Himmel«, versuchte ich es vorsichtig.

»Ja, das denke ich auch, er war fromm, weißt du, er jauchzt jetzt vor Gottes Thron, wenn er nur zum Herrn Jesus kommen kann mit all diesen andern Kindern.«

»Andern Kindern?« fragte ich erstaunt.

»Ja, es ist da jetzt voll, weißt du, ganz sicher, alle die Frauen heutzutage, die ihre Kindchen wegmachen lassen, der Herr kommt fast gar nicht mehr nach, ja, wir leben schon in einer Zeit, weißt du, alle haben Angst vor dieser Bombe, aber inzwischen lassen diese Herodiassinnen ruhig ihre Kinderchen wegmachen, na, wir werden unsere verdiente Strafe noch bekommen, aber ob er wohl schon dran ist?«

»Dran ist?«

»Ja, beim Herrn Jesus, sie stehen alle in einer Reihe, alle diese Kinderchen, sie müssen abwechselnd seine Hände und seine Füße und seine Seite fühlen, die Kreuzwunden, so geht das den ganzen Tag. Ich denke, daß es doch ein bißchen anstrengend ist für das Lamm Gottes und daß er deshalb die Sünden der Welt jetzt nicht mehr wegnimmt und mich immer vergißt. Adriaantje nimmt er mir, meinen Mann läßt er in einen Topf mit kochendem Teer runterfallen, sie haben ihn da auf der Arbeit, auf der Schiffswerft, niemals wiedergesehen, und mich läßt er einfach leben. Weißt du, was ich bin? Ich bin ein abgebrannter Streichholzkopf. Manchmal legen die Leute versehentlich ein abgebranntes Streichholz in eine Schachtel mit ungebrauchten Streichhölzern zurück. Nun, so hat Gott mich auch versehentlich zurückgelegt. Warum trinkst du deine Schokoladenmilch nicht?«

Vorsichtig nippte ich an dem trüben Zeug, das sie mir vorgesetzt hatte, stellte es wieder ab, fragte: »Wann sind Ihre vorherigen Nachbarn ausgezogen?«

»Oh, da fragen Sie mich was, das ich wirklich nicht mehr weiß, ich weiß noch alles von früher, aber was gestern passiert ist, daran kann ich mich nicht mehr erinnern. Ich weiß nur noch, daß sie ... daß sie ... warte, jetzt kommt es wieder, ja, sie waren dabei, alles einzupacken, früh morgens war das, und es schneite.«

»Es schneite? Wie ist das möglich? Sie sind, soweit ich weiß, im Sommer ausgezogen.«

»Na, ich habe es selbst gesehen, hörst du, ich konnte nicht schlafen, ich wartete auf den Herrn, ich betete, Herr, Herr, nimm mich doch hinweg, und da hörte ich draußen ein Gepolter und dachte, daß Er käme oder daß Er einen Engel geschickt hätte, um mich zu holen, und ich schob die Gardine schon beiseite, und da sah ich ihre Wintermütze, und ich hörte sie leise sprechen, und da haben sie alle Koffer weggetragen. Und währenddessen schneite es die ganze Zeit, nun, und kalt war es auch, verlaß dich drauf, sie hatte sich so gut eingepackt, sie hatte sich einen Schal vor den Mund gebunden, und es schneite von hier bis ganz dahinten.«

»Ja, aber das kann nicht sein«, protestierte ich.

»Doch wahr«, rief der schwarze Vogel, »doch wahr.«

»Da hörst du es«, sagte die Alte, und sie lief zu dem Vogel – war es eine Dohle? – und hielt dem Tier ihren Finger hin.

»Hast du Kinder?« fragte sie.

»Nein«, sagte ich.

»Oh, würdest du dann für Clazientje und Jannie und Poekie und Witje sorgen, wenn ich sterbe? Für alle meine anderen Tierchen habe ich schon eine Pension gefunden, aber für die noch nicht. Willst du das tun? Jannie ist wirklich sehr lieb, es ist eine schwarze Lori, ja, sie kackt ziemlich und muß immer Honig haben, aber das kannst du doch machen, nicht?«

»Ja«, versprach ich wider besseres Wissen.

»Ich danke dir, ach Kind, nun sehe ich dir an, daß ich einen empfindlichen Punkt berührt habe, hättest du denn so gern Kinder haben wollen? Ja, vielleicht ist es schlimm, wenn der Herr sie dir nicht gibt, aber es ist noch viel schlimmer, hunderttausendmal schlimmer, wenn der Herr dir ein Kindchen gibt, ein Söhnchen, und es dir dann wieder nimmt, ich kann nicht begreifen, wie Er mir das hat antun können, Er weiß doch selbst, wie es ist, wenn einem der Sohn stirbt. Sei nur froh, daß Er sie dir nicht gibt. In diese Welt kann man doch keine Kinder mehr setzen, da stimmt doch überhaupt nichts mehr.«

Diese letzten Worte verfolgten mich, als ich, ab und zu noch würgend, und ich schämte mich deswegen (aber ich hatte die Schokoladenmilch wohl oder übel austrinken müssen), nach Hause lief. Was hatte eine solche Geschichte nun zu bedeuten? Es schneite, es war kalt, sie war gut eingepackt, sie trug eine Wintermütze, ja, es war eindeutig, daß die Alte alles durcheinanderbrachte, sie erinnerte sich daran, wie ihre Nachbarn in den Wintersport gefahren waren. Oder vielleicht hatte sie nur geträumt. Jedenfalls war ich keinen Schritt weitergekommen. Was tun? Der anderen Spur folgen? Lambert hatte das Mädchen, lange vor dieser fatalen Nacht, besucht. Aber wie sollte ich vorgehen? Das goldfarbene Sonnenlicht, das geradezu undurchdringlich die Straßen füllte, gab keine Antwort darauf.

Nachdem ich mein Essen auf den Küchentisch gestellt – ein Eintopfgericht mit Hirse aus dem Bircher-Benner-Kochbuch – und mich gesetzt hatte, merkte ich, daß meine Hände sich wie von selbst falteten. Kam das, weil ich heute nachmittag einem Menschen begegnet war, der auf eine einfache Weise gläubig zu sein schien? Oder kam es, weil ich auf dem Nachhauseweg immer nur gedacht hatte: Es ist, als hättest du ein Zimmer in deinem eigenen Haus betreten, das bis dahin abgeschlossen war. Aber betrittst du es zufällig noch einmal, dann siehst du wieder diese unheimliche Ecke mit den grauen Schatten am Ende eines Nachmittags und den Fleck, wo die Sonne morgens früh beinahe ein glimmendes Loch in den Teppich gebrannt hatte, und du weißt auf einmal, daß dieses Zimmer noch immer in seinem vollen Glanz vorhanden ist. Sicher, das Zimmer ist unbewohnbar geworden, aber dennoch zu etwas nütze. Du spürst ein heftiges Heimweh nach all diesen verrückten Stunden, die du darin zugebracht hast.

Um sieben Uhr rief meine Mutter wieder an.
»Komm doch eine Zeitlang hierher«, sagte sie, »es ist nicht gut, wenn du so allein bist unter diesen Umständen.«

»Ich kann nicht weg«, antwortete ich, »Thomas kann jeden Moment entlassen werden, und dann muß ich zu Hause sein.«

Im Frauenhaus wurde ich wie eine alte Freundin begrüßt, die da seit ewigen Zeiten ein dunkles Eckchen besetzt hielt. Arianne wich mir nicht von der Seite, und ich fand mich damit ab, schaute das Plakat an der Wand an, das mir die Meinung aufzwang, Porno sei Gewalt gegen Frauen, und das unvermeidliche Poster gleich daneben, das konsequenterweise hätte lauten müssen: Abtreibung ist Gewalt gegen ungeborene Kinder, das mir aber in Wirklichkeit entgegenschrie: Frau, entscheide selbst, Abtreibung frei. Ja, könnte ich nur selbst entscheiden, keine Abtreibung vornehmen zu lassen! Links von diesem Poster, auf dem noch Platz genug gewesen wäre, um darauf mit blutroten Buchstaben ein Zitat aus einem Gedicht von Nijhoff zu schreiben:

»Die Not des ungeborenen Lebens
Rächt Ihr mit diesem vorwurfsvollen Blick«

hing die Ankündigung einer Veranstaltung zum Thema Orgasmus. Diese Ankündigung gehörte eigentlich nicht mehr hierher, denn der Abend des 30. Juli war längst vorbei.

»Bist du am 30. Juli auch hier gewesen?« fragte ich Arianne.

»An dem Abend über den Orgasmus? Ja, natürlich.«
»Wie war das?«

»Irre gut.«
»Wie fand Jenny das?«
»Jenny? Die ist an dem Abend nicht dagewesen.«
»Thomas hat mir geschrieben, daß sie an dem Abend im Frauenhaus gewesen ist.«
»Kann das nicht an einem anderen Abend gewesen sein? An dem Abend über den Orgasmus ist sie nicht dagewesen, das weiß ich genau, denn ich ... warte, da ist Hannemieke, hallo, weißt du noch, neulich dieser Abend über Orgasmus, da war Jenny doch nicht da?«
»Nein, bestimmt nicht, wir fanden es nämlich alle so schade, daß sie nicht da war, weil sie schon so oft erzählt hatte, daß sie so gut mit einer Gurke kommen konnte, und darum hatten wir gehofft, daß gerade sie ... he, hast du eine Freundin mitgebracht, hallo, wie schön, daß du auch gekommen bist.«

Hannemieke drückte mir die Hand, und ich murmelte meinen Namen und starrte in das alte Gesicht, in dem viele Falten von wirklichem und vermeintlichem Kummer zeugten. Sie mußte einmal schön gewesen sein, aber sie hatte, schien es, ihr hübsches Äußeres eigenhändig zerstört, genauso wie sie auch eigenhändig, und ziemlich ungeschickt, ihre Haare rot gefärbt hatte. Ein stiller Duft von Hasch und Leid umgab sie. Sie war eine Frau, die immer zu grübeln schien, die jeden Augenblick ihres Daseins Dingen widmete, von denen die Falten in ihrem Gesicht Zeugnis ablegten.

Nicht nur Hannemieke war nett; auch die anderen waren herzlich und zuvorkommend und versuchten immer wieder, mich in das Gespräch einzubeziehen.

Aber zum Reden kam ich nicht, ich war zu bedrückt von diesen faltigen, fein geäderten, oft mehlweißen Gesichtern. Sollten sie etwa jeden Tag Reisbrei essen, dachte ich, sparen sie Pfandgeld zusammen, und gehen sie, wenn sie genug gespart haben, zu einem Schönheitschirurgen, um sich wieder eine neue Falte machen zu lassen?

Dennoch verfolgte ich mit Spannung eine plötzlich aus dem Nichts entstandene Diskussion über einen Vorfall, der sich vor zwei Wochen im Frauenhaus ereignet hatte. Im Treppenhaus hatten sie das Geräusch von schweren Schuhen gehört, und zu ihrer aller Entsetzen waren plötzlich zwei Männer in dem dämmrigen Raum aufgetaucht, wo an dem Abend über das »Nachspiel« diskutiert wurde.

»Sie hätten wirklich zwei Frauen schicken können, bei der Polizei gibt es Frauen genug«, meinte eine spitz.

»Aber, naja«, wagte eine andere schüchtern einzuwenden, »diesen beiden Männern waren die Ermittlungen zu Jennys Verschwinden übertragen worden, es lag also auf der Hand, daß sie ...«

»Ach Unsinn, diese paar Fragen, die sie gestellt haben, hätten wirklich auch Polizistinnen stellen können.«

Es rauchten jetzt so viele, daß der ziemlich kleine Raum voller Nebel zu sein schien. Ich konnte die einzelnen Sprecherinnen kaum mehr unterscheiden; es war, als hörte ich anonyme Stimmen in lautes Klagen über eine Katastrophe ausbrechen. Während sie abwechselnd zutiefst gekränkt ihre Wut über die Polizisten zum Ausdruck brachten, war es, als sei ich wieder jung und hörte im Radio wieder alle diese dramatischen Stimmen von französischen Frauen, die über die Katastrophe von Fréjus sprachen. Nach jener Sendung hatte ich mich damals entschlossen, Französisch zu studieren, und jetzt hörte ich dieselben dramatischen Stimmen, aber jetzt ging es um Männer, die im Frauenhaus gewesen waren.

»Ja, sie wollten uns nur provozieren.«
»Wir Frauen sind immer die Opfer.«
»Ja, absichtlich zwei Männer zu uns zu schicken.«
»Sollen wir eine Protestkundgebung vor der Polizeiwache organisieren?«
»Nein, laßt uns einen Protestbrief an den Gemeinderat schreiben.«
»Was hat das denn für einen Sinn? Wir müssen die überregionale Presse mobilisieren, es ist ein unerhörter Skandal, nirgends lassen sie uns in Ruhe, wenn sie nur irgendwo eine Schwachstelle vermuten, stehen sie uns schon wieder vor der Nase, diese verfluchten Männer.«
»Ja, und es ging ihnen natürlich überhaupt nicht um Jenny, wenn es so gewesen wäre, dann wären sie schon viel früher gekommen, es ging ihnen natürlich allein darum, hier mal eben fein ihre Nase reinstecken zu können, ja, wir müssen etwas dagegen unternehmen.«
»Laßt uns auf jeden Fall einen Brief an die Polizeibehörde schreiben, worin wir sie dringend ersuchen, in derartigen Fällen ausschließlich Polizistinnen oder Kriminalbeamtinnen zu schicken.«
»Die haben gar keine Kriminalbeamtinnen.«

»Nein, natürlich nicht, Frauen sitzen auch bei der Polizei nur auf den untersten Rängen.«

»Wir kommen überhaupt nicht zum Thema dieses Abends.«

»Macht nichts, dies ist viel wichtiger, dies ist ein regelrechter Anschlag auf unsere eigene Identität. Zwei Männer im Frauenhaus!«

»Aber ich möchte trotzdem gern über das Thema diskutieren.«

»Kommt schon noch, wir setzen zuerst einen Brief an die Polizei auf.«

Während sie damit anfingen, ging ich kurz zur Toilette. Dazu mußte ich durch eine kleine Küche, in der zwei türkische Frauen in abgetragenen, ärmellosen Kitteln schweigend den Abwasch machten. Als ich zurückkam, hatte sich offenbar eine kleine Gruppe bereit gefunden, den Brief an die Polizei zu schreiben, und die anderen hatten inzwischen mit der Diskussion über das Thema angefangen. Und schon hörte ich das Wort »Postnatale Depression«, und mißvergnügt dachte ich: Auch das betrifft mich nicht.

Eine ganz leise sprechende Frau, ausnahmsweise ohne Falten, sagte: »Sie haben es mir absichtlich verschwiegen, und noch bevor das Kind geboren war, lief ich mit Selbstmordgedanken rum, jeden Tag heulte ich.«

»Ja, die Gesellschaft hält es vor uns geheim, sie tun so, als ob es unheimlich schön sei, Kinder zu bekommen, aber in Wirklichkeit bist du nach einer Entbindung manchmal monatelang tief unglücklich.«

»Nach meinem zweiten Kind«, sagte wieder eine andere Frau, »habe ich vierzig Schlaftabletten geschluckt. Sie haben mir natürlich den Magen ausgepumpt, sonst säße ich nicht hier, aber ihr könnt euch vorstellen, wie ich mich fühlte.«

»Ich hätte die Tapete von der Wand kratzen können, als Jeroentje gekommen war«, sagte eine kleine dunkelhaarige Frau.

Wieder war es, als lauschte ich den Stimmen von Fréjus. Alle hatten etwas Trübsinniges zu berichten, und je mehr ich von all der Misere im Wochenbett hörte, desto heftiger sehnte ich mich danach, das auch erleben zu dürfen.

Nach der tieftraurigen Geschichte einer Frau, die nach der Geburt ihres dritten Kindes ihr zweites beinahe in einer Badewanne ertränkt hätte, sagte ich leise: »Ich wollte, ich hätte auch eine postnatale Depression gehabt.«

»Warst du denn etwa glücklich nach deinen Geburten?« fragte eine, die dicht neben mir saß.

»Ich kann keine Kinder bekommen«, sagte ich und sah in das errötende Gesicht, »also auch keine postnatalen Depressionen.«

»Oh, aber du mußt dir klarmachen, daß dir von frühauf eingeredet worden ist, wie schön es sei, Mutter zu werden. Wenn du dir das bewußtmachst, willst du es vielleicht gar nicht mehr werden.«

»Gerade meine Mutter hat immer gesagt, daß sie es furchtbar fand, als ich kam. Das ist übrigens verständlich, mein Vater ist vor Schreck durchgebrannt, als ich geboren wurde, und meine Mutter ist seitdem für immer behindert.«

»Naja, dann ist es dir vielleicht nicht von deiner Mutter eingeredet worden, sondern von der Gesellschaft, daß es so phantastisch ist ...«

»Aber ich will überhaupt nicht deshalb Kinder haben, weil ich denke, daß es schön oder phantastisch oder großartig ist, sie zu haben, ich möchte deshalb gern welche haben, weil ich denke, daß das Leben die Summe aller durchstandenen wirklichen Erfahrungen ist, und von allen Erfahrungen ist die, eigene Kinder zu bekommen und sie zu haben und sie aufwachsen zu sehen, vielleicht die wesentlichste. Und es kann sehr gut sein, daß du ganz unglücklich wirst, daß du dich abrackern mußt, bis du nicht mehr kannst, daß sie krank werden oder sterben oder vielleicht von Geburt an nicht in Ordnung sind wie die Mongölchen, worauf es aber ankommt, sowohl für dich selbst wie natürlich auch für sie, ist, daß du Leid und Kummer und Schmerz und Mühe und Elend durchstehst und davon weiser, nur weiser wirst – nicht glücklicher, denn davon hast du nichts –, das ist wohl das mindeste, wonach du dich sehnen kannst. Das Leben ist die Summe aller Rückschläge, die du erlebst, allen Kummers, den du erleidest, und Kinder zu haben gehört so eindeutig zu Rückschlägen und Kummer, daß du am Rande des Lebens stehst, wenn du keine hast.«

»Aber du kannst doch dein Leben mit anderen Dingen füllen?«

»Ja, das kann ich«, sagte ich, »aber damit verhinderst

du nicht, daß es wie ein Spaltpilz in deiner Ehe ist, denn es liegt fast nie an allen beiden, daß sie nicht kommen, es ist immer die Schuld von einem der beiden, und dadurch ist es unvermeidlich, daß der andere denkt: Hätte ich nur ... und sogar das ist vielleicht noch zu überstehen, so wie es auch zu überstehen ist, daß du alle deine Freunde verlierst, weil sie Kinder bekommen und davon vor allem zu Anfang so erfüllt sind, daß sie über nichts anderes mehr reden wollen. Weil du davon dann nichts hören willst, weil es dich an das erinnert, was du vermißt, bleiben sie lieber weg. Und dennoch ist das nicht das schlimmste, das schlimmste ist, daß du immer nur herumläufst mit einem Gefühl großer Leere in deinem Innern, großer Sinnlosigkeit, einem Gefühl, als gehörtest du nirgends mehr dazu, als stündest du außerhalb der Kontinuität des Lebens, als wärst du auf einem Nebengleis gelandet, als würdest du in einen Sog geraten, der dich an den Rand drängt. Und dennoch könntest du das alles verarbeiten, aber du kannst nicht so einfach verarbeiten, daß du, wenn du ganz normal über die Straße läufst, die kleinen Krümel siehst, ein oder zwei Jahre alt, die ihre Mutter anlachen.«

Erschrocken hörte ich auf. Wozu schüttete ich einem wildfremden Mädchen mein Herz aus, dazu noch in einer fremden Umgebung? Glücklicherweise rief eine Stimme, die ich kannte: »Sie will nicht glauben, daß Jenny von den Ratten aufgefressen worden ist.«

Niemand sprach mehr. Sie schauten mich alle an, funkelnde Gläser oder glimmende Zigaretten in der

Hand. Erwartungsvoll starrten sie mich an, und zögernd sagte ich: »Es ist noch immer nicht bewiesen ... ich werde es untersuchen. Wenn es wahr ist, muß jede Ratte ebensoviel aufgefressen haben, wie sie wiegt, und das ist meiner Meinung nach unmöglich.«

»Wie ekelhaft nüchtern du redest«, sagte eine dunkelhaarige Frau, »begreifst du denn nicht, wie abscheulich es ist, was ihr angetan worden ist.«

»Ja«, sagte das Mädchen, »es ist so abscheulich, daß ich es nie schaffen würde, so etwas auch noch zu untersuchen.«

»Es ist genauso, als würdest du, wenn Frauen mit Elektroschocks gefoltert werden, nachmessen, ob der Strom eigentlich stark genug ist«, sagte Hannemieke.

»Oder daß du«, fiel eine vierte ein, »nach einer Vergewaltigung ausrechnest, wie lange dieser Kerl dich festgehalten hat.«

»Aber darum geht es doch gar nicht«, rief ich, »es geht darum, ob es wirklich passiert ist oder nicht.«

»Es ist so schrecklich, so abscheulich, das kannst du dir gar nicht ausdenken, das muß wirklich passiert sein.«

»Ja, ja«, riefen andere Stimmen.

»Du darfst es nicht untersuchen.«

»Ja, du mußt die Finger davonlassen, du darfst nicht so verstandesmäßig darangehen.«

Ein Mädchen mit einem schwarzen Hut auf dem Kopf schaute mich so drohend an, daß ich vorsichtshalber aufstand und durch den aufsteigenden Rauch und die beinahe streitenden Stimmen zum Ausgang lief. Ich sah noch, wie die türkischen Frauen die Gläser abtrockneten, dann war ich draußen. Am dunklen Wasser der Grachten lief ich nach Hause. Hinter mir erklangen schnelle Schritte; außer Atem lief nun Arianne neben mir her.

»Es tut ihnen leid, daß sie so häßlich zu dir gewesen sind«, keuchte sie, »ob du nicht zurückkommen willst.«

»Nein«, sagte ich, »was ihr da macht, liegt mir vielleicht nicht, aber es gibt jedenfalls nichts Verdächtiges, es ist alles völlig unschuldig, und daher erfahre ich da weiter nichts über An... über Jenny, sie haben jedenfalls nichts mit ihrem Verschwinden zu tun.«

»Dachtest du das denn?«

»Ich dachte nichts, ich will nur alle Möglichkeiten in Betracht ziehen, aber an diesem bewußten Dienstagabend ist sie nicht dort gewesen. Wo dann, das weißt du auch nicht.«

»Nein, ich habe mit den andern über Orgasmus diskutiert.«

»Aber wo dann? Und wer hat da seine Hand im Spiel gehabt, oder sind es mehrere?«

»Niemand«, sagte Arianne, »niemand als sie selbst.«

»Ach«, sagte ich gereizt, »das ist doch unmöglich, es muß etwas geschehen sein, aber ich glaube nicht, daß ich jemals dahinterkomme, alles, was ich tue, führt zu nichts.«

»Du bist doch auch keine Kriminalbeamtin. Das ist überhaupt nicht deine Aufgabe. Wie solltest du ohne Ausbildung oder Hilfe von anderen so etwas jemals zu einem guten Ende bringen können.«

»Ach, darum geht es mir ja gar nicht, es geht mir darum, etwas zu finden, zu entdecken, das ausreicht, um Thomas freizubekommen, wenn ich es seinem Rechtsanwalt zuspiele.«

»Was willst du nun als nächstes tun?«

»Ich weiß es nicht, ich habe keine weiteren Anhaltspunkte mehr, und überall, wohin ich komme, sind diese beiden Kerle schon gewesen.«

»Und doch hast du etwas, das sie nicht haben.«

»Was habe ich, was sie nicht haben?«

»Eine Muschi«, sagte sie, und als ich darauf nicht antwortete, fügte sie hinzu: »Ja, ja, nun erschrickst du natürlich, aber ich sage es dennoch: Du erinnerst mich sehr stark an Jenny, du brauchst dich nur in sie hineinzuversetzen, was du tun würdest, wenn du nachts um drei Uhr allein nach Hause liefest, um dahinterzukommen, was sie getan hat.«

»Das ist großer Unsinn«, sagte ich, »sie lebte vollkommen anders als ich.«

»Deshalb müßtest du eine Weile leben wie sie, jeden Abend in die Kneipe, Kokain schnupfen, Kerle aufreißen, mit denen du nicht ins Bett gehst, so extravagant wie möglich herumlaufen ...«

»Etwa in kleinen weißen Stiefeln mit hohen Absätzen?«

»Die hatte sie an? In denen konnte sie doch kaum gehen, die waren ganz neu, sie war noch nie darin gelaufen.«

»Warum hat sie die dann angezogen?«

»Da mußt du selbst solche Stiefel anziehen, dann

kommst du schon dahinter. Und du mußt dich auch toll zurechtmachen, genau wie sie, und deine Nägel wachsen lassen und sie schwarz lackieren...«

»O bitte, hör auf.«

»Nun, dann machst du das eben nicht, dann geh morgen mit mir an den Strand und überlaß einfach alles andere Lambert.«

»Was?« fragte ich verblüfft. »An den Strand?«

»Ja, dein Thomas und Jenny sind auch zusammen am Strand gewesen.«

»Das ist unmöglich, davon schreibt Thomas nichts, und dazu hatte er auch überhaupt keine Zeit.«

»Naja, aber sie haben es vorgehabt. Als ich über den Dachboden ging und er bei ihr im Zimmer war, hörte ich sie fragen: Können wir nicht kurz an den Strand fahren? Ja, gern, sagte er, aber wie? Mit deinem Auto, sagte sie, denn meine Ente ist kaputt. Meins auch, sagte er, es ist in der Werkstatt, ich kann es erst nächste Woche abholen.«

»Hat er das wirklich gesagt?« fragte ich höchst erstaunt.

»Ja, das weiß ich genau.«

»Aber wir haben überhaupt kein Auto, Thomas hat nicht einmal einen Führerschein. Ob er das nur gesagt hat, weil er nicht zugeben wollte, daß er nicht Auto fährt?«

»Kann sein. Dann wußte er bestimmt schon, daß du bei ihr gar nicht erst anzukommen brauchtest, wenn du nicht mindestens einen BMW fährst, ich habe auch kein Auto, weißt du.«

»Es sind doch alles Lügner«, sagte ich.

»Die Männer?« fragte sie.

»Die Menschen«, sagte ich.

»Laß die Finger davon«, sagte sie, »überlaß das doch diesem langen Kerl.«

Und wie um ihre Worte zu bekräftigen, stieß sie mich in die linke Hüfte, und das schien nur die Einleitung zu einer zwar unbeholfenen, aber gerade dadurch schwierig abzuwehrenden Umarmung zu sein. Zuerst schlang sie nur einen Arm um mich, dann noch einen, dann war mir, als fühlte ich noch einen dritten Arm. Sie ist doch kein Tintenfisch, dachte ich. Ihre Wange drückte sie an meine Wange, und für einen Augenblick schien sie sich mit einem Kuß unter mein Ohr zu begnügen. Doch noch bevor ihre Lippen die meinen fanden, wußte ich, daß ich nicht stark genug war, um sie wegzustoßen, einmal, weil mich das Gespräch von vorher ermüdet hatte, zum anderen, weil sie meinen Mund mit ihren kalten, kräftigen Lippen in die Zange nahm und ich dabei an nichts anderes denken konnte als: Er hat auch einen anderen Mund geküßt. Was ich da mit mir geschehen ließ, unter diesem dunklen, aber klaren Himmel in der Nähe eines kleinen Parks, wohin sie mich fest entschlossen zog und den man im Nu hätte durchqueren können, war eine stellvertretende Bußübung. Aber der kleine Park schien sich auszudehnen, wenn man darin mit einem Mädchen spaziert, das, einmal mit Liebkosen begonnen, nicht daran dachte, wieder aufzuhören, und das dadurch, ohne es zu wissen, das Gleichgewicht zwischen Thomas und mir bis zu einem gewissen Grade wiederherstellte, besser wiederherstellte, als wenn ich dort bei der aus dem Dunkel aufragenden Silbertanne von einem Mann geküßt worden wäre. Dann wäre es nur ein banaler und mutwilliger Seitensprung gewesen, etwas, das man mit großem Widerwillen tut, um abzurechnen. Nun war es etwas, das ich widerwillig mit mir geschehen ließ, und es wunderte mich, daß Arianne es nicht merkte.

Erst als wir vor ihrer Haustür standen und sie davon ausging, daß ich ihr in ihre Dachkammer hinauf folgen würde, brachte ich den Mut auf und flüsterte: »Nein, nein, ich geh nach Hause«, und schon rannte ich fort durch das Gäßchen mit dem Kopfsteinpflaster, bevor sie reagieren konnte. Kurz bevor ich in das Gäßchen einbog, schaute ich mich noch einmal um, und ich sah sie da stehen, versteinert, wie erfroren, mit diesen harten, stechenden Augen, die im Dunkel wie Glasmurmeln aufblitzten, und ich wußte plötzlich zweierlei: Daß Thomas genauso vor dem Nachtcafé gestanden hatte und daß sowohl Thomas als auch sie durch eine solche Zurückweisung derart frustriert sein konnten, daß sie fähig waren, etwas Schreckliches zu tun. Und dann dachte ich: Sollte sie es etwa getan haben? Als Jenny in der Nacht zurückkam, kann sie ihr aufgelauert haben und ... Nein, das schien mir denn doch zu unwahrscheinlich. Aber diese kräftigen Hände und dieser Mund, dieser beängstigend starke Mund, mit dem sie mir meine Lippen fast aus dem Gesicht gesogen hätte? Sie war stark, das hatte ich gerade erlebt. Sollte sie mehr darüber wissen? Wie klapperten meine niedrigen Absätzen auf den runden Pflastersteinen in dem Gäßchen bei der Bibliothek! Da war schon wieder ein Mann, immer gibt es einsame Bummler, wenn man abends draußen spazierengeht, einsame Schemen, die einen wie Schatten ein Stück Weges verfolgen, bis sie von einem anderen Bummler abgelöst werden. Aber als ich aus der Gasse herauskam, stand an der Ecke kein Mann, stand da nur Arianne, die offenbar außen herumgelaufen, herumgerannt war, und sie sagte mit verkrampftem Gesicht: »Siehst du nun, daß du Jenny ähnlich bist, du behandelst mich ganz genauso.«

»Geh doch jetzt nach Hause«, sagte ich.

»Nein«, sagte sie, und schweigend lief sie neben mir her. Nur für kurze Zeit konnte ich das aushalten, dann rannte ich einfach los, mich glücklich preisend, daß ich keine Stiefel mit hohen Absätzen anhatte. Ich hörte sie hinter mir herrennen, aber schon bald blieb sie zurück, sie rauchte schließlich ebenso wie alle anderen Mädchen im Frauenhaus, und ich sauste in eine Gasse, bog um eine Ecke, überquerte einen Binnenhof, von dem ich wußte, daß er noch einen zweiten Ausgang hatte, und war sie los. Sie weiß glücklicherweise nicht, wo ich wohne, dachte ich, und sie kann meinen Namen zwar im Telefonbuch finden, aber es gibt so viele Kuypers, daß ihr das nicht weiterhelfen wird.

An einer Straßenecke fragte ein Mann: »Kommst du mit was trinken?« Ich antwortete nicht, hörte eine Zeitlang seinen hallenden Schritt hinter mir und mußte noch einmal rennen.

Im Haus horchte ich auf das Summen der Stille, sehnte ich mich nach dem ruhigen Ticken der friesischen Wanduhr. Als ich zu Bett ging, stellte ich erstaunt fest, daß ich noch immer nicht den Gedanken ertragen konnte, Thomas und Jenny könnten es benutzt haben, obwohl ich doch mit Ariannes Hilfe den Beginn einer Abrechnung gemacht und außerdem das Bett gelüftet und frisch bezogen hatte.

Ich stand wieder auf, ging ins Gästezimmer, schlug die Decke zurück, zwang mich, nicht zum Abendgebet niederzuknien, wie ich es als Kind immer getan hatte, legte mich hin, sah den Mond durch das obere Fenster und dachte: Daran werden sie nie etwas ändern können, der wird immer scheinen, auch wenn die ganze Erde von Atombomben zerstört würde, und das tröstete mich über den Gedanken hinweg, daß ich, wie bürgerlich und kindisch es vielleicht auch sein mochte, niemals zur Ruhe kommen würde, solange ich nicht genau wußte, was sich zwischen Thomas und Jenny abgespielt hatte. Das verträumte, silberfarbene Licht des Mondes erinnerte mich an das Glücksgefühl, das mich an diesem Morgen bis in meine Fußspitzen durchbebt hatte, und ich dachte: Ja, das brauchte ich allerdings auch für diesen Tag, es hat genau gereicht für alles, was mir heute widerfahren ist.

18. Sept. In aller Frühe lief ich durch die vom Tau bedeckten, noch nebligen Straßen. Durch eine kleine, feuchte Gasse, die moosartig glänzte, erreichte ich das Labor, wo ich im großen Rattensaal nicht nur Alex, sondern auch Lambert und Meuldijk antraf.

»Eine feine Nase«, sagte Lambert.

»Feine Nase? Wofür?« fragte ich.

»Für den Ort, wo wichtige Dinge geschehen. Oder kommen Sie jeden Tag hierher? Nein? Nun, und warum dann heute?«

»Um kurz nach den hungrigen Ratten zu sehen.«

»Aber es gibt ganz andere Sachen zu sehen«, sagte er, »sehr viel schöneres Material.«

Fröhlich zwinkerte er Meuldijk zu, und sein Schnurrbart schien geradezu einen kleinen Tanz aufzuführen. Dann sagte er ernst: »Es sieht nicht allzugut aus für Ihren Mann. Gestern abend hat ein Mitarbeiter von de Cemsto die Kleider von Mejuffrouw F. in einem Wasserkasten einer seit Wochen nicht mehr benutzten Toilette gefunden.«

»Die Kleider? Die blaue Jacke und diesen Rock?«

»O ja, und noch mehr: Unterwäsche, einen Pullover, Ohrringe, ein Kettchen. Es wird gleich hierhergebracht werden, sehen Sie, da haben wir es schon.«

Sorgfältig wurde es von einem Mann, der in der Küche arbeitete, auf einem Seziertisch ausgebreitet. Sofort fiel mir auf, wie unglaublich alt und abgetragen die Sachen waren – Löcher und Risse im Rock, Laufmaschen im Nylonpullover, Flecken auf der Jacke. Kurz, jemand hatte seine ältesten Klamotten hervorgekramt, um damit noch ein letztes Mal eine Drecksarbeit zu tun und sie danach wegzuwerfen.

»Sie hat diese alten Lumpen absichtlich angezogen, um sie hier zurücklassen zu können«, sagte ich.

»Hoh, hoh, der weibliche Beitrag«, höhnte Lambert,

»Frauen wissen immer so gut übereinander Bescheid, warum sie bestimmte Kleider tragen.«

»Trotzdem ist es so«, sagte ich unbeirrt, »ich habe in ihrem Zimmer viel besseres Zeug gesehen. Daß sie diese alten Klamotten angezogen hat, weist darauf hin, daß sie sie hier zurücklassen wollte.«

»Aber sie hatte kein Geld«, sagte Lambert, »sie hatte nicht soviel zum Anziehen.«

»Um so mehr ein Grund anzunehmen, daß sie es zu schade fand, ihre guten Sachen hierzulassen«, sagte ich und machte mir im stillen Vorwürfe, daß ich in den Cafés, in denen ich gewesen war, nicht danach gefragt hatte, was sie normalerweise anhatte. Vielleicht zeigte sie sich tatsächlich immer in ihrem ältesten Plunder, vielleicht meinte sie genau wie viele andere, daß es bürgerlich sei, ordentlich herumzulaufen, und dann stimmte meine Annahme nicht. In jedem Fall konnte ich das untersuchen. Aber Arianne würde ich deswegen nicht mehr zu Rate ziehen können.

»Sie denken also«, sagte Lambert, »daß sie diese Kleider in der Nacht vom 31. auf den 1. hier freiwillig ausgezogen hat, daß sie danach etwas anderes angezogen hat und weggegangen ist. Aber wie kam sie dann zu den anderen Kleidern? Oder ist sie nackt ins Wasser des Singel gesprungen und nach Hause geschwommen?«

»Die anderen Kleider kann sie mitgebracht haben«, sagte ich, »oder sie können von jemandem anders mitgebracht worden sein.«

»Und warum hat unser Prachtzeuge von gegenüber sie dann nicht weggehen sehen?«

»Das Labor hat mehr als einen Ausgang, Meneer«, sagte Alex, der bis dahin geschwiegen hatte, »und durch eines der Fenster kommt man leicht und ungesehen nach draußen, vor allem zur Singelseite.«

»Wir werden doch Wilhelm von Occams Seziermesser anwenden müssen«, sagte Lambert rätselvoll, »solange keine anderen Beweise auf dem Tisch liegen, bleibe ich dabei, daß die zum Vorschein gekommenen Kleider auf etwas ganz anderes hinweisen. Wir werden Ihren Mann mit diesem Fund konfrontieren. Schade, daß ich es nicht mehr tun kann, daß dem Ermittlungsrichter die Ehre zuteil wird, ach, ein bißchen zureden, und vielleicht darf ich dann doch dabeisein, und es trifft sich besonders gut, daß wir gerade heute die Sachen finden, denn die Untersuchungshaft läuft ab, und ich glaube nicht, daß wir Ihren Mann ohne diese Kleider noch länger hätten festhalten können. Aber jetzt sieht es doch nach einer hübschen, kleinen Verlängerung aus.«

»Weißt du, was ich so merkwürdig finde«, sagte ich, um den letzten Satz, der mich so sehr schmerzte, schnell zu übergehen.

»Na, was denn?«

»Daß keine Schuhe dabei sind. Oder genauer, daß ihre kleinen weißen Stiefel nicht dabei sind.«

Lambert starrte auf das armselige Häufchen Lumpen auf dem Seziertisch. Er kramte in den Kleidern, runzelte die Stirn, starrte nachdenklich vor sich hin und sagte dann: »Die sind garantiert an einem andern Platz versteckt, aber ich werde noch mal in der Toilette nachsehen«, und mit großen Schritten verließ er den Saal.

»Er kennt sich hier schon gut aus«, sagte ich zu Alex.
»Ach, Mevrouw«, sagte er, »ein spanisches Sprichwort sagt: Einem Schwein und einem Schwiegersohn braucht man nur einmal den Weg zu zeigen.«
Schon kehrte Lambert wieder zurück, mit leeren Händen, und ich sagte, was ich mir unterdessen überlegt hatte: »Glauben Sie wirklich, daß mein Mann, der das Labor so gut kennt, diese Kleider jemals in einem Wasserkasten einer Toilette verstecken würde? Es gibt hier viel bessere Orte, um etwas zu verstecken, als in einem Wasserkasten.«
»Es ist komisch, daß diese Schuhe ... he, Sie haben von kleinen weißen Stiefeln gesprochen, woher wissen Sie das, davon ist mir nichts bekannt.«
»Das hat Thomas mir erzählt«, sagte ich.
»Warum hat er mir das dann nicht erzählt?«
»Keine Ahnung«, sagte ich, »ich würde dir auch nichts erzählen, wenn ich auf eine so dumme Art verdächtigt würde. Aber Thomas hat diesen Krempel ganz bestimmt nicht im Wasserkasten versteckt.«
»Er hatte es vielleicht eilig und hat sie deshalb in den Wasserkasten getan; später konnte er dann einen besseren Ort dafür suchen.«
»Thomas hat jedenfalls keinen besseren Ort gesucht, obwohl er Zeit genug dafür gehabt hätte.«
»Sprich noch einmal mit dem Mann, der ihre Kleider gefunden hat, Krijn, frag ihn, ob er zufällig Schuhe oder Sandalen oder Slipper oder weiße Stiefel, oder was weiß ich, was sie trug, dort oder irgendwo anders noch zurückhält.«

Meuldijk verließ den Saal, Lambert runzelte die Stirn.

»Weißt du, warum diese Stiefel nicht dabei sind?« sagte ich.

»Nun?« sagte Lambert streng.

»Weil sie sie anbehalten hat«, sagte ich.

»Tja, Sie könnten das wissen, Sie sind vielleicht sogar dabeigewesen, Sie scheinen ja auch plötzlich zu wissen, daß sie weiße Stiefel trug, wann sind Sie eigentlich zurückgekommen?«

Wie drohend klang plötzlich das Wort Sie! Zu Anfang hatte er mich meistens geduzt.

»Ich bin am 1. August zurückgekommen.«

»Da sind Sie von Ihrer Mutter gekommen?«

»Ja, ich war eine Woche lang bei ihr zu Besuch.«

»Man müßte doch noch mal nachfragen, man kann nie wissen, schließlich scheinen Sie ziemlich in diese Sache involviert zu sein, sehr darauf bedacht, uns auszutricksen.«

»Das ist allerdings auch nötig«, sagte ich, »denn der Herr Inspektor oder Kriminalbeamte Lambert ist ebenfalls sehr in diese Sache involviert, er hat, lange bevor A..., bevor Jenny Fortuyn verschwunden ist, in ihrem Dachkämmerchen Tee getrunken, er kannte Jenny also bereits in der Zeit vor ihrem Verschwinden.«

»Verd...«

Lambert beherrschte sich, seine Augen verengten sich, seine Pupillen wurden klein und starr, und sein Schnurrbart zitterte heftig auf und ab.

»Nun«, sagte ich, »stimmt's oder nicht? Es ist schade, daß ich nicht bei der Polizei bin, daß ich nicht ermitteln kann, denn ich hätte gern einmal gewußt, warum der Herr Lambert mit Jenny Tee getrunken hat und warum dem Herrn Lambert soviel daran gelegen ist, daß mein Mann noch weiterhin in Haft bleibt.«

»Sie sind nicht ganz bei Trost«, sagte Lambert, »wie kommen Sie darauf, daß ich jemals bei ihr auf dem Dachboden Tee getrunken haben soll?«

»Ihre Freundin hat es mir erzählt«, sagte ich kühn.

Meuldijk kehrte zurück. Mit leeren Händen. Lambert raffte hastig die alten Kleider zusammen. Während Meuldijk ihm folgte wie ein Hund an der Leine, verschwand er, ohne mich zu grüßen.

»Junge, Junge«, sagte Alex kopfschüttelnd, »den wird man kaum vermissen, wenn er im Grab liegt.«

19. Sept. Niemals werde ich vergessen, wie zehn hungrige Ratten über anderthalb Kilo Leber verschlangen. Und dabei fast ein Kilo übrigließen, etwas, das ich überhaupt nicht mehr erwartet hatte, nachdem ich gesehen hatte, wie sie darüber herfielen. Sie schlangen die rohe, blutige Masse nervös und hastig in sich hinein, unter hohen Pieptönen und mit offenem Rachen, sich beißend oder bedrohend. Eine der Ratten grub während des Fressens eine Rille in die Leber und stieß dabei auf einen Kameraden, der sich von der anderen Seite näherte. Sie bemerkten erst, daß sie einander gegenüberstanden, nachdem sie sich schon gegenseitig ein Stück vom Kopf abgerissen hatten und es auch auffraßen, als sei es Leber. Beide bluteten, und während sie mit ihren Vorderpfötchen schnelle, zitternde Bewegungen machten (vibrieren nennt das Alex), fraßen sie weiter von dem Mitgebrachten, als sei es die letzte Leber, die sie je fressen würden.

Solange sie fraßen, war ich nicht nur davon überzeugt, daß sie die zweieinhalb Kilo mühelos innerhalb der gesetzten Zeit aufgefressen haben würden, sondern auch daß zweihundert dieser selben Vielfraße mühelos einen Menschen innerhalb von zwei Stunden würden verschlingen können. Es war entsetzlich zu beobachten, wie die Nagezähne sich rot färbten, nicht nur von der rohen Leber, sondern auch von den immer wiederkehrenden und vielleicht absichtlichen Verwechslungen. Und eigenartig war es zu entdecken, daß einem beim Anblick einer Mahlzeit von anderen schlecht werden kann. Oder kam es, weil ich das Gefühl hatte, daß ich seelenlosen Robotern zuschaute?

Fast gleichzeitig hörten sie mit Fressen auf, rissen dann Stücke aus dem, was übrig war, und brachten diese Brocken in ihre Ecken im Käfig.

»Ich werde das jetzt mal rausholen«, sagte Alex, »sonst hamstern sie noch alles.«

Beinahe wurde er gebissen, als er die Reste rettete.

»Ja, Jungs«, redete er ihnen gut zu, »überlaßt die weitere Arbeit nun mal dem Futter, das ihr intus habt.«

Eine Ratte ließ sich das nicht gefallen, richtete sich drohend auf. In der Morgensonne funkelten die Nagezähne. Aus völligem Stillstand sprang sie Alex an die Hand und zauberte ein paar Tropfen Blut aus der Maus seines Daumens hervor.

»Alex, paß auf«, rief ich.

»Ach, Mevrouw«, sagte er, »was macht das schon? Nichts trocknet schneller als Blut, es sei denn eine Träne, hier haben Sie Ihre Überbleibsel.«

Er wickelte die Reste zuerst in das Papier vom Schlachter ein, dann zusätzlich in eine Zeitung.

Auf dem kurzen Weg zur Polizeiwache mußte ich mir immer wieder den Schweiß aus dem Flaum auf meiner Oberlippe ablecken, aus jenen hellen, fast unsichtbaren Haaren, von denen mein seliger Schwiegervater dennoch einmal angeheitert gesagt hatte: »So, sind das die Haare auf deinen Zähnen, die durch deine Lippe hindurchwachsen?« Beim Anblick des großen Gebäudes, dessen Fenster im Erdgeschoß fast ganz von Plakaten bedeckt waren – darunter auch eines mit dem Bild von Jenny, ein tröstlicher Beweis, die Polizei hielt es also noch immer für möglich, daß sie nicht im Labor verschwunden war –, wollte ich umkehren. Aber in dem Moment verließ er das Gebäude. Jovial lachte er mir zu; es schien geradezu, als wäre gestern nichts zwischen uns vorgefallen.

»Sie haben es aber eilig heute morgen«, sagte er, »haben Sie etwas Besonderes entdeckt?«

»Ja«, sagte ich, »ich will es Ihnen gern zeigen.«

»Na, dann los, gehen wir eben zurück, ich war schon auf dem Weg zu einer ganz anderen Sache, ich habe jetzt wieder meine alte Arbeit, ich bin eigentlich im Rauschgiftdezernat.«

In seinem Zimmer saß Meuldijk an einem kleinen Nebentisch. Innerlich gegen seine Anwesenheit protestierend, legte ich das Paket vor Lambert hin.

»Machen Sie es mal auf«, sagte ich.
»Was ist das?« fragte er.
»Schweineleber«, sagte ich.
»Und warum haben ...«
»Heute morgen habe ich zweieinhalb Kilo Leber gekauft, beim Schlachter neben dem Labor, warten Sie, hier haben Sie den Bon, da können Sie es selbst sehen, und ich habe diese zweieinhalb Kilo an zehn Ratten verfüttert, die seit fünf Tagen nichts mehr gefressen hatten, und sie haben innerhalb von einer Stunde über 1500 Gramm davon gefressen. Dann waren sie satt. Jede Ratte hat also ungefähr 150 Gramm gefressen, das bedeutet, daß 200 Ratten innerhalb von zwei Stunden niemals mehr fressen können als 200mal 150 Gramm, das sind 30 Kilo.«
»Ruhig, ruhig, wie nervös du bist, wir waren übrigens doch nicht per Sie, ich erkenne dich fast nicht wieder, du bist sonst so bedächtig und gelassen. Aber möglicherweise hatten die 200 Ratten sehr viel mehr Hunger.«
»Nein«, sagte ich grimmig, »nein, die hatten genauso lange gefastet und waren ebenso groß wie diese Versuchstiere.«
»Krijn«, sagte Lambert, »geh du noch mal der Sache mit den Schuhen nach, ich will dies hier lieber allein mit Mevrouw Kuyper verhandeln.«
Meuldijk verschwand, und ich fühlte mich sofort etwas wohler, begriff plötzlich, wie wichtig es bei der Polizei sein kann, einen farblosen Beamten zu haben, den man ab und zu wegschicken kann.

»Vielleicht ist es doch besser, wenn wir wieder zum Sie übergehen«, sagte Lambert, »Sie wissen natürlich, die Tatsache, daß zehn hungrige Ratten innerhalb von zwei Stunden nicht mehr als 1500 Gramm fressen, kann in den Taschenspielerhänden eines guten Rechtsanwalts bestimmt Eindruck vor Gericht machen. Aber was mich betrifft, begreife ich nicht, daß du nun wieder damit ankommst, denn wir haben untereinander längst festgestellt, daß es sehr die Frage ist, ob Mejuffrouw F. auf diesem Wege verschwunden ist, aber unabhängig davon bleibt die Tatsache bestehen, daß vor nun fast zwei Monaten in diesem Labor eine Frau verschwunden ist und daß in demselben Labor all ihre Kleider und ihr Schmuck gefunden wurden. Ja, ich kann es Ihnen noch direkter sagen: Sie ist zuletzt gesehen worden, als sie dort hineinging, und sie ist nie wieder herausgekommen.«

»Sie kann nicht von den Ratten aufgefressen worden sein«, sagte ich.

»Durchaus möglich, will ich nicht ausschließen, aber doch ist sie dort und nirgendwo anders verschwunden.«

»Man kann nicht ohne weiteres eine Leiche verschwinden lassen«, sagte ich, »man müßte immer irgend etwas, eine Spur von ihr finden.«

»Ihre Kleidung ist gefunden worden.«

»Das besagt nichts«, sagte ich, »die kann man ausziehen.«

»Daß wir nun wieder darüber reden müssen, am liebsten würde ich Sie vor die Tür setzen, nur daß ich Sie so nett finde, aber Sie müssen doch bedenken, daß wir das Kind ganz schön geschaukelt haben.«

»Pardon?« sagte ich.

»Ich meine: Es ist Anklage erhoben worden. Nicht, daß furchtbar viel in der Anklageschrift steht, denn Ihr Mann hat seinen Mund nicht mehr aufgemacht, seit wir ihn festgenommen haben. Das einzige, was er gesagt hat, ist, daß er nichts mehr sagt, weil wir es doch nur darauf anlegen würden, ihn in Widersprüche zu seinen früheren Aussagen zu verwickeln.«

»Solange es keine Spur von einer Leiche gibt«, sagte ich, »gibt es auch keinen Beweis, daß jemand umgebracht worden ist.«

»Es ist jemand unter höchst verdächtigen Umständen verschwunden.«

»Ich habe noch nie gehört, daß man allein deswegen, weil jemand verschwunden ist, angeklagt wird.«

»Nun, ich könnte sehr wohl ein oder zwei Fälle auftischen, einen Fall, bei dem ungelöschter Kalk eine Rolle spielte, und ein Fall, wobei, na, das müßte ich nachsehen, das war im Museum für Mineralogie, da hatte jemand sehr starke Säuren benutzt, um jemanden aufzulösen, ja, es gibt da viele Möglichkeiten in diesen Museen und Labors. Aber Sie haben insofern recht, daß es für das Gericht schwierig sein wird, zu einer Verurteilung zu kommen, solange es keine Spur von Mejuffrouw F.s Leiche gibt. Sehen Sie, worum es uns allein geht, ist, daß Ihr Mann gesteht oder daß er wenigstens redet, und deshalb versuchen wir auch immer wieder, eine weitere Haftverlängerung zu erreichen.

Wir wollen ihn zum Reden bringen. Warum redet er nicht?«

»Weil es nichts gibt, worüber er reden könnte«, rief ich laut.

»Bitte etwas ruhig, lassen Sie uns versuchen, die Emotionen beiseite zu lassen. Gehen wir einmal davon aus, daß die Ratten es nicht getan haben, dann gibt es zwei andere Möglichkeiten. Entweder die Leiche ist im Labor versteckt, oder sie ist daraus weggeschafft worden. Das erste vergessen wir, denn wir haben im Labor das Unterste zuoberst gekehrt, das versichere ich Ihnen. Und wenn sie da doch noch wäre, würde sie jetzt so unverschämt stinken, daß sie augenblicklich gefunden würde. Es sei denn, sie ist im Tiefkühlraum. Nun, Tiefgekühltes gibt es dort genausoviel wie in der Antarktis, aber darunter haben wir natürlich auch gesucht. Also muß die Leiche ziemlich schnell aus dem Gebäude entfernt worden sein. Aber wie? Zwei Möglichkeiten: als Ganzes oder in Teilen. Nun, als Ganzes scheint mir zu schwierig gewesen zu sein, aber in Teilen – was halten Sie davon? Ach, was führen wir für ein grauenhaftes Gespräch, ich hole eben Kaffee für Sie.«

Als er zurückkam, schaute er mich mit einem Blick an, als wollte er mich mit seinem Schnurrbart aufspießen. Er setzte sich wieder hinter seine alte Schreibmaschine mir gegenüber, und er sagte: »Ich für meinen Teil glaube dennoch, daß er tatsächlich seine hungrigen Ratten eingesetzt hat. Eine solche Chance konnte er sich doch fast nicht entgehen lassen, oder? Versetzen Sie sich einmal da hinein: Man ist mit einem Mädchen in so einem Labor, es gibt einen Wortwechsel, sie wird wütend, er wird wütend und schlägt einmal zuviel zu. Sehen Sie, ich glaube nicht, daß er sie vorsätzlich ermordet hat, dafür ist er überhaupt nicht der Typ, aber dennoch, ein Unglück, wollen wir es einmal so nennen, kann leicht passieren. Und dann sitzt du plötzlich mit einer Leiche da und dir stehen zweihundert solcher Nager zur Verfügung, die verrückt vor Hunger sind, und auch noch ein großer Käfig mit Sägemehl, in den ein Mensch bequem hineinpaßt. Würden Sie nun wirklich nicht denken, daß er ...«

»Nein, nein, nein«, sagte ich.

»Nun, ich denke doch, ich denke nur nicht, daß seine Ratten diese Frau wirklich vollkommen aufgefressen haben, es muß Spuren gegeben haben, aber die hat er mit Hilfe all des Sägemehls, mit Hilfe von Alkohol und diesen ganzen gemeinen Putzmitteln, die es da in Mengen gibt, in den zwei Stunden leicht entfernen können. Oder sollte es sich doch anders zugetragen haben? Was würdest du ... oh, wir waren wieder per Sie, was würden Sie du dann tun, wenn du etwas so Widerwärtiges in so einem Labor zu erledigen hättest? Ja, das ist schwierig, was? Es ist fast nicht vorstellbar, aber haben Sie Ihrem Mann nichts angemerkt ... hat er nicht etwas gesagt, oder denken Sie einmal an früher zurück, mußten die nicht – ja, das erzählte man mir dort – in ihrem zweiten Jahr einen Hai zerlegen und wegschaffen?«

»Ja«, sagte ich, »damals hat er mit seinen Studienkollegen ...«, und erschrocken hörte ich auf, schaute ihn nur verblüfft an, und er kroch geradezu über seine Schreibmaschine zu mir herüber und flüsterte: »Nun, sag schon, was hat er mit seinen Studienkollegen getan?«

»Sie haben gefeiert«, sagte ich, »als der Hai in den kleinstmöglichen Stücken im Müllcontainer verschwunden war«, und in Gedanken fügte ich hinzu: Und während der Party hat er einen Film vorgeführt, den er selbst gedreht hatte, und der Film hieß: »Mord im Labor«. Aber ich sagte nur: »Ich würde so etwas nie tun können, eine Leiche in Stücke ... das macht man doch nicht?«

»Oh, Mevrouw, wie schlecht kennen Sie sich doch in Verbrechen aus, wirklich, was nicht alles passieren kann, es ist nur gut, daß Sie keine Ahnung davon haben. Aber wie schade, daß Ihr Mann nicht redet.«

»Er hat nichts zu erzählen«, sagte ich, »er ist, nachdem er sie zuletzt gesehen hatte, nach Hause gegangen.«

»Wir haben Gründe genug, das nicht zu glauben.« Dann fügte er in väterlichem Ton hinzu: »Wenn ich Sie wäre, würde ich mich da in Zukunft raushalten, Sie werden während des Prozesses noch so viel zu verarbeiten haben, daß Sie jetzt besser daran tun, sich zu schonen und zu entspannen. Das beste, was Sie, wo Sie doch so gern an der Sache beteiligt sein wollen, tun können, ist, Ihren Mann zu bearbeiten, daß er redet.«

»Und das, während ich ihn nicht einmal besuchen und ihm auch nicht schreiben darf.«

»O ja, und solange er nichts sagt, bleibt das auch so, na, dann brauchen Sie überhaupt nichts zu tun«, sagte Lambert aufgeräumt.

Mit ausgestreckter Hand kam er um seinen Schreibtisch herum, und während er mir die Hand schüttelte, konnte er mit der linken Hand bequem die Tür seines Zimmers öffnen.

Er sagte: »Ich würde es richtig nett finden, einmal mit dir essen zu gehen, aber ich glaube nicht, daß du eine Einladung von mir annehmen würdest.«

Er lächelte so liebenswürdig, daß sein Schnurrbart auseinandergerissen wurde und hier und dort ein glitzernder Kaffeetropfen zu sehen war.

Wieder zu Hause, stieg ich sofort die Treppe zum Dachboden hinauf. Dort suchte ich den Film. Als ich ihn fand, sah ich, daß jemand vor kurzem versucht hatte, die dicke Staubschicht abzuwischen. Warum hatte Thomas den Film wieder hervorgeholt? Hatte er ihn vielleicht noch einmal laufen lassen? Ich suchte unseren 16mm-Projektor und dachte dabei: Wenn man keine Kinder hat, kann man sich teure Apparate leisten. Ich verdunkelte unser Gästezimmer, weil es nur ein kleines Fenster hat, und projizierte den Film auf die Wand. Man sah einen Studenten, ein Erstsemester, der im Labor von Saal zu Saal ging und alles aufmerksam betrachtete. Er kam in den Saal mit den ganz großen Tieren, ging zu einem Behälter mit Alkohol, schaute hinein und erschrak heftig. Der Behälter wurde von nahem gezeigt, und es folgte eine seltsam suggestive und irrsinnig grauenhafte Einstellung – in diesem Behälter hing ein Mensch. Der Student rannte aus dem Saal, rannte durch die Gänge, rannte aus dem Gebäude, rannte zur Polizeiwache, aus der gleich darauf sich blitzschnell in Regenmäntel hüllende Kriminalbeamte nach draußen eilten und zum Labor liefen. Auch sie kamen schließlich bei dem Behälter an, und wieder folgte dieselbe, durch Mark und Bein gehende Einstellung, wieder sah man jemanden, einen Menschen, in Alkohol hängen. Aber dann zoomte die Kamera auf das Etikett des Behälters, und man sah, daß *Dugong dugong* darauf stand, und die Kriminalbeamten nickten sich zu, bedeuteten dem Studenten, daß alles in Ordnung sei, und lachend gingen alle aus dem Saal.

Ach, es war nicht mehr als ein Amateurfilm; Thomas hatte ihn zusammen mit seinen Studienkollegen gedreht, aber diese eine Einstellung machte doch etwas Unvergeßliches daraus. Den Namen *Dugong dugong* suchte ich in Grzimeks *Tierleben*, wobei ich sogar noch dachte: Wie soll ich den Namen vor Gericht aussprechen, wenn es soweit ist, und fand auf Seite 526 Bleistiftstriche bei folgender Passage: »Im Juli 1905 kam ein Frachtdampfer bei der Insel Haramil im Roten Meer vorbei. Dort glaubte zunächst der Kapitän drei Menschen bis zur Brust im Wasser stehen zu sehen, hielt sie für Schiffbrüchige, signalisierte sie an und steuerte auf sie zu. Es war aber eine Dugongfamilie.«

Ich las alles, was noch dastand, alles, was auf die wundersame Ähnlichkeit zwischen Seekühen und Menschen hinwies, vor allem zwischen Seekuhweibchen und Frauen, weil eine Seekuh ihr saugendes Junges in den Arm nimmt und an die Brust drückt und dann einer Menschenmutter, die ihrem Kind die Brust gibt, täuschend ähnlich sieht.

Es ist ruhiges, trübes Wetter. Zwischen den Bäumen, deren Blätter sich nicht bewegen, aus Furcht, sie könnten fallen, hängt zaghafter Nebel. Ein paar Straßen weiter hört man das leise Bellen eines Hundes. In ihren Netzen hamstern Spinnen die letzten Insekten. Der Himmel ist bedeckt. Streifen hellen Lichtes bezeichnen die Stelle, an der hinter den Wolken die Sonne scheint.

Während ich ruhig weitergehe, denke ich an die Bemerkung in einem von Thomas' Briefen über ihre beiden Abtreibungen. Das begreife ich jetzt – mit dieser Bemerkung hat er meine Aufmerksamkeit abgelenkt, hat er mich auf einen Irrweg führen wollen. Warum habe ich das nicht eher durchschaut?

Im Labor gehe ich so langsam wie möglich zu der Abteilung, die früher als Museum zugänglich war. Kühl und trostlos fällt das Licht der schon niedrig stehenden Sonne in die hohen Gänge. Alle Türen schließen sich von selbst hinter mir. Überall gibt es Türschließer. Hier und da höre ich flüchtige Stimmen, gewahre ich die Glut eines Bunsenbrenners. In der Abteilung Histologie, die ich wie selbstverständlich durchquere, hält ein Mädchen in weißem Kittel ein dunkelrotes Präparat gegen das Licht. An einem unauffälligen braunen Arbeitstisch trinken zwei Männer in beigefarbenen

Kitteln aus schmutzigen Gläsern Kaffee, und unaufhörlich höre ich ferne Schritte.

Jetzt bin ich endlich bei den Skeletten; ich gehe am Skelett eines Elefanten vorbei, vorbei am schneeweißen Skelett eines Walfischs. Auf hohen schwarzen Kunststoffbeinen schwimmt er in der Luft noch immer weiter, aber nun wie das Gerippe eines Zeppelins. Die meisten Skelette sind mit durchsichtigen Plastikhäuten überzogen, und dadurch haben sie doch etwas von einem lebendigen Wesen, von einem transparent gemachten Organismus, der jeden Augenblick davonspazieren kann. Einen Augenblick lang meine ich, die schwere Eisentür am Ende des riesigen Saals mit den Skeletten sei abgeschlossen, aber als ich mit aller Kraft dagegenstoße, schwingt sie auf. Auf der Schwelle bleibe ich stehen; ich will nicht in diesen Saal, ich brauche nicht zwischen all diesen riesigen Behältern mit Formalin und Alkohol hindurchzulaufen, ich brauche nicht in die größtenteils schon dunkelbraun gewordenen Gläser zu blicken. Können die Etiketts mir nicht mitteilen, was ich dann nicht mehr zu sehen brauche? Langsam gehe ich in den Saal hinein, sehe nur die Etiketts an, murmele Namen vor mich hin wie ein lateinisches Gebet: *Callorhinus ursinus, Eumetopias jubata, Odobenus rosmarus, Phoca vitulina, Trichechus inunguis*. Bei dem letzten Namen weiß ich, daß ich bei den Seekuhartigen angelangt bin. Am liebsten würde ich jetzt zurückgehen. Aber das tue ich nicht; alles, was mir noch an Mut geblieben ist, habe ich nötig, um jeden einzelnen Behälter mit Seekühen genau anzusehen. Es ist, als würden in allen diesen Behältern Menschen in trübem Alkohol schwimmen. In einem der trüben Behälter in einer dunklen Ecke befinden sich drei Seekühe. Die dritte Seekuh ist schlecht zu sehen, sie wird von ihren beiden Artgenossen, die brüderlich nebeneinander im Alkohol hängen, abgeschirmt. Dennoch kann man etwas von ihr sehen, etwas, das so wenig einem Menschen und so sehr einer Seekuh gleicht – vor allem auch dank dem trüben braunen Alkohol –, daß niemand je auf die Idee kommen wird, genauer hinter diese beiden Seekühe zu schauen.

Ich fange an zu würgen und laufe schon wieder fort, um nicht bei dieser großen gläsernen Vitrine ertappt zu werden, die ich fast instinktiv und ohne Zögern gefunden habe. Ich gehe denselben Weg zurück. Noch sind ferne Schritte im Gebäude zu hören; noch immer flackert der Bunsenbrenner, noch immer schließen sich alle Türen langsam hinter mir.

Draußen hat sich der bewölkte Himmel ein wenig gesenkt; hier und da fällt ein Tropfen auf das Pflaster. Die gelben Blätter der Bäume bewegen sich jetzt ein wenig und fallen noch immer nicht herunter. Es scheint, als wäre alles etwas dunkler geworden, etwas grauer, und als käme der kalte Wind, der jetzt um meinen Kopf weht, stoßweise von allen Seiten. An den Cafés vorbei, die ich nicht mehr aufzusuchen brauche, gehe ich in Richtung Polizeiwache. Denn es ist meine Pflicht, dort von einem Kapitän zu erzählen, der 1905 an der Insel Haramil vorbeifuhr. Aber durch die Wolken hindurch glüht ein so tiefroter Schein, als sei der

Jüngste Tag gekommen. Und daher habe ich das Gefühl, daß es jetzt noch nicht nötig ist, zur Polizei zu gehen. Es ist auch morgen noch möglich oder nächste Woche oder überhaupt nicht; warum sollte ich nicht eine schlaflose Nacht darauf verwenden, um darüber nachzudenken?

Sonntag, 22. Sept. Da ich noch immer keinen Beschluß habe fassen können, bin ich heute in einem Gottesdienst der Christlich Reformierten Kirche gewesen. Aus meiner Jugend weiß ich, daß man nirgends besser nachdenken kann als bei dem dahinplätschernden Gemurmel eines Pastors, der eine Predigt hält. Der Mann auf der Kanzel verkündete das Wort des Herrn, Genesis 27, Vers 22. Er predigte mindestens eine Stunde lang, und doch habe ich nicht ein einziges Wort mitbekommen. Allerdings habe ich, mit einem Kloß im Hals, alle Lieder mitgesungen – glücklicherweise noch in der alten Fassung. Nur Gesangbuch 138, Vers 4 konnte ich nicht über die Lippen bringen – ich denke, weil ich zu sehr wünschte, daß es wahr wäre.

> Wenn ich der Übermacht, die mich umringt, erliegen muß,
> Schenkst du mir Leben.

23. September. Es ist, als würden jeden Tag mehr hereinkommen. Sind sie auf der Suche nach warmen Häusern, um darin zu überwintern? Aber sie brauchen sich doch nicht in Schlachtordnung, durch den Lüftungsschacht in der Toilette, an immer demselben Faden herabzulassen? Heute morgen schwebte wieder eine herab; ihr Faden glänzte silbrig im Lampenlicht. »Geh mal wieder nach draußen«, sagte ich, und sie kroch an ihrem Faden hinauf und verschwand im Lüftungsschacht. Aber die meisten reagieren nicht auf meine mündliche Aufforderung, nisten sich überall ein, hinter den Heizkörpern, hinter den Schränken, hinter dem Gasherd und hinter dem Kühlschrank. Normalerweise würde Thomas jede einzelne hinaussetzen. Er würde sie in Gläsern fangen und auf dem brachliegenden Acker bei der Eisenbahn freilassen. Er würde sie nicht töten, o nein, bestimmt nicht, bis auf die Ratten hat er noch nie Tiere getötet, solange ich ihn kenne.

Am Wochenende habe ich dauernd Dubbeltjes auf der Straße gefunden. Heute morgen, als ich vom Bäcker zurückkam und wieder eine winzig kleine Münze aufhob, begriff ich auf einmal, warum. Ich laufe ständig mit gesenktem Kopf herum.

Solange ich lebe, habe ich Angst vor ihnen gehabt. Sogar Abbildungen finde ich gruselig. Ich habe keine Ahnung, warum ich Angst vor ihnen habe. Jedenfalls habe ich meinen Abscheu nicht von meiner Mutter. Sie zerquetschte sie in aller Gemütsruhe mit einem Staubtuch, vorausgesetzt, sie kam, halbgelähmt, wie sie war, an sie heran. Nein, meine Angst habe ich nicht erlernt, und also kann ich sie auch nicht verlernen. Lernt ein Mensch überhaupt jemals etwas in seinem Leben? Alles, was einem beigebracht wird, ist etwas, wozu man die Fähigkeit bereits besitzt, sonst würde es einem nicht beigebracht werden können. Und wenn man die Fähigkeit dazu besitzt, kann man strenggenommen nicht von Lernen sprechen; es entsteht nichts Neues, man entwickelt nur etwas, das schon vorhanden ist.

Aber alles greift ineinander; alles scheint sich auf eine geheimnisvolle, unerklärliche Weise in einen Zusammenhang zu fügen, den ich nicht in den Griff bekomme. Als ich Thomas kennenlernte, arbeitete er als wissenschaftlicher Assistent mit Schwarzen Witwen. Die bauen ihre Netze ohne irgendeinen logischen Zusammenhang. Aber wenn er sie mit einem bestimmten Mittel spritzte, die andere Spinnen veranlaßte, chaotische Netze zu weben, bauten sie ein starkes, ordentliches Gewebe, das wie ein großer Fächer aussah.

Habe ich mich in Thomas verliebt, weil er mit Spinnen arbeitete? Aber ich hatte doch den größten Widerwillen gegen Spinnen, dachte immer: Er würde vollkommen sein, wenn er nicht mit diesen Tieren arbeitete. Und doch ist es im nachhinein, als hätte das den Ausschlag gegeben. Allerdings habe ich in der Zeit oft geträumt, ich sei schwanger und würde Spinnen gebären.

Als Kind dachte ich immer: Mutterseelenallein bedeutet, daß man gern Mutter werden möchte, eine Mutterseele hat, aber keine Kinder bekommen kann, so daß die Mutterseele allein bleibt.

24. September. Heute nacht habe ich wieder nicht geschlafen. Bis gestern habe ich keinen Entschluß fassen können. Wenn ich es erzähle, sehe ich Thomas vorläufig nicht wieder. Und ich will erst mit ihm darüber sprechen, hier im Haus, während er alle Spinnen fängt. Aber wenn ich es nicht erzähle, kann ich vielleicht nicht mehr schlafen, bis die Gerichtsverhandlung stattfindet. Oder bis Thomas zurückkommt. Wenn er überhaupt zurückkommt. Wenn ich es nicht erzähle, bleibt sie da einfach hängen in dem trüben Alkohol oder Formalin, hinter den beiden Seekühen. Warum hat sie noch niemand anders entdeckt? Warum ist Lambert nicht auf die Idee gekommen, daß sie dort versteckt sein könnte? Ja, aber er hat den Film nie gesehen, er hat nie von dem Kapitän gehört, der durchs Rote Meer fuhr.

Als es heute morgen hell wurde, wußte ich, daß es meine Pflicht ist, meine Entdeckung mitzuteilen, was auch immer das zur Folge hätte. Um neun Uhr zog ich meinen halblangen Mantel an; draußen war es schon warm und sonnig, wie es nur noch im September sein kann. Vorsichtig öffnete ich die Haustür und steckte meinen Kopf nach draußen. Nach draußen? Nein, ich steckte ihn in ein riesiges Spinnennetz, das mitten vor die Tür gespannt war. Es war, als trüge ich plötzlich einen Schleier. Das Gewebe war noch nicht kaputt, zitterte nur heftig, und ich sah eine große braune Spinne auf meine Nase zukommen. Ich vergaß, warum ich aus der Tür gehen wollte. Ich zog meinen Kopf zurück, aber die klebrigen Fäden hafteten fest an meinem Gesicht. Ich habe so lange gerieben und gezupft, bis alle Fäden fort waren. Ich habe meinen Mantel ausgezogen. Zitternd habe ich mich ins Wohnzimmer gesetzt, bin wieder aufgestanden und habe, um zur Ruhe zu kommen, meinen Lieblingsjungen aufgelegt. Er singt auf einer Bach-Platte von Harnoncourt zusammen mit einem Countertenor ein Duett, dessen Worte lauten: »*Wenn Sorgen auf mich dringen, will ich in Freudigkeit zu meinem Jesu singen. Mein Kreuz hilft Jesus tragen; drum will ich gläubig sagen, es dient zum besten allezeit.*« Glückliche Zeiten müssen das gewesen sein, in denen man solche Dinge aufrichtig singen konnte! Aber auch wenn die Worte allein mir nicht mehr helfen können, bleibt einem dennoch diese wunderbare Musik aus der Kantate 3 den ganzen Tag über im Kopf und hilft einem durch den Tag.

30. Sept. Alles ist anders geworden. Die Tage sind Nächte und die Nächte Tage. Im Bett liege ich wach, aber tagsüber schlafe ich oft im Stehen ein, und dann habe ich immer das Bild von den Seekühen vor Augen, dann habe ich Gesichte, wie es in der Bibel heißt. Wenn ich nach einem solchen bleischweren Schlaf wach werde, fange ich nicht nur an, wie im Fieber zu zittern, sondern mir ist, als sei ich gar nicht mehr da, als müßte ich mich selbst wiederfinden, und wenn ich dann herumlaufe, um mich zu suchen, sehe ich überall die Schatten von Spinnen verschwinden.

Mitte Oktober. Die ersten Blätter fallen. Heute morgen, als ich die Gardinen beiseite schob, wußte ich im voraus, daß sie da sitzen würden. Oder hatte ich vielleicht schon etwas gehört? Als ich Thomas erst kurz kannte, sind wir nach Deutschland, in den Hümmling, gefahren. Eines Mittags wanderten wir einen langen, einsamen Weg entlang. Das Sonnenlicht war gelb wie reifes Korn und lag schwer auf unseren Schultern. Wir hörten ferne, gedämpfte Stimmen, bogen bei ein paar Eichen um die Ecke und sahen plötzlich, mitten auf dem verlassenen, staubigen, ungleichmäßig gepflasterten Weg Dutzende schwarzer Vögel sitzen.

»Raben«, flüsterte ich.

»Ich glaube nicht«, sagte Thomas, »es sind sehr große Krähen.«

Sie blickten uns alle an, und ich erschrak, ergriff Thomas' Hand. Aber er hatte keine Angst, er ging ruhig weiter, mich an der Hand haltend, und wir schritten zwischen den Vögeln hindurch. Sie wichen nicht aus, sie flogen nicht auf, sie kamen auch nicht näher. Wir mußten, mehr oder weniger im Zickzack, unseren Weg zwischen ihnen hindurch suchen. Am Abend dieses Tages sind wir zum erstenmal zusammen ins Bett gegangen.

Jahre später wanderten wir am frühen Morgen hoch über Fiesch im Rhônetal. Dort war das Licht so rein und klar wie frischer Akazienhonig. Fast konnte man die Luft berühren. Wir wanderten unbekümmert dahin und blickten unseren weißen Atemwölkchen nach. Plötzlich senkte sich, genau vor uns, ein Schwarm Dohlen herab und blieb mitten auf dem Weg sitzen, während wir nun langsamer gingen. Sie saßen in kleinen Gruppen auf dem Weg und hoben ihre gelben Schnäbel. Sie flogen nicht auf, als wir näher kamen. Sie wichen nicht einmal zur Seite, als wir vorsichtig zwischen ihnen hindurchliefen. Gleich nachdem wir an ihnen vorbei waren, flogen sie auf und ließen sich, nachdem sie in einem großen Bogen über uns hinweggeflogen waren, ein Stückchen weiter wieder nieder. Zum zweitenmal mußten wir zwischen ihnen hindurchgehen, und es war, als würden wir auf die Probe gestellt, als seien wir Tamino und Pamina, die durch Feuer und Wasser mußten. Aber wir hatten keine Zauberflöte bei uns. Als wir wieder in den Niederlanden waren, haben wir uns beide zum erstenmal untersuchen lassen, und da erfuhren wir, daß wir keine Kinder bekommen konnten, weil ich unfruchtbar war.

Und jetzt saßen sie wieder da, im Garten. Diesmal waren es, glaube ich, wieder Dohlen. Sie saßen nicht nur im Gras, sondern auch auf den untersten Zweigen der Bäume. Sie sind mindestens zwei Stunden lang sitzen geblieben und haben keinen Ton von sich gegeben.

Bevor Schumann in den Rhein gesprungen ist, hat er seinen Ehering abgezogen und ins Wasser geworfen. Ich begreife nun, warum er das tat, begreife nun auch, warum die Musik aus den letzten Jahren seines Lebens oft so schrill klingt.

Gott, so heißt es im Buch der Offenbarungen, wird abwischen alle Tränen von euren Augen. Aber wie, wenn der Kummer so groß ist, daß man darüber gar nicht hat weinen können?

Kann jemand, der in einem Laden einen anderen vorläßt, ein Mörder sein? Kann jemand, der es nicht wagt, etwas zu sagen, wenn ein Raucher ins Nichtraucherabteil kommt, obwohl er notabene Kopfschmerzen vom Zigarettenrauch bekommt, ein Mörder sein? Kann jemand, der verlegen »Pardon« murmelt, wenn jemand anders ihm auf die Zehen tritt, einen Mitmenschen umbringen?

Sollte es wahr sein, was Nietzsche (den ich nun immer lese, um Thomas besser zu verstehen) in *Morgenröte* sagt: »Gerade die ungeschickten ängstlichen Wesen werden leicht zu Totschlägern: sie verstehen die kleine zwecksentsprechende Verteidigung oder Rache nicht, ihr Haß weiß aus Mangel an Geist und Geistesgegenwart keinen andern Ausweg als die Vernichtung.«

Auf jeden Fall verstehe ich sehr wohl, warum Thomas von diesem Philosophen schwärmt. Denn: Wenn man ihn richtig liest, sieht man, daß zwei Drittel dessen, was er sagt, leicht als Rechtfertigung von Schwäche, von Charakterlosigkeit aufgefaßt werden kann, vor allem Aphorismus 301 aus *Morgenröte*, in dem er die sogenannte Charakter-»Kraft« angreift. Da es eine Philosophie ist, die Kraft und Ehre und Entschlußkraft und Durchsetzungsvermögen und Willensstärke in den

Mittelpunkt stellt, muß sie schwache Menschen natürlich anziehen. Aber er hat recht, wenn er sagt, »daß die allernächsten Dinge von den meisten sehr schlecht gesehen werden, sehr selten beachtet werden«. Für mich gilt das zweifellos auch; ich übersehe etwas, ich bin »im Kleinsten und Alltäglichsten unwissend«, denn es muß etwas geben, eine Lösung, die Thomas freispricht und den wahren Schuldigen benennt.

Ein paarmal schreibt er etwas, das mich tröstet, zum Beispiel dies: »Sind nicht die meisten Ehen der Art, daß man keinen dritten als Zeugen wünscht? Und gerade dieser dritte fehlt fast nie – das Kind – und ist mehr als ein Zeuge, nämlich der Sündenbock!«

Und eine Bemerkung aus der *Fröhlichen Wissenschaft* ist mir aus der Seele gesprochen: »Lebe im Verborgenen, damit du dir leben *kannst!* Lebe *unwissend* über das, was deinem Zeitalter das Wichtigste dünkt! Lege zwischen dich und heute wenigstens die Haut von drei Jahrhunderten!«

Reformationstag. Nach dem Aufwachen heute morgen wußte ich wie durch eine Eingebung, auf welche Weise es passiert sein mußte. Als sie nachts im Labor waren, hat er seine Lederhandschuhe angezogen, die immer neben den Käfigen bereitliegen. Danach hat er schnell den Käfig aufgeschlossen, in dem die grünen Baumschlangen saßen. Er hat eine von ihnen herausgeholt, ich sehe es vor mir, ich habe es ihn ja oft genug tun sehen, auch wenn er damals keine bösen Absichten hatte, es war etwas Grünes, etwas Schönes und Glitzerndes, etwas, vor dem man weniger Angst zu haben brauchte als vor den Spinnen, die er noch immer hält, etwas, das beinahe phosphoresziert, etwas, das immer beißt, wenn man es nur ein wenig hinter dem Jacobsonschen Organ kneift. Ach, was war einfacher, als so etwas ruhig hochzuheben, es ruhig durch die Luft zu bewegen, ganz nah an den Hals seines Gegenübers, und es dann – einmal kurz – ruhig zu kneifen? Oder könnte es noch einfacher geschehen sein? Sollte sie nur ganz kurz ihre Hand in das Terrarium gehalten haben, in dem noch immer die Schwarzen Witwen unter den Steinen sitzen? Sollte er vielleicht nicht einmal etwas damit zu tun gehabt haben? Sollte es nur ein Unglück gewesen sein? Redete er deswegen nicht, weil er doch niemanden davon überzeugen kann? Soviel ist sicher, daß das Terrarium, verrückt genug, es geradezu herausfordert, daß man seine Hand mal kurz hineinsteckt. Viele Leute, die das Labor besuchen, heben den Deckel hoch und müssen dann lautstark zur Ordnung gerufen werden. Ach, wenn es sich doch so abgespielt hätte! Aber warum war der Biß einer dieser Schwarzen Witwen dann tödlich? Weil sie unterernährt war, sich nur von Pindakaas und Drogen ernährte?

Warum ist sie nachts mit ihm ins Labor gegangen? Meneer Manchermensch zufolge hat er lange auf sie einreden müssen. Das ist natürlich sehr verständlich. Warum hat er ihre Sachen nicht gut versteckt? Oder hat er sie zunächst sorgfältig an einem geheimen Ort aufbewahrt und sie erst später, gleichsam als implizites Schuldbekenntnis, in dem Wasserkasten deponiert?

Sind sie deshalb erst nach über einem Monat gefunden worden? Was hat er dann mit den weißen Stiefeln gemacht? Wenn ich ihn nur für einen Augenblick sprechen könnte! Innerhalb von zehn Minuten würde ich alles wissen.

November. Was ich vor mir sehe, wenn ich aufwache: sein Gesicht und vor allem seine Augen, wenn er in die Sonne blinzelt. Seine zerstreute Handbewegung, wenn er sich über die Stirn streicht und ich weiß, daß er Kopfschmerzen hat. Die verstohlenen Bewegungen seiner Hände, wenn er redet. Auch sehe ich es vor mir, wie er beim Kaffee-Einschenken immer das Fläschchen Kaffeesahne aus der Küche holt und es wieder zurückbringt, wie oft ich ihm auch gesagt habe, daß es praktischer wäre und einmal Gehen ersparte, wenn er mit seiner Tasse in die Küche gehen würde. Und wie ungeschickt er eine Schallplatte auflegt! Oder wie er seine Schuhe anzieht. Dann stellt er sich immer zuerst hin und entdeckt dann, so scheint es, daß man sich besser dazu hinsetzt. Also setzt er sich hin, aber wenn er dann den zweiten Schuh anziehen will, steht er immer erst wieder auf. Oh, ungeschickter, dummer Thomas!

Ob es vor allem diese unbeholfenen Dinge sind, wenn man jemanden liebt? Oder ob ich jetzt vor allem daran zurückdenke, weil ich das zumindest werde weiterhin lieben können, auch wenn ich den dann vielleicht nicht mehr liebe, der Jenny in Alkohol gesteckt hat. Merkwürdig, nun, wo sie tot ist, nenne ich sie in Gedanken nie mehr Antje Spektakel.

Wenn ich abends zu Bett gehe, sehe ich ihn immer vor mir, wie ulkig er mit der Stirn den Kippschalter nach unten drückt. Und dann denke ich: Jemand, der so das Licht ausgemacht hat, kann doch kein Mörder sein? Nein, das kann nicht sein, er hat mich, solange wir verheiratet sind, noch nie geschlagen. Höchstens hat er mich schon mal grob angefaßt oder ziemlich stark gekniffen. Dabei habe ich ihm ja Anlaß genug gegeben. Ich brauche nur daran zu denken, wie oft ich sofort nach dem Nachhausekommen den Plattenspieler abgestellt habe, wenn er Verdi hörte.

Verdi! Daß ich daran nicht eher gedacht habe! Den hat er mir, kurz bevor er verhaftet wurde, mitten in der Nacht aufgedrängt. Warum? Einfach so? Nein, nichts geschieht jemals nur so oder aus Zufall.

Ich habe mir die ganze Oper angehört. Was er immer mitsang, war ein Wort, »*perdona*«. Identifizierte er sich mit Desdemona? Wollte er mich auf diesem Umweg um Vergebung bitten? Aber Desdemona bittet, wenn ich es recht verstehe, in dem Augenblick nur für jemanden anders um Vergebung. Oder war das unwichtig, ging es allein um das Wort? Oder war Desdemona gemeint, die zwar »*perdona*« singt, aber unschuldig ist? Oder wollte er mir nur sagen, daß ich, ebensowenig wie Otello, Grund habe, eifersüchtig zu sein?

Ende November. Fast jeden Morgen wache ich mit einem friedlichen, trägen, unwirklichen Glücksgefühl in meinem Innern auf. Manchmal kann ich es ein paar Minuten lang genießen, bevor ich mir klarmache, daß Thomas noch immer im Gefängnis sitzt. Wenn ich aufwache, ist es, als läge ich nicht im Bett, sondern würde auf einer Wolke dahinziehen, als sei ich schwerelos und schwebte wie eine blaue Daunenfeder durch die Luft. Heute morgen träumte ich kurz vor dem Aufwachen, daß ich in einem großen Holzschuppen die *Kreisleriana* spielte. Als ich aufgehört hatte, erklang donnernder Applaus von Menschen, die ich nicht sehen konnte, und ein Mann mit zerfurchtem Gesicht und einem feuerroten, zu einem Knäuel verknoteten Schal um den Hals kam aufs Podium und überreichte mir weiße Lilien. »Herzlichen Dank für Ihren Beitrag zu dieser Wohltätigkeitsveranstaltung, das Geld geht an die Hinterbliebenen von Jenny Fortuyn.«

Ich öffnete die Gardine und schaute hinaus. Seitdem ich sie gesehen habe, bin ich kaum noch aus dem Haus gegangen. Auch das Telefon lasse ich meistens klingeln. In neun von zehn Fällen ist es überdies meine Mutter, die fragt, ob ich eine Zeitlang zu ihr kommen wolle.

Nachdem ich die Gardine beiseite geschoben hatte, sah ich, daß es neblig war. Bildete ich mir das ein, oder konnte man die einzelnen Nebeltropfen sehen? Jedenfalls war es, als sei die ganze Welt mit kreuzweise übereinandergelegten Spinnweben bedeckt.

Im Laufe des Tages wurde der Nebel dichter. Das gab mir den Mut, nach draußen zu gehen. Auf der Straße sah ich nur verschwommene Gestalten. In einem Supermarkt, wohin ich sonst nie gehe, habe ich eingekauft. Seitdem ich sie gesehen habe, kaufe ich nur noch in Supermärkten. In kleineren Läden blicken einen die Menschen an, und man muß manchmal etwas sagen; in einem großen Supermarkt braucht man nicht einmal an der Kasse zu reden.

Irgendwo schreibt Nietzsche: »Wer ist denn je allein?« Wahrheitsgemäß kann ich sagen: Ich, zum erstenmal in meinem Leben. In aller Seelenruhe lasse ich Menschen, die klingeln, draußen stehen, und ich besuche niemanden mehr. Die einzige, mit der ich noch ab und zu spreche, am Telefon, ist meine Mutter.
 Niemals hätte ich mir vorstellen können, daß man so wunderbar glücklich wird, wenn man immer allein ist. Es ist, als entdeckte ich zum erstenmal, daß ich ein »Selbst« habe, daß ich, mir selbst überlassen, immer gutgelaunt bin, daß ich sehr gut ohne andere Menschen leben kann. Das einzige, was ich schon jetzt merke, ist, wie menschenscheu ich werde. Wenn ich in einem Laden angesprochen werde, flüstere ich zurück und wage nicht, den anderen anzusehen. Aber es stimmt, wenn Nietzsche von »jenem verfeinerten Gefühl, welches Einsamkeit heißt« spricht.

Am späten Nachmittag, es war schon dunkel, der Nebel war dichter geworden und schien auf den letzten Befehl zu warten, sich in Regen auflösen zu dürfen, ging ich durch eine kleine Straße, in der ein Optiker seinen Laden hat. Durch die Schaufensterscheibe strahlte Licht nach draußen, und auf der erleuchteten

Scheibe war ein großes Plakat angebracht, auf dem stand, daß man für ein Kind, wenn es eine Brille trägt, eine Versicherung abschließen kann. Warum schnitt mir das in die Seele?

Ein Stück weiter war eine Boutique, im Schaufenster hing ein wunderbarer grauer Mohairpullover, der 250 Gulden kostete. Nie, dachte ich, brauche ich eine Versicherung abzuschließen, ich brauche nicht einmal eine Brille für meinen Sohn zu kaufen, denn auf dem Gemälde trägt er ja keine Brille. Also ging ich hinein. Sofort kam eine schon etwas ältere Frau in einer schwarzen Lederhose, die in weißen hochhackigen Stiefeln steckte, hinter dem Ladentisch hervor. Sie hatte sich lächerlich lange künstliche Wimpern angeklebt, und ihre Augenlider waren grünlich geschminkt, mit goldenen Fünkchen darauf. Ihre klauenartigen Nägel waren so lang, daß sie den Pullover kaum aus dem Schaufenster nehmen konnte. Im Dunkeln schien es, als wären sie schwarz lackiert, aber als sie ans Schaufenster trat, sah ich zu meiner Beruhigung, daß sie sie blutrot lackiert hatte. Warum habe ich noch nie das Verlangen gehabt, mich so zu schmücken? Und warum dachte ich, als ich den Pullover anprobierte, ich muß mich auch einmal so zurechtmachen? Der Pullover stand mir großartig; sie war sehr zufrieden, als ich ihn kaufte, und ich hätte gern gefragt: Kannst du mir erklären, warum du so herumläufst? Vielleicht hätte ich dann endlich etwas mehr von Jenny verstanden, und dadurch auch mehr von Thomas und von dem, was sich im Labor abgespielt hat?

Sie bot mir eine Tasse Tee an, und während sie mir einschenkte, sah ich, wieviel Mühe ihr die einfachsten Handgriffe bereiteten, weil diese langen Nägel ihr immer im Weg waren. Da dachte ich: Jenny kann sie also auch abgeschnitten haben, weil sie ihre Hände für die alltäglichsten Dinge wieder frei haben wollte. Oh, aber sie ist ja tot, das ist ja nun auch egal.

Den Pullover behielt ich an, als ich nach Hause ging. Nachdem ich die Haustür geöffnet hatte, sah ich, daß dort eine Karte lag. Nächsten Monat wird der Prozeß beginnen.

4

Der Prozeß

Zuerst wagte ich nicht, ihn richtig anzusehen. Aber er suchte mich mit den Augen; ich konnte es nicht übers Herz bringen, ihm nicht heimlich zuzuwinken. Er war nicht bleicher oder magerer als sonst. Er lächelte mich an, und währenddessen kam sein Rechtsanwalt zu mir und sagte: »Von mir aus können Sie sich ruhig einen Augenblick mit Ihrem Mann unterhalten, aber ich denke, Sie sollten es besser nicht tun. Er würde vielleicht so durcheinandergeraten, daß es dem Prozeß schaden könnte. Aber machen Sie sich keine Sorgen, wir bekommen ihn frei, sie haben keine Beweise, zumal noch immer keine Spur von der verschwundenen Dame gefunden worden ist«, und danach spazierte er zurück zu dem armseligen Gitter, hinter dem er geduldig in seinen Akten zu blättern begann.

Im Saal war diffuses Raunen zu hören. Die Sonne schien auf die hohe Wand aus rotem Backstein. »Schönes Mauerwerk heißt das«, murmelte ich und wunderte mich darüber, daß ich nur an solche Dinge denken und nur die Sonnenflecken auf der Wand anblicken konnte und das Porträt der Königin, das im Schatten hing. Und jeder Wolke, die friedlich an den hohen Fenstern vorbeisegelte, folgte ich aufmerksam mit den Augen, mich daran erinnernd, was ich so oft gedacht hatte: Eine Wolke, die über den Himmel zieht, siehst du niemals wieder. Daher darfst du eigentlich keine einzige Wolke versäumen; eine Wolke, die du übersiehst, wirst du nie mehr zu Gesicht bekommen.

Der Gerichtsdiener kündigte das Gericht an. Wie bei einem Gottesdienst standen die Anwesenden auf. Rechts in der hohen Backsteinwand öffnete sich eine Tür. Fünf in Roben gehüllte Richter kamen herein, und es wunderte mich, daß sie überhaupt nicht würdig dahinschritten, sondern schnell, ja zum Teil im Trab, zu ihren Plätzen eilten. Eine Frau war dabei. Es ertönte ein Hammerschlag. Papier raschelte. Die Sitzung war eröffnet. Der Staatsanwalt hatte das Wort. Der Richter an der Ecke des Tisches stand auf, rückte sein weißes Beffchen zurecht und begann, die Anklage zu verlesen. Es war fast nicht möglich, ihn zu verstehen; der Schwall seiner Worte glich dem Rumpeln einer Untergrundbahn. Nur ab und zu fing ich ein paar Worte auf: »... die Hand im Spiel gehabt in der seit der Nacht vom 31. Juli auf den 1. August spurlos verschwundenen Jenny Fortuyn ...« (Und ich dachte: Aber das ist doch nicht gut formuliert?), und danach war wieder lange nur sein eintöniges Gemurmel zu hören. Am Ende wußte ich nicht einmal, ob ihm Mord oder Totschlag zur Last gelegt wurde, und als ich wieder die über die bernsteinrote Wand kriechenden Sonnenflekken ansah, freute ich mich irgendwie darüber, daß es in meiner Macht stand, diesem unwürdigen Schauspiel augenblicklich ein Ende zu bereiten. Ich brauchte nur aufzuspringen und zu rufen: »Ich weiß, wo Jenny Fortuyn ist«, und die Sitzung würde vertagt werden. Sie würden von vorn anfangen müssen. Aber natürlich tat ich das nicht. Sobald ich das rufen würde, wäre es um meine Macht geschehen, hätte ich alles aus der Hand gegeben. Und außerdem würde ich dann Thomas verraten. Er saß ruhig und unschuldig da, auch in dem Augenblick, als ich den Staatsanwalt wieder verstand: »... zur Last gelegt, daß er gegen Ende Juli diverse wertvolle Arzneimittel, Drogen und andere pharmazeutische Präparate – eine Liste liegt dem Gericht vor – im Wert von mindestens zweihundertfünfzigtausend Gulden entwendet hat ...«

Verständnislos starrte ich den bereits wieder wie ein Gebirgsbach murmelnden Staatsanwalt an. Thomas soll deren eigene Drogen gestohlen haben? Wie konnten sie das auch nur einen einzigen Augenblick glauben? Nie hat er in all den Jahren, in denen er im Labor arbeitete, auch nur das billigste Schmerzmittel oder auch nur eine Prise Kokain mitgenommen. Oft genug hat er zu mir gesagt: »Bei uns liegen in den Schränken und im Kühlschrank und im Tiefkühlraum Sachen für Zehntausende von Gulden. Jedem Drogenhändler würde das Wasser schon allein bei ihrem Anblick im Munde zusammenlaufen.« Nur Thomas und sein Professor hatten einen Schlüssel zu dem Raum, in dem alles aufbewahrt wurde. Wenn jetzt etwas verschwunden war, lag es auf der Hand, an Thomas zu denken, Thomas, der seinen Schlüssel immer sorglos im Portemonnaie bei sich trug. Aber warum sollte er jetzt auf einmal so viele Drogen gestohlen haben? Um mit dem Geld und mit Jenny durchzubrennen, wenn er freigesprochen wird, dachte ich, und ich hielt mich an der Stuhllehne vor mir fest und dachte: Sie ist untergetaucht, bis er entlassen wird, und dann gehen sie zusammen ..., und dann dachte ich erleichtert: Nein, natürlich nicht, sie ist tot, Gott sei Dank, sie ist tot, und fast dankbar schaute ich den noch immer ruhigen, nicht allzu bleichen Thomas an, und ich fühlte mich mitschuldig und wußte, daß ich es schon längst war, weil ich in all den Jahren oftmals sehr eifersüchtig gewesen war und Thomas schon dadurch in die Enge getrieben hatte, so daß ihm nichts anderes übrigblieb als sie ...

Aber die Drogen, nein, das verstehe ich nicht. Einen Augenblick lang stockte mir der Atem, wieder hörte ich Ariannes Stimme: »Was war das Besondere an deinem Mann, daß es sich lohnte, ihm mehr als eine Woche lang etwas vorzuspiegeln?«, und darauf hatte ich unbeschreiblicher Dummkopf geantwortet: »Er hat nichts Besonderes.« Aber er hatte Zugang zu Drogen, oh, daß ich das hatte übersehen können, wie wahr, was Nietzsche sagt: »... daß die allernächsten Dinge von den meisten sehr schlecht gesehen werden, sehr selten beachtet werden.« Also das war es, und daher hatte sie ..., und als er entdeckte, daß sie nur daran interessiert war, hatte er sie zuerst hereingelockt, indem er sie draußen auf dem Bürgersteig noch einmal daran erinnerte, wie leicht er an Drogen kommen konnte, und sie dann beim Anblick dessen, worauf sie es abgesehen hatte, umgebracht, auch aus Rache, weil es ihr allein darum ging. Nun paßte alles zusammen!

Das Gemurmel hörte auf. Der Staatsanwalt setzte sich wieder. Thomas wurde nach vorn gerufen, und ich hörte seine ruhige Stimme, als er seinen Namen sagte, und es war, als stünde ich dort und die fünf Richter am Tisch seien fünf Gynäkologen. Wenn sie weiße Kittel tragen würden, gäbe es keinen Unterschied zwischen den Richtern und den Ärzten, die ich in jener dunklen Woche konsultiert hatte.

Ein letzter Brummer kreiste schläfrig durch den hohen Raum, und ich gab mich seinem trägen Summen hin, solange sie Thomas verhörten. Ihn konnte man wenigstens verstehen, und doch verstand ich ihn nicht, hörte ihn immer nur sagen: »Herr Vorsitzender«, und ich dachte: Gut, daß er immer einen so freundlichen, einnehmenden Eindruck macht, es hat doch Vorteile, daß er schüchtern und bescheiden und gutmütig ist. Dann fragte der Vorsitzende, ob er Jenny ermordet hätte, und Thomas sagte so ruhig »Nein«, daß sogar ich ihm, wider besseres Wissen, glaubte, und der Vorsitzende fragte ihn, ob er denn wisse, wo sie sei, und wieder erklang das kristallklare »Nein« wie ein reiner Ton zu dem trägen Summen des Brummers, und danach fragte der Vorsitzende, ob er all die Pharmaka entwendet hätte, und wieder war die Antwort »Nein«, aber sie verlor sich jetzt im Raum, weil der Brummer sich auf dem Tisch niedergelassen hatte, an dem die fünf Richter saßen.

Die Zeugen wurden einer nach dem anderen aufgerufen und verhört. Immer wieder erklang der Eid im Gerichtssaal, und der Brummer spazierte zwischen den Akten umher, und die einzige Frau in Robe schlug mit einer grünen Mappe nach ihm, und für einen Moment flog er auf, mit zornigem Summen, und wanderte dann gelassen von Akte zu Akte, als wolle er persönlich feststellen, daß alles, was darin stand, nicht mit der Wirklichkeit übereinstimmte.

Zuerst wurde Lambert verhört. Hier, in diesem Saal, war er nichts weiter als ein untergeordneter Polizeibeamter. Gleichwohl machte seine Größe Eindruck. Von hoch oben kam alles herab, was er zu sagen hatte, dennoch war es für mich nichts Neues, außer natürlich, daß Drogen gestohlen worden waren. Aber dazu konnte er nichts weiter beitragen, außer daß es für ihn ein zusätzliches Mordmotiv zu sein schien. Jenny habe seiner Meinung nach von dem Diebstahl gewußt. Sie habe diese Drogen vielleicht sogar selbst verkauft. Schließlich kannte sie in weitem Umkreis alle Drogenhändler. Sicher, berichtete er auf eine Frage des Vorsitzenden, er habe alle in Frage kommenden Drogenhändler verhört, aber, leider, ohne Resultat.

»Das sagt jedoch nichts«, sagte er, »wenn sie diese Drogen in kleinen Mengen hier und da angeboten oder selbst verkauft hat, muß man zufällig auf die richtigen Händler stoßen, und selbst dann bleibt die Frage, ob die reden wollen. Der einzige Anhaltspunkt in diesem Fall ist, daß es sich außer um Heroin und Kokain auch um andere wertvolle Präparate wie Skopolamine und diverse Amphetamine handelte. Die bekommt man nicht jeden Tag angeboten, also müßten sie sich daran erinnern. Desto mehr ein Grund zu schweigen.«

»Aber was hat der Angeklagte dann mit dem Geld gemacht?«

»Er hat das Geld niemals in die Hand bekommen, Herr Vorsitzender, sie hat alles kassiert. Sie hat sich zweifellos absichtlich an ihn herangemacht, um Zugang zu dem Vorrat an Drogen im Labor zu bekommen, und er hat sich von ihr benutzen lassen.«

»Aber was hat sie dann mit dem Geld gemacht?«

»Ja, wenn ich das wüßte ...«

»Aber es handelt sich nicht um kleine Beträge, und trotzdem ist nichts davon gefunden worden.«

»Darüber weiß ich leider nichts, Herr Vorsitzender, ich nehme an – und ich denke, das ist richtig –, daß sie nicht mehr dazu gekommen ist, auch nur einen Teil davon auszugeben. Es muß irgendwo versteckt oder zur Aufbewahrung gegeben worden sein – nun, dahinter kommen wir schon noch.«

»Also Sie denken, daß dieses Mädchen in ungefähr einer Woche – solange dauerte das Verhältnis zwischen dem Angeklagten und ihr, wenn wir richtig informiert sind – gemeinsam mit dem Angeklagten die Schränke im Labor leergeräumt und danach alles so schnell wie möglich in den Handel gebracht hat?«

»Ja, das denke ich, Herr Vorsitzender, und ich denke außerdem, daß der Angeklagte, als er entdeckte, daß er mißbraucht wurde, sie auch deshalb ...«

»Das sind aber nur Vermutungen.«

»Sicher, Herr Vorsitzender, aber es sind Vermutungen, die alles erklären.«

»Hat noch jemand eine Frage an Herrn Lambert?«

Der flinke, eifrige Rechtsanwalt, der mir vor Beginn des Prozesses Mut gemacht hatte, sprang auf und fragte: »Wie erklären Sie sich, daß der Angeklagte, der noch niemals etwas von dem Drogenvorrat in seinem Labor entwendet hat, jetzt auf einmal tatenlos zusieht, wie alles, was sie haben, verschwindet?«

»Das erkläre ich aus der Tatsache, daß er verrückt nach ihr war. Er hätte ihr die Sterne vom Himmel geholt, wenn sie ihn darum gebeten hätte.«

Tief atmete ich ein. Ich hörte den Brummer wieder. Die Sonne brannte auf den roten Backstein. Von draußen klang Verkehrslärm herein, Fahrradklingeln, eine Straßenbahn, die in den Kurven quietschte, und in meinen Ohren hallte es wider »verrückt nach ihr, verrückt nach ihr«, bis der Rechtsanwalt, den ich hätte umarmen mögen, sagte: »Hm, das ist reichlich klischeehaft ausgedrückt.«

Einen Augenblick blätterte er in seinen Akten, hüpfte dann wie ein Gelbschnabel hin und her und fragte: »Aber wenn er verrückt nach ihr war, wie Sie es auszudrücken beliebten, ist es doch sehr unwahrscheinlich, daß er sie umgebracht hat.«

»O nein, gerade deshalb, ich kenne das Mädchen schon länger ...«

Lambert holte einmal tief Luft, und ich sah, wie sein langer Rücken plötzlich aus dem Gleichgewicht geriet und sich hin und her bewegte wie Springkraut in einer frischen Brise, aber er hatte sich schnell wieder in der Gewalt und sagte: »Ich habe, da ich eigentlich für den Rauschgifthandel zuständig bin, wiederholt zu diesem Mädchen Kontakt gehabt, und auch zu ihren Opfern, und ich weiß ... ich kann Ihnen sagen, daß sie etwas hat oder hatte, muß ich vielleicht sagen, was die Männer betörte. Ich verstehe nicht soviel von diesen Dingen, aber vielleicht haben Sie zufällig den Film gesehen mit Brigitte Bardot in der Hauptrolle, warten Sie, jetzt fällt mir der Titel gerade nicht ein, war es nicht *En cas de malheur*, oder hieß nur das Buch so, wonach der Film gedreht wurde, *enfin* ... so ein Mädchen war das, und wenn so ein Mädchen einen Mann abweist, nachdem es ihm erst den Kopf verdreht ... und daß sie das getan hat, ist nicht nur eine Vermutung von mir, das werden Sie schon merken, wenn die Studenten, die in der bewußten Nacht aus dem Pardoeza kamen, jetzt gleich verhört werden, kurz, wenn so ein Mädchen einem Mann den Laufpaß gibt, ist er zu allem imstande.«

Während ich ihm voller Staunen zuhörte und wieder die beinahe chinesische Konfiguration in der Teetasse auf dem Dachboden vor mir sah, wußte ich, daß er über sich selber sprach, daß er selbst einmal »den Laufpaß bekommen hat«, obwohl er mit ihr im Bett gewesen war. Denn er war zweifelsohne der »mir bis dahin unbekannte Mann«. »Den habe ich auch schon gehabt.« Mir wurde ganz schwindlig von all den Gedanken, die in mir aufstiegen; Lambert war viel direkter und persönlicher in die Sache involviert, als ich in der ganzen Zeit gewußt hatte, und das bedeutete ... ja, was bedeutete das?

Ich zwang mich, ihm weiter zuzuhören. Er hatte bestimmt noch mehr zu erzählen. Aber er sagte nur, was ich mir auch schon vorgestellt hatte: »Er hat sie in der Gasse abgepaßt, und als sie kam, hat er seinen letzten Trumpf ausgespielt, um sie, nach der Zurückweisung, doch noch mitzubekommen. Im Labor, hat er gesagt, habe ich noch einen geheimen Vorrat an Kokain aufbewahrt ... oder was weiß ich, was er genannt hat, und da ist sie mitgegangen.« (Ich sah den Jungen mit den Springerstiefeln vor mir, und ich hörte ihn wieder sagen: »Die geht mit jedem Kerl in die Kiste, der ihr auch nur ein bißchen Kokain zu schnupfen gibt.«)

Wie verblüffend plausibel das klang, und dennoch saß Thomas ruhig da im Schatten, und der aufrecht stehende Lambert war groß genug, um mit seinem schwarzen, nach hinten gekämmten Haar bis zur untersten Bahn des Sonnenlichtes zu reichen. Dadurch schien es, als habe sich der obere Teil seines Kopfes von dem Rest seines Körpers getrennt. Als er seinen Kopf aus dem Licht wendete, begannen die Zuhörer im Saal zu murmeln. Schräg hinter mir saßen alle, denen ich im Frauenhaus begegnet war; Arianne war auch dabei. Sie redeten laut miteinander, und selbst als der Vorsitzende ein paarmal mit seinem Holzhammer nachdrücklich auf den Tisch schlug, flüsterten sie noch weiter, und ich dachte: Ja, sie müssen natürlich alles sofort evaluieren. Daß es Mädchen und Frauen gibt, vor denen Männer auf den Knien rutschen oder für sie sogar ganze Königreiche erobern oder diese, im Gegenteil, verschenken – wenn diese Frauen Mrs. Simpson heißen –, das paßt nicht zu ihrer Theorie, das stimmt nicht mit ihrer Vorstellung überein, daß die Frau immer Opfer ist.

Die Studenten wurden verhört. Taktlos fragte der Vorsitzende das Mädchen, ob sie ihre Liebhaber immer durch Auslosen bestimme, und im Saal wurde natürlich gelacht, und der Vorsitzende konnte der Versuchung nicht widerstehen, die Sache mit dem Geldstück bis in alle Einzelheiten zu rekonstruieren, obwohl das meiner Meinung nach unwichtig war. Aber es amüsierte die Zuhörer, und es amüsierte die Gesellschaft hinter dem Richtertisch.

Der nächste Zeuge war kleiner als Lambert, aber die Sonne war inzwischen höher gestiegen. Er mußte auch etwas in die Sonne blinzeln, und ich dachte: Vielleicht wurde der Gerichtssaal absichtlich so konstruiert, daß die Zeugen und die Angeklagten immer in der Sonne stehen und die Richter immer im Schatten sitzen.

Jedenfalls störte die Sonne Mijnheer Manchermensch überhaupt nicht. Ruhig stand er hinter dem Gitter, und ich konnte sehen, daß er seine Rolle genoß. Diesmal war ihm nicht der geringste Zweifel anzumerken.

Auf die Frage, ob er sich dessen sicher sei, daß Thomas das Labor verlassen habe, antwortete er sehr bestimmt: »Es kann niemand anders gewesen sein.«

Wieder drehte der Brummer seine Runden im staubigen Sonnenlicht, und es war, als hätte ich das alles schon einmal erlebt, vor langer Zeit schon, bis der Vorsitzende keine Fragen mehr hatte und der Verteidiger sich auf seinen kurzen Beinen erhob – war er vielleicht der letzte Sproß eines Liliputanergeschlechts? – und fragte: »Kuyper kam also aus dem Labor?«

»Ja, Meneer.«

»Und dann lief er schnell an die Ecke der Straße?«

»In der Tat, Meneer.«

»Es regnete da sehr stark?«

»Sicher.«

»Und dann?«

»Wie meinen Sie?«

»Als er um die Ecke herum war?«

Ich richtete mich auf. Was ging da vor sich? Es wurde still im Saal. Ich hörte nur noch den Brummer.

»Was hörten Sie, als er um die Ecke herum war?«

»Da hörte ich das Geräusch einer zuschlagenden Autotür.«

»Wissen Sie das genau?«

»Ja, natürlich weiß ich das genau.«

»Aber es regnete sehr stark, und es war vielleicht noch Gewitter, kann es nicht ein Donner gewesen sein?«

»Meneer, haben Sie jemals gehört, wie mitten in der Nacht eine Autotür zugeschlagen wird? Wenn es still ist, hört man das Geräusch noch Straßen weiter, und man kann sich darin überhaupt nicht täuschen, es ist so ein saugendes, dumpfes Geräusch – wwbbum –, ich bin oft genug davon aus dem Schlaf aufgeschreckt, wenn wieder so ein Ekel ... Entschuldigung, wenn irgend so ein Trunkenbold eine Autotür zuknallte.«

»Gut, also Sie hörten Schritte um die Ecke gehen und sofort darauf das Geräusch einer zuschlagenden Autotür.«

»Nicht sofort darauf. Die Schritte gingen um die Ekke, dieses Geräusch erstarb, und einige Sekunden danach erklang das Geräusch.«

»Also, dieser Mann hat zuerst selbst die Autotür geöffnet und ist dann erst eingestiegen. Die Autotür wurde nicht schon für ihn aufgehalten?«

»Nein, bestimmt nicht, denn gleich darauf fuhr das Auto weg und kam die Seitenstraße entlang, in der das Labor liegt, und in dem Moment lieferte das Gewitter noch einen Blitz dazu, also ich konnte alles phantastisch gut sehen, nein, er saß völlig allein im Auto.«

»Haben Sie das Nummernschild gesehen?«

»Nein, das war nicht möglich, dazu ging es zu schnell.«

»Wissen Sie bestimmt, daß der Mann im Auto derselbe war wie der Mann, der aus dem Labor lief?«

»Meneer, nun müssen Sie mal aufhören, diese selbstverständlichen Fragen zu stellen. Natürlich war es derselbe Mann; ich sehe diesen Mann, er läuft weg, er geht um die Ecke, ich höre seine Schritte, plötzlich ist das Geräusch weg, und ein paar Sekunden später knallt die Tür zu. Der Mann in dem Auto muß derselbe gewesen sein wie Kuyper, natürlich, geht gar nicht anders. Nun, warten Sie, ich weiß es absolut sicher, der Mann in dem Auto trug denselben Regenmantel und hatte dasselbe angeklebte Haar wie der Mann, der aus dem Gebäude kam.«

»Gut, gut, ich glaube Ihnen schon, aber wissen Sie, was die Schwierigkeit ist: Mein Klient hat nicht nur überhaupt kein Auto, er hat auch keinen Führerschein und hat noch nie am Steuer gesessen.«

Sogar an seinem Hinterkopf konnte ich sehen, daß der Unterkiefer des alten Mannes langsam nach unten fiel. Auch ich war verblüfft, und ich dachte: Dumm, warum hast du das nicht gefragt, als du bei ihm zu Besuch warst, merkst du, daß du Dinge, die auf der Hand liegen, übersehen hast.

Vorsichtig schloß der alte Mann den Mund und öffnete ihn erst wieder, um zu bemerken: »Versuchen Sie mich reinzulegen, Meneer?«

Große Heiterkeit im Saal, ein hämmernder Vorsitzender, und über alle Geräusche hinweg die Stimme des Verteidigers: »Nein, nein, keineswegs, ich mache Sie nur darauf aufmerksam, daß der Mann am Steuer dieses Autos nicht Kuyper gewesen sein kann.«

»Dann saß vielleicht doch noch ...«

»Aber Sie sagten soeben, daß er allein im Auto saß.«

»Nun ja, allein, es ging so schnell, das Auto war husch vorbei, es kann gut noch jemand drin gesessen haben.«

»Gerade eben wußten Sie aber mit absoluter Sicherheit, daß der Mann allein im Auto saß. Sogar ein Blitz wurde noch dazu geliefert, um Ihnen zu helfen, daß Sie es gut sehen konnten.«

»Ja, aber da wußte ich noch nicht, daß er (mit seinem von der Sonne beschienenen Kopf nickte er in Thomas' Richtung) keinen Führerschein hat ... nun ja, woher auch, ich habe ihn doch oft genug in einem Auto ankommen sehen. Oder etwa nicht?«

»Nein, niemals, er konnte nicht fahren, so einfach ist das. Aber sollte nicht doch noch eine Frau in dem Auto gesessen haben können?«

»Meneer, ich sage nichts mehr«, sagte der alte Mann, »heutzutage hat jeder einen Führerschein, selbst der dümmste Halunke, sogar Frauen haben oft einen, machen Sie mir jetzt nicht weis, daß Meneer da keinen hat, das ist doch unmöglich, er verdiente doch genug, um sich ein Auto leisten zu können, und er hatte eins, das weiß ich bestimmt, er hatte so einen weißen SAAB, so ein zweitüriges Modell, nun ja, vielleicht doch nicht, was weiß ich, ist das eine Art, einen alten Mann zum Narren zu halten.«

»Setzen Sie sich nur wieder«, sagte der Vorsitzende.

Murmelnd entfernte sich der alte Mann. Über den Saal legte sich Stille. Lambert zog an seinem Schlips und blies die Wangen auf. Dann schaute er mich auf einmal durchdringend an, und es war, als läse ich auf die Entfernung die Frage in seinen Augen: »Hast du einen Führerschein?« Und ich lächelte ihn an, nickte ein paarmal, und man konnte sehen, daß er aufstehen und durch den Saal rufen wollte: »Seine Frau hat einen Führerschein, sie kann am Steuer dieses Autos gesessen haben.« Aber er hielt natürlich den Mund. Die fünf Robenträger am Richtertisch sahen sich an und flüsterten miteinander, und danach schienen sie nicht mehr zu wissen, wie es weitergehen sollte. Die Sonne brannte auf den roten Backstein. Der Verteidiger fuhr sich mit der Hand durch sein komisches rotes Kraushaar, und Thomas lächelte. Der Brummer ließ sich auf dem Porträt der Königin nieder und lief über ihre Augen. Ich konnte es ziemlich genau sehen, weil ich – etwas, was ich sonst fast nie mache – meine Brille aufgesetzt hatte. Nicht um besser sehen zu können, sondern um mich in diesem unerbittlichen Gerichtssaal irgendwie abzuschirmen.

Immer wieder blickte ich Thomas an und dachte: Wenn es Thomas nicht war, wer denn dann? Jemand, der aussah wie Thomas? Aber das half mir nicht weiter. So viele Männer, soweit sie nicht kahlköpfig waren, ähnelten Thomas. Wer konnte das gewesen sein?

Die Stille summte. Noch immer flüsterten sie am Richtertisch miteinander. Sie schrieben irgend etwas auf und überlegten dann weiter. Es war, als ob sie gemeinsam ein Kreuzworträtsel lösten. Nach verzweifeltem Wühlen in seinen Papieren rief der Vorsitzende den nächsten Zeugen auf. Es war der Chef von Thomas, Professor für Pharmakologie, und als ich ihn, hinter seinem Bauch her, nach vorn kommen sah, mußte ich laut lachen. Ich erschrak, schlug mir mit der Hand auf den Mund, aber er hatte es gehört und schaute wütend kurz in meine Richtung, und ich dachte: Herr Vorsitzender, der Zeuge ist parteiisch, den dürfen Sie nicht aufrufen, der ist rachsüchtig, und das ist meine Schuld.

Wieder sah ich alle diese Dia-Abende vor mir, wieder sah ich seine Frau auf hohen Brücken stehen und winken, wieder hörte ich Thomas auf dem Nachhauseweg sagen: »Es wäre gar nicht so schlimm, wenn sie nicht immer mit drauf wäre«, und ich hörte mich wieder antworten: »Ja, aber er muß doch beweisen, daß er weit weggewesen ist.« Einmal hatte Thomas gesagt: »Wann hört das jemals auf?« Und ich hatte geantwortet: »Wir machen eine Gegeneinladung, und dann zeigen wir Dias«, und das taten wir, und ich zeigte ihnen Dias, und sie haben angestrengt geraten, in welcher Stadt ich sie gemacht haben könnte. Nürnberg, Bern, Berlin, Edinburgh, Funchal, Palma de Mallorca – die Namen aller großen Städte waren erklungen, und immer hatte sie, die immer auf irgendwelchen Brücken stand, gesagt: »Wie hast du das wunderbar fotografiert, Leonie«, und nach dem letzten Dia fragten sie: »Wo war das nun«, und ich sagte: »Hier.« »Was hier?« sagten sie, und ich antwortete: »Ich habe alle Dias hier vor Ort gemacht. Findet ihr das nicht witzig?« Aber sie fanden es nicht witzig, sie verschwanden danach ziemlich schnell und fast grußlos. »Daß du das gewagt hast«, sagte Thomas später. »Ach«, erwiderte ich, »die Menschen sehen nichts, und Menschen, die viel auf Reisen gehen, haben ganz einfach Sand in den Augen, die sehen überhaupt nichts. Wenn sie etwas sehen würden, brauchten sie nicht unbedingt auf Reisen zu gehen, dann würde es ihnen reichen, zu Hause zu bleiben und den Wolken zuzuschauen. Keine zwei Wolken...«

»Ja, ja, das weiß ich allmählich«, hatte Thomas gesagt, »aber du hättest das nicht tun sollen. Nietzsche sagt irgendwo: ›Was ist dir das Menschlichste? – Jemandem Scham ersparen.‹«

»Ach, Angsthase, du willst ihnen nur ihre Scham ersparen, weil du es so unangenehm findest, daß du ihm morgen wieder unter die Augen treten mußt.«

»Ja, aber du mußt morgen auch nicht mit ihm zu einer Konferenz der Arbeitsgemeinschaft.«

»Du wirst sehen, daß er morgen viel freundlicher sein wird als sonst. Du mußt ihn dir nicht so krampfhaft warmhalten wollen. Wenn du jedermanns Freund sein willst, dann machst du dir erst Feinde! Und paß auf, er wird uns nie wieder zu einem Dia-Abend einladen.«

Wir wurden nie wieder zu einem Dia-Abend eingeladen. Allerdings wurde Thomas zum Wissenschaftlichen Rat befördert.

Und nun stand er dort, zu klein, um mit seinen dunklen Locken an die Sonnenstrahlen heranzureichen, und er legte den Eid ab mit den Fingern im rechten Winkel und erklärte dann, daß Thomas immer ein ganz besonders respektierter und wertvoller Mitarbeiter gewesen sei. Dann fragte der Vorsitzende, ob er es für wahrscheinlich halte, daß Thomas' hungrige Ratten die Leiche dieses Mädchens verschlungen hätten, und er sagte: »Sie würden sie sicher angefressen haben, Herr Vorsitzender, aber es wären unbedingt immer Reste übriggeblieben und Blut und ein ekliger Geruch. Alex war vermutlich der erste, der morgens hereinkam, und er hat, wie Sie selbst gehört haben, nichts gesehen. Es ist meiner Meinung nach absolut ausgeschlossen, daß die zweihundert Tiere sie aufgefressen haben, ohne das geringste übrigzulassen. Ja, ausgeschlossen.«

Die Journalisten schrieben. Der Vorsitzende fragte:

»Aber wenn nun tatsächlich ein Verbrechen in Ihrem Labor begangen worden sein sollte, und wenn der Täter die Leiche nun hätte beseitigen müssen, gäbe es dann in einem so großen Institut mit so vielen Abteilungen wie dem Ihren, das außerdem noch mit anderen Labors verbunden ist, nicht eine Vielzahl an Möglichkeiten, eine Leiche zu verstecken oder sie verschwinden zu lassen?«

Aufmerksam beugte ich mich vor. Tief atmete ich durch; ich wußte, daß ich all das besser vermeiden sollte, aber es war nicht möglich. Der Professor zögerte einen Augenblick, sagte dann: »Sicher, diese Möglichkeiten gibt es, aber ich würde eine solche Leiche niemals verstecken, es gibt bessere Möglichkeiten.«

»Welche denn?«

»Nun, sehen Sie, um es vorweg zu sagen, ich würde bestimmt keinen Mord begehen. Man betäubt sein Opfer mit einem chloroformgetränkten Wattebausch. Chloroform haben wir mehr als genug im Haus. Dann spritzt man ein Fixativ, Nembutal oder Formaldehyd. Ich persönlich würde Nembutal vorziehen, aber vielleicht kann man bei Formaldehyd die Dosis, die man braucht, etwas leichter bestimmen. Hat man das Fixativ einmal in die unterste Hohlvene gespritzt, entfernt man sich für eine Weile. Der Körper zeigt dann Konvulsionen, und das ist kein angenehmer Anblick. Nach einer halben Stunde schaut man wieder nach; wenn man die richtige Dosis gespritzt hat, ist inzwischen alles Blut geronnen, und man kann die Leiche, ohne daß noch weiteres Blut herausfließt, mit Hilfe von Scheren,

Messern, Makro- oder meinetwegen Mikrotomen aus der Abteilung Histologie in große oder kleine Stücke zerschneiden. Dann würde ich die Stücke in den Kühlraum legen, damit die Knochen brüchig werden. Und später kann man sie dann in dünne Scheiben schneiden. Sie würden aussehen wie saure Sülze. Man muß die Stücke natürlich gut im Kühlraum verstecken, aber das ist wirklich nicht schwierig. Man könnte sie auch zusammen mit den Resten von Tieren, die aus der Morphologie stammen, wegschaffen, aber ich würde die Methode mit der sauren Sülze vorziehen.«

»Könnte es so gemacht worden sein?«

»Was soll ich dazu nun sagen? Dafür gibt es doch keinen einzigen Beweis?«

»Nein, aber so wie Sie es beschreiben, würde auch kein Beweis gefunden werden.«

»Ja, das ist wahr, und einem so sorgfältigen Menschen wie Thomas würde ich eine so schwierige Arbeit auch anvertrauen, ich würde ohne weiteres erwarten, daß er sie fehlerlos ausführen würde.«

(Thomas sorgfältig? Warum hatte ich davon noch nie etwas gemerkt?)

»Sie halten es also nicht für unwahrscheinlich...«

»Nein, ich halte es nicht für ausgeschlossen...«

Da war das Wort wieder. Und er konnte es mit seiner autoritären Krächzstimme so bestimmt aussprechen, daß es sich wirklich anhörte, als sei nichts wahrscheinlicher. Erst als das soviel weniger gefährliche Verhör über die verschwundenen Pharmaka begann, konnte ich mich endlich wieder entspannt zurücklehnen.

»Nur Kuyper und Sie besaßen einen Schlüssel zu dem Raum, in dem die Schränke und der Kühlschrank standen, worin Ihr ganzes Material aufbewahrt wurde?«

»Jawohl.«

»Und es gibt keinen einzigen Grund zur Annahme, der Raum könnte so aufgebrochen worden sein, daß später keine Spuren davon mehr zu sehen waren?«

»Ausgeschlossen, Herr Vorsitzender, davon hätten wir jederzeit etwas gemerkt.«

»Wann haben Sie entdeckt, daß die Schränke und der Kühlschrank leer waren?«

»Gleich nachdem ich von einem Kongreß zurück war.«

»Wann war das?«

»Ende vorigen Monats.«

»Kuyper ist Anfang September verhaftet worden. Danach kann er die Drogen unmöglich gestohlen haben. Also muß es davor geschehen sein. Sind Sie von Mitte September bis Ende November nicht mehr in diesem Raum gewesen?«

»So ist es, Herr Vorsitzender.«

»Aber, wenn ich recht verstehe, befanden sich außergewöhnlich wertvolle Medikamente und Drogen in diesem Raum. Lassen Sie ihn denn so lange ohne irgendeine Kontrolle?«

»Bisher ist das auch oft so gewesen, und es ist immer gutgegangen.«

»Wann haben Sie den Vorrat, abgesehen von dem einen Mal, als sie entdeckten, daß alles weg war, zum letztenmal kontrolliert?«

»Anfang August, glaube ich.«

»Also in den Monaten August, September, Oktober und November hat der ganze Vorrat dort de facto unbeaufsichtigt gelegen?«

»Nicht im August, denn da war Kuyper noch da, und danach auch nicht, denn da war schon alles weg.«

»Gut, gut, aber wenn er Anfang September noch nicht weg war, kann er die ganze Zeit danach weggekommen sein. Auf diese Weise kennen wir also den genauen Zeitpunkt nicht, an dem das eine oder andere verschwunden ist. Es ist natürlich Ihre Angelegenheit, wie Sie Ihre kostbaren Pharmaka aufbewahren, aber unserer Ansicht nach ist es zumindest befremdlich, daß etwas, das, wie sich nun erweist, eine viertel Million wert ist, solange irgendwo gelagert oder eben gerade nicht gelagert werden kann, ohne daß irgend jemand das kontrolliert. Wurde denn in der ganzen Zeit nichts davon gebraucht?«

»Eh, nein, es war unser Vorrat, sehen Sie, wir ... um es kurz zu machen, wir erhalten pro Jahr einen bestimmten Betrag, um Pharmaka für unsere Forschung anzuschaffen. Geben wir diesen Betrag nicht aus, oder nur zur Hälfte oder so, dann erhalten wir im darauffolgenden Jahr weniger. Also kaufen wir besonders viel ein, wir haben aus Gründen des Budgets bereits jahrelang sehr viel eingekauft.«

»Also, Sie kauften nur, um das Geld auszugeben?«

»Ja, so könnte man das sagen, so machen es alle an der Universität. Man erhält für Apparaturen und Pharmaka in jedem Folgejahr denselben Betrag, den man im Vorjahr ausgegeben hat, plus noch einmal zehn Prozent. Daher stehen überall ausgesprochen teure Apparate herum, die niemand gebraucht und die nur wegen des Budgets gekauft wurden. Wir haben, was das betrifft, etwas viel Vernünftigeres getan, wir haben unser ganzes Geld in Pharmaka investiert.«

»Die jetzt also weg sind.«

»Ja, aber wer hätte das vorhersehen können?«

»Eines ist mir noch nicht klar, Herr Professor, Sie sind also von Anfang August bis Ende November weggewesen?«

»Jawohl.«

»Aber was haben Sie denn getan?«

»Einen Kongreß besucht, eine Studienreise zu verschiedenen wissenschaftlichen Einrichtungen im Ausland gemacht und noch ein paar Urlaubstage genommen.«

»Sie sind vier Monate fortgewesen!«

»Das stimmt.«

»Möchten Sie noch etwas sagen? Denken Sie, daß Sie noch etwas wissen, das irgendein Licht auf diese merkwürdige Angelegenheit werfen kann?«

»Nein, ich glaube nicht.«

»Dann noch eine letzte Frage: Halten Sie es für möglich, daß der Angeklagte das, was ihm zur Last gelegt wird, begangen hat? Sie kennen ihn schließlich schon seit Jahren – was meinen Sie?«

Wie von einer Tarantel gestochen, schoß der Verteidiger auf.

»Das ist eine Suggestivfrage, das ist gegen die Prozeßordnung, das ist nicht erlaubt.«

Aber unerschütterlich antwortete Thomas' Professor: »Nein, ich halte es für ausgeschlossen, daß mein Mitarbeiter dies getan hat.«

Aber dann kam die Rache für meinen Lachanfall und für den Dia-Abend. Er sagte: »Wenn seine Frau beschuldigt würde, ja, dann würde ich es vorbehaltlos glauben.«

Und das gab vielleicht einen Tumult im Gerichtssaal! Der Verteidiger rief etwas, Thomas sprang auf, die einzige Frau am Richtertisch umarmte ihre Akten. Nur ich, auf die plötzlich aller Augen gerichtet waren, blieb seelenruhig sitzen. Ich wußte ja, warum er das sagte; ich konnte problemlos Lamberts bösartiges, schlaues Lächeln parieren. Aber schwieriger war es, den eigenartig nachdenklichen Blick, der seinem schlauen Lächeln folgte, standzuhalten. Es war deutlich, was er dachte – sie ist mitschuldig, sie hat in diesem Auto gesessen –, und gerade weil er das dachte, fiel es mir schwer zu glauben, daß er, der doch auf rätselhafte Weise in alles verwickelt war, der Mann gewesen sein sollte, der in das Auto gestiegen war. Aber wer dann? Wer dann?

Der Vorsitzende schlug mit seinem Hammer auf den Tisch, sagte: »Vielen Dank, Herr Professor, dann unterbreche ich die Sitzung. Heute nachmittag haben der Staatsanwalt und der Verteidiger das Wort.«

Was auch immer ich an diesem Nachmittag erwartet hatte: Sicher nicht, daß der Staatsanwalt seinen Strafantrag stockend von einem Blatt Papier ablesen würde, nicht, daß er so vorhersehbar sein und nichts

Neues enthalten würde, sondern nur aufgezählt wurde, was geschehen war. Ein Mädchen war nun schon gut vier Monate verschwunden. Zuletzt wurde sie am Eingang eines Labors gesehen. In diesem Labor fand man ihre Kleidung wieder. Eine auffällige Koinzidenz war, daß sich in diesem Labor zufälligerweise zweihundert Ratten befanden, die schon mehrere Tage gehungert hatten, dieselben Ratten, die nach Aussage des Tierpflegers am nächsten Morgen absolut nicht mehr hungrig waren – für deren Sättigung es keinerlei befriedigende Erklärung gab. Der Angeklagte war am Abend zuvor in Gesellschaft des Mädchens gesehen worden. In heftigem Streit waren sie nachts auseinandergegangen. Der Angeklagte war in derselben Nacht erneut in ihrer Gesellschaft gesehen worden, jetzt vor dem Eingang zum Labor. Weiterhin war bewiesen, daß der Angeklagte allein herausgekommen war. Daß der Angeklagte darauf in ein Auto gestiegen und weggefahren war, wäre an und für sich nichts Erstaunliches, wenn nicht der Angeklagte gar nicht Auto fahren könnte. Aber es war nicht auszuschließen, daß zufälligerweise im selben Augenblick jemand anders in ein Auto gestiegen und weggefahren war. Weniger wahrscheinlich war es, daß der Angeklagte einen Mitschuldigen hatte, zu dem er ins Auto hätte steigen können, denn wer sollte dieser Mitschuldige sein? Aber daß zufällig jemand anders eingestiegen war, erschien durchaus als möglich, und durch das Geräusch des startenden Motors hatte der Zeuge natürlich das Geräusch der Schritte des ganz normal weitergehenden Angeklagten nicht mehr gehört. Daß der Zeuge auch erklärte, der Angeklagte habe in dem Auto gesessen, war verständlich, aber wurde von ihm selbst später zurückgenommen. Wie sollte jemand auch in einem schnell vorbeifahrenden Auto, und dazu noch mitten in der Nacht, in einem einzigen Augenblick sehen können, ob eine durchnäßte Person am Steuer dieselbe Person war, die er soeben, ebenfalls durchnäßt, hatte vorbeigehen sehen. Auf jeden Fall konnte, sowohl aufgrund der Aussage des gegenüber wohnenden Nachbarn als auch aufgrund der Tatsache, daß die Kleidung des verschwundenen Mädchens im Labor wiedergefunden wurde, geschlossen werden, daß sie zwar hineingegangen, aber nicht wieder herausgekommen war. Was im Labor geschehen war, würde nie nachzuvollziehen sein, solange der Angeklagte es vorzog zu schweigen, aber daß es, gerade in dieser Umgebung, doch außergewöhnlich einfach war, eine Leiche völlig verschwinden zu lassen – wer sollte daran noch zweifeln wollen nach der fachkundigen Ausführung des Professors für Pharmakologie. Und was die Tatmotive betraf: Danach brauchte kaum noch gesucht zu werden, wenn man bedachte, was die Zeugen ausgesagt hatten, die das Pärchen hatten auseinandergehen sehen. Heftiger Streit, eine Zurückweisung des Angeklagten, dies noch kombiniert mit der Angst des Angeklagten, daß seine Ehefrau davon erfahren würde – das alles war mehr als genug. Allerdings müßte dies noch durch den Hinweis auf das ziemlich unklare Verschwinden der Pharmaka ergänzt werden. Aber darüber ließ sich nichts sagen, solange diese nicht gefunden wurden oder solange nicht festgestellt wurde, ob und von wem sie verkauft worden waren. In dieser Hinsicht war die Kriminalpolizei, die im übrigen vortreffliche Arbeit vorweisen konnte, leider zu tadeln. Bislang konnte nicht als bewiesen erachtet werden, daß der Angeklagte die Pharmaka entwendete, aber dabei mußte auch erwähnt werden, daß man in solchen Labors schlichtweg sorglos mit diesen sündhaft teuren, auf Kosten der Steuerzahler angeschafften Materialien umging. Dennoch schien es sehr wahrscheinlich, daß auch dieser Diebstahl eng mit dem Verschwinden von Jenny Fortuyn verbunden war, um so mehr, als das Opfer selbst Drogen nahm und, indirekt, auch in den Drogenhandel verwickelt war.

Dann begann er wieder wie eine Untergrundbahn zu reden, und ich konnte nicht verstehen, welche Strafe er forderte. Er setzte sich, die Wolken bewegten sich unentwegt an den hohen Fenstern vorbei, es kam etwas Schläfriges über die Anwesenden, es war, als ob alle träumten und nur ich noch wachte. Zwei dicke Brummer summten gutmütig an einem unsichtbaren Platz, und der rothaarige Liliputaner stand auf. Auch er redete viel kürzer, als ich erwartet hatte. Warum meinte ich, daß ein Strafantrag oder ein Plädoyer mindestens eine Stunde dauern mußte? Der Verteidiger sagte: »Herr Vorsitzender, ich glaube, daß wir nur wenige Worte an diese Sache zu verschwenden brauchen. Mein Mandant ist Opfer eines ehrgeizigen Polizeibeamten geworden, der lediglich aufgrund einiger Zeugenaussagen Dritter schließen zu können glaubt, daß mein Mandant tatsächlich jemanden umgebracht hat. Da jedoch keinerlei Hinweise auf eine Leiche oder wenigstens auf deren Überreste vorhanden sind, ist es fast unglaublich, daß es doch noch zu einer Verhandlung hat kommen können. Herr Vorsitzender, Sie wissen, daß bereits der Ermittlungsrichter Zweifel hatte, ob es rechtmäßig war, meinen Mandanten zu inhaftieren. Dies ist nur geschehen, weil die Kriminalpolizei der Zeugenaussage des Mannes, der dem Labor gegenüber wohnt, soviel Gewicht beigemessen hat. Auf diese Erklärung komme ich gleich noch zurück. Als erneut, dieses Mal in einer Vorverhandlung, über die Inhaftierung meines Mandanten sowie über eine mögliche Einstellung des Verfahrens entschieden werden sollte, hatte mein Mandant das Pech, daß gerade an dem Tag die Kleidung des Mädchens im Labor gefunden wurde. Wenn das nicht der Fall gewesen wäre, hätte man in der Vorverhandlung, wie Sie wissen, einer Verlängerung der Untersuchungshaft nicht zugestimmt. Wieder zu einem späteren Zeitpunkt, kurz bevor erneut entschieden werden sollte, ob dieses Verfahren wirklich an die mit mehreren Richtern besetzte Kammer weitergeleitet werden sollte, stellte sich heraus, daß der gesamte Vorrat an Pharmaka verschwunden war. Alles in allem hat es immer danach ausgesehen, daß das Verfahren eingestellt werden würde, und immer ist im letzten Augenblick verhindert worden, daß mein Mandant freigelassen wurde. Nun hat das Verfahren doch stattgefunden, und was stellt sich heraus: Der Kronzeuge – in diesem Fall der Mann, der dem Labor gegenüber wohnt – erklärt mit großer Entschiedenheit, daß er meinen Mandanten, nachdem dieser allein aus dem Gebäude gekommen sei, in ein Auto hat einsteigen hören. Ich sage absichtlich: einsteigen hören. Ebenso eindeutig ist seine Erklärung, daß er ihn danach hat wegfahren sehen. Mein Mandant soll dabei allein am Steuer gesessen haben, und Herr P. erklärt auf die diesbezügliche Frage auch noch, daß er den Mantel und das nasse Haar meines Mandanten erkannt hat. Der Staatsanwalt sagt zwar, es sei durchaus möglich, daß im selben Moment jemand anders in ein Auto gestiegen ist, aber ist das wahrscheinlich, morgens um halb sechs? Aber gut, selbst wenn wir für einen Augenblick annehmen, daß der Staatsanwalt recht hat, bleibt bestehen, daß der Herr P. doch sehr bereitwillig seine vorher entschieden geäußerten Behauptungen zurückgenommen hat. Ja, er wußte bestimmt, daß er meinen Mandanten hatte ins Auto steigen hören, er wußte bestimmt, daß dieser selbe Mann allein in dem vorbeifahrenden Auto saß und dieselbe nasse Frisur hatte. Aber als er hörte, daß das einfach nicht möglich war, hat er alles wieder mühelos zurückgenommen. Was sollen wir dann von seinen übrigen Aussagen halten? Die Entschiedenheit, mit der alles vorgebracht wurde, scheint doch auf unsicheren Beinen zu stehen. Nein, Herr Vorsitzender, die Aussagen dieses Kronzeugen sagen mir nichts mehr, und Ihnen zweifellos auch nicht.«

Der kleine Mann schüttelte seine rothaarige Frisur,

und es überraschte mich, daß ich tatsächlich irgendwie beleidigt war. Wie kam er dazu, den alten Mann als Kronzeugen zu bezeichnen? In diesem Fall gab es nur eine einzige Kronzeugin, und das war diejenige, die wußte, wo Jennys Leiche versteckt worden war. Merkwürdig, daß mir das etwas ausmachte, daß ich mich nur wegen des Klangs eines Wortes, dem ich vor kurzem noch in einem ganz anderen und viel passenderen Zusammenhang begegnet war, vernachlässigt fühlte. Ich versuchte, Thomas' Verteidiger wieder zuzuhören, aber ich konnte mich nicht richtig auf das konzentrieren, was er sonst noch sagte. Weil er nicht in meine Richtung sprach, sondern zu der Fünfergruppe, konnte ich ihn manchmal kaum verstehen. Er prüfte die Aussagen des Herrn P. Wort für Wort, setzte hinter alles ein Fragezeichen, ließ sich lang und breit über die vielen Ausgänge des Labors und über allerlei weiße Kittel und Mäntel und Wolljacken und Hosen aus, die immer im Gebäude herumlagen, so daß sie problemlos davon etwas angezogen haben konnte, auch wenn es rätselhaft war, warum, sprach kurz über die verschwundenen Pharmaka und schloß sein Plädoyer mit der Bemerkung, es sei äußerst bedauerlich, daß Thomas so lange und aufgrund so weniger tatsächlicher Beweise in Haft gewesen sei und außerdem während der gesamten Zeit mit niemandem Kontakt haben durfte. Dann zählte er rasend schnell aus ferner Vergangenheit noch einige traurige Fälle von verschwundenen Menschen auf, die ermordet worden sein sollten und weshalb die Angeklagten sogar noch gehenkt worden waren, während die Totgeglaubten nach Jahren wieder springlebendig auftauchten, und aus einer viel jüngeren Vergangenheit zitierte er etwa zehn Fälle, wo das Umgekehrte passiert war: Es war jemand verschwunden, es wurde jemand verdächtigt, aber nie war es deswegen zu einer Verurteilung gekommen, und zwar einfach deshalb, weil es, solange man keine Leiche fand, auch keinen Grund gab anzunehmen, daß ein Mord begangen wurde.

Dann beendete der Vorsitzende die Sitzung und teilte mit: Urteilsverkündung in vierzehn Tagen. Tief enttäuscht blickte ich Thomas nach, der zwischen zwei Justizbeamten fortging. Ganz kurz sah er sich noch um und lächelte mir zu, und ich lächelte tapfer zurück, versuchte, nicht an die Frau in dem Alkohol zu denken, stand auf, setzte mich wieder hin, stand wieder auf in dem nun schon dämmrigen Gerichtssaal. Natürlich, so war es immer, das Urteil würde erst in vierzehn Tagen verkündet werden, ja, das hatte ich zwar gewußt, das hatte ich so oft in der Zeitung gelesen, aber erst jetzt zeigte sich, wie grausam das war, wie unerhört grausam. Ich hatte mit Thomas nach Hause gehen wollen in dem nun stillen, nebligen Wetter, das noch lange nicht nach Frost aussah. Ich hatte mit Thomas sprechen wollen über das, was mich nun schon so lange zum Stillschweigen verdammte, zum Stillschweigen nicht nur über den Ort, wo sie versteckt war, sondern auch über alle anderen Dinge, weil ich, ließe ich auch nur ein Wort fallen, das indirekt im Zusammenhang mit ihrem Verschwinden stand, das unwiderstehliche Bedürfnis empfinden würde, alles zu beichten. Deshalb sprach ich mit niemandem, besuchte ich niemanden, war ich kurz angebunden zu meiner Mutter, wenn sie mich anrief, und wußte endlich, was es bedeutete, wenn die Leute von jemandem sagten, er sei mutterseelenallein.

5

Die schwarzen Vögel

Die Dämmerung breitete ihre Flügel aus. Im Garten hockten die schwarzen nassen Baumstämme nebeneinander. Wolken zogen wie schwere Träume vorüber, und ich schaute aus dem Fenster und dachte: *Was heut gehet müde unter, / Hebt sich morgen neugeboren.* Da hörte ich, wie ein Schlüssel ins Schloß gesteckt wurde. Ich erschrak. Im Flur erklangen Tritte, ein Männerschritt. Die Tür ging auf.

Er stand da, er fragte: »Hast du noch kein Licht an?«
»Thomas«, sagte ich.
So schnell lief ich zu ihm, daß ich meinen Fuß an einem Stuhlbein stieß. Ich achtete nicht darauf, legte meinen Kopf an seine dünne Jacke, dachte: Warum trägt er keinen Wintermantel? und wußte schon die Antwort: Er ist im Spätsommer weggegangen, und er umarmte mich nur mit einem Arm, weil er in der anderen Hand einen Plastikbeutel trug. Den wollte er mir geben, aber ich sagte: »Stell ihn doch ab«, und er sagte: »Das hab ich dir mitgebracht«, und ich sagte: »Das kommt gleich dran«, und er lehnte den Beutel an ein Tischbein und hatte nun auch noch den anderen Arm, um mich zu umarmen. Als ich meine Lippen auf die seinen drückte, erschrak ich über die Luft, die aus seinem Mund kam.

»Was hast du dort gegessen?« fragte ich. »Was ist das für ein giftiger Schirokko, der aus deinem Mund weht?«

»Weiß ich nicht«, sagte er. »Wie kommst du zu diesem wunderschönen Pullover?«

»Gekauft«, sagte ich. »Warum wußte ich nicht, daß du kommst? Die Urteilsverkündung ist doch noch nicht gewesen?«

»Ja, doch, heute morgen, sie sind früher zusammengekommen als geplant, sie wollten mich noch vor Weihnachten gehen lassen, sie haben nur gesagt, das Gericht sei aufgrund der Beweisaufnahme nicht zu der Überzeugung gekommen, daß ich das, was man mir zur Last lege, getan hätte, und deshalb würde die Untersuchungshaft aufgehoben. Dann mußte ich noch einmal zurück ins Untersuchungsgefängnis, um dort ein paar Unterschriften zu leisten, und danach war ich frei.«

»Was für ein Zirkus«, sagte ich.

»Was?«

»Die Gerichtsverhandlung.«

»Ach, es sind doch alles Fliegengewichte, diese Juristen. Wenn nicht im letzten Moment herausgekommen wäre, daß alle die Drogen verschwunden sind, hätten sie mich schon viel früher freigelassen. Das hat man mir während der Vorverhandlung gesagt.«

»Was hast du mir gekauft?«

»Was …? Interessiert es dich nicht, was ich von der Verhandlung …«

»Doch, natürlich interessiert mich das.«

»Aber du wechselst auf einmal das Thema; du reagierst überhaupt nicht auf das, was ich sage; ich sagte dir, daß sie mich schon viel früher hatten freilassen wollen.«

»Was soll ich dazu sagen?«

»Ich kam am Schallplattenladen von Nic de Tombe vorbei und dachte: Vielleicht haben sie etwas Neues von Schumann. Das nehme ich dann für Leonie mit.«

»Und war etwas Neues da?«

»Ja, sieh es dir an, etwas ganz Besonderes, denke ich.«

Ungeschickt öffnete ich den Plastikbeutel. Draußen war das Licht grau; eine Amsel ließ ihren Alarmschrei hören. Im Zimmer drohten überall Schatten.

»Es sind so viele Spinnen im Haus«, sagte ich.

»Ich werde sie wegnehmen«, sagte er.

Betrübt, daß meine Freude so schnell verebbt war, stand ich da in dem kalten dunkelblauen Licht, mit einer Platte von Schumann in der Hand, und ich hatte nicht einmal den Mut nachzusehen, was es war. Mit den Augen folgte ich den großen, zum Teil fensterbreiten Wolken, die unbeirrbar über den Himmel segelten.

Thomas drückte sich an mich, fragte: »Was ist los?«

»Du bist sehr mager geworden, ich dachte im Gerichtssaal, es sei nicht so, aber jetzt, wo ich dich von nahem sehe, ist es anders, man könnte dich so wegpusten.«

»Ja«, sagte er, »das Essen war da nicht besonders.«

»Weißt du noch«, sagte ich, »daß du mir damals die Platte vorgespielt hast, nachts, die von Verdi?«

»*Otello*? Ja, natürlich, ich ...«

»Warte, laß mich ausreden, meiner Meinung nach hast du sie mir absichtlich vorgespielt, hast du immer ausdrücklich ›*perdona*‹ gesungen. Das ist doch so?«

»Warum fängst du jetzt davon an?«

»Weil ... ich weiß nicht, wie ich es sagen soll, ich weiß nicht, wo ich anfangen soll, ich habe ... ich bin ... komm, behalte deine Zärtlichkeit mal wieder für dich«, und ich schob ihn von mir fort, und erstaunt und nachdenklich stand er da und sah mich an, während hinter ihm eine große, dunkle Wolke zum Stillstand kam.

»Denkst du, daß ich dich auf diesem Umweg um Vergebung gebeten habe?«

»Ja, das denke ich.«

»Hast du dir klargemacht, daß Desdemona unschuldig ist?«

»Ja.«

»Und?«

»Nein, nein, darum geht es nicht. Ach, wenn es nur darum ginge, dann wäre es nicht so schlimm, dann würde ich das schon ertragen können, aber daß du ... ich kann es nicht begreifen, und ich glaube auch nicht, daß ich noch weiter mit dir ... daß ich noch ... daß ich ... weißt du, was ich denke: Schumann ist gar nicht verrückt geworden. Er ist nach einem schrecklichen Ereignis in seinem Leben aus dem Haus gelaufen und hat sich dann von der Rheinbrücke gestürzt.«

»Worauf willst du eigentlich hinaus?«

»Das weißt du doch, oder?«

»Nun, ich glaube nicht.«
»Natürlich weißt du es«, sagte ich.
Die große dunkelblaue Wolke bewegte sich, schob sich feierlich in die Fensterecke, und ich hörte das zornige Tschilpen der Spatzen und sah die großen dunklen, erstaunten Augen in Thomas' bleichem Gesicht, und ich sagte: »Ich weiß alles. Ich weiß mehr als Lambert, mehr als dein Verteidiger, mehr als das Gericht. Darum.«
»Was, darum?«
»Tu jetzt bitte nicht so, als verstündest du mich nicht. Versuche nicht so krampfhaft, dich dumm zu stellen, sag in Gottes Namen einfach ehrlich, daß du es getan hast, und versuche, mir zu erklären, warum ... dann kann ich ... dann gelingt es mir vielleicht ...«
»Mir zu vergeben?«
»Ja.«
»Wenn ich nur wüßte, was ich getan habe.«
»Was du getan hast? Was du getan hast? Du hast sie ermordet.«
Ich selbst erschrak mehr über mein heiseres Kreischen als Thomas. Langsam ging er zum Fenster, nicht schwankend, nicht unsicher, und setzte sich dann auf einen Stuhl und schaute mich ruhig an. Sein Mund bewegte sich, und es war, als sei ich taub geworden, als müsse ich Zuflucht dazu nehmen, um ihm von den Lippen abzulesen, wenn ich verstehen wollte, was er sagte: »Ich habe sie nicht ermordet.«
Im selben Augenblick wußte ich beinahe sicher, gerade weil ich es ihm nur von den Lippen hatte ablesen

können, daß er nicht log, und ich schauderte, dachte: Es kann durchaus wahr sein, es kann durchaus mit diesen Spinnen ... eigentlich ein Unglück ..., dachte auch: Wenn ich jetzt von der toten Frau erzähle, nimmt er es vielleicht wieder zurück, stellt sich doch heraus, daß er es getan hat. Nein, laß es jetzt einen Augenblick auf sich beruhen; was er gesagt hat, ist wahr, ist in diesem Augenblick wahr, und ich möchte jetzt so gern an etwas anderes denken, es ist schon so spät geworden, ich will Essen für ihn kochen, er ist so mager geworden.

Er stand wieder auf. Durch den Garten schlich ein schwarzer Kater mit weißen Pfoten. Spatzen flogen auf die höchsten Äste. Ein Rotkehlchen suchte verzweifelt Nahrung. Merkwürdig, daß man alles sieht, während man mit etwas anderem beschäftigt ist.

»Warum denkst du, daß ich Jenny ermordet habe?« fragte er.

Laß es jetzt, Thomas, dachte ich, laß es uns doch aufschieben, nachher, wenn es Nacht ist und wir nebeneinander im Bett liegen, können wir uns vielleicht alles sagen, aber jetzt laß es auf sich beruhen.

»Also du denkst, daß ich ...«, sagte er.

»Ich weiß es nicht«, sagte ich, »ich dachte es, weil ... ach, können wir jetzt nicht über etwas anderes reden? Sollen wir die Platte von Schumann auflegen?«

»Hast du wirklich gedacht, daß ich ...«, begann er wieder.

»Jeder dachte es doch«, sagte ich ausweichend, während ich die Platte aus der Hülle nahm.

»Aber du doch nicht?«

»Warum ich nicht?«

»Weil du mich doch viel besser kennst als jeder andere. Du weißt doch, daß ich niemals so etwas tun könnte.«

»Ich habe zu Lambert gesagt: ›Mein Mann tut so etwas nicht‹, und da lachte er mich aus, und er sagte: ›Das sagen die Frauen und Mütter von Mördern immer!‹«

»Ja, das hast du mir geschrieben. Und danach sind dir Zweifel gekommen?«

»Nein, da noch nicht.«

»Wann denn?«

»Später.«

»Also, du hast wirklich gedacht, daß ich …? Wie kann das sein? Als ich im Gefängnis saß, habe ich nur durchhalten können, indem ich dachte: Aber eine ist da, die nicht an mir zweifelt, eine, die felsenfest an meine Unschuld glaubt, denn es ist entsetzlich, wenn man in all den Augen lesen kann, daß sie davon überzeugt sind, man hätte es getan. Selbst mein Verteidiger war davon überzeugt, selbst jetzt glaubt er noch, daß zufällig ein anderer Mann in ein Auto stieg und daß ich aus dem Gebäude kam, und alle glauben, daß ich die Spuren bestens beseitigt habe, sie alle denken: Was für ein Hartgesottener, er schweigt einfach stur weiter, weil es das beste ist, was man machen kann, solange es keine Leiche gibt. Alle bewunderten mich, aber was hat man von einer Bewunderung, wenn sie völlig fehl am Platze ist?«

»Aber warum hast du ihnen dann nicht alles erzählt? Warum hast du deinen Mund gehalten? Dann spricht der Schein doch gegen dich? Wer schweigt, stimmt zu.«

»Gleich von Anfang an, als sie alles, was ich sagte, in die Maschine schreiben wollten, habe ich Lambert tatsächlich nichts mehr erzählt. Weil ich ihm nicht traute. Er hat etwas mit Jenny gehabt.«

»Ja, das weiß ich.«

»Woher weißt du das?«

»Du hast mir in dem ersten Brief von ›einem mir bis dahin unbekannten Mann‹ geschrieben. Ich fand, daß es ein merkwürdiger Satz war, ich dachte, du würdest den Mann kennen. Später sah ich auf ihrem Dachboden eine schmutzige Teetasse, worin die Blätter auf dieselbe Art angetrocknet waren wie in der Teetasse, aus der er hier getrunken hat. Also mußte er da vor einiger Zeit gewesen sein. Und während der Gerichtsverhandlung wurde mir klar, daß dieser ›unbekannte Mann‹ Lambert gewesen sein mußte, weil er zum erstenmal, seit ich ihn kenne, die Fassung verlor, als es darum ging, wie anziehend Jenny war.«

»Wie klug von dir! Ja, das war Lambert. Ich habe so wenig wie möglich zu ihm gesagt und zum Ermittlungsrichter auch, denn es war wie ein Komplott, ich wußte, daß Lambert beim Rauschgiftdezernat war, und ich wußte, daß er Jenny sehr gut kannte, und ich dachte andauernd: Er läßt mich im Gefängnis sitzen, er sorgt dafür, daß ich hinter Gittern bleibe, um Jenny zu decken oder ihr zu helfen. Aber ich wußte nicht genau, wie das alles zusammenhing, ich war nur sehr mißtrauisch und wagte niemandem zu vertrauen, und deshalb sagte ich lieber nichts. Und jedesmal, wenn es aussah, als würde ich entlassen werden, kamen sie wieder mit neuen Beweisstücken an, es schien Absicht zu sein, ein abgekartetes Spiel.«

»Vielleicht war es das auch.«

»Ich weiß es nicht, es könnte sehr gut sein, auf jeden Fall habe ich immer gedacht: Es ist das beste, wenn ich einfach den Mund halte, und mein Anwalt hat mir auch immer dazu geraten. Er riet es mir, weil er, denke ich, dachte: Dann können sie ihn auch nicht bei widersprüchlichen Aussagen ertappen. Denn er war sich absolut sicher, daß ich es getan habe, er hat oft genug gesagt, komm, mir kannst du ruhig erzählen, wie alles gewesen ist, ach, Jesus, daß du nun auch an mir gezweifelt hast. Gut, daß ich das nicht gewußt habe, gut, daß wir uns nach den ersten Briefen nicht mehr schreiben durften. Ist übrigens viel Post für mich da?«

»Na, und ob.«

»Kommt nachher. Zuerst will ich wissen, warum du dachtest, daß ...«

»Warum findest du es so schlimm, daß ich auch ...«

»Weil ich in meiner Zelle die ganze Zeit über uns nachgedacht habe. Warum war ich so verzweifelt in Jenny verliebt? Warum? Weil sie als Spiegelbild so phantastisch aussah? Weil sie so hübsch lachen konnte? Weil sie nicht nur den Mut hatte, ihre Nägel unerhört lang wachsen zu lassen, sondern sie auch noch schwarz zu lackieren? Das alles auch, aber ich denke doch vor allem, weil sie mir, als wir die Tiere in den Behältern betrachteten, auch die Frühgeburten, so offen von ihren beiden Abtreibungen erzählt hat. Weil ich da gemerkt habe, daß man, wenn man abgetrieben hat, das ganze Leben lang Schuldgefühle behält. Und wir haben uns auseinandergelebt, weil sowohl du als auch ich so liebend gern Kinder haben wollen und du keine bekommst, so daß du dich mir gegenüber schuldig fühlst und deshalb so abhängig von mir bist. So ist es doch?«

»Ja, so ist es wohl«, sagte ich niedergeschlagen, »aber sollen wir darüber nicht lieber ein anderes Mal sprechen?«

Ich stand da, die schwarze Scheibe in der Hand, und sah ihn an. Draußen waren die Wolken kaum noch vom Himmel zu unterscheiden. Er sagte: »Ich will dir nur erklären, warum es so wichtig für mich war, daß du an meine Unschuld glaubtest.«

»Kannst du das nicht sagen, ohne dabei auf Kinder zu sprechen zu kommen?«

»Ich will es versuchen. Es läuft mehr oder weniger darauf hinaus, daß ich dachte: Es ist doch sehr gut, daß wir verheiratet sind, denn wir können, nun, wo wir so lange jeden Tag miteinander umgehen, auch wirklich immer füreinander einstehen, auch wenn wir uns vielleicht auseinandergelebt haben. Aber das spielt für die Außenwelt keine Rolle; für die Außenwelt sind wir ein richtiges Paar, ein Ehepaar, weil wir gegenseitig wissen, was wir aneinander haben, und weil du in diesem Fall von mir wußtest ... nicht *glaubtest,* nein, *wußtest,* daß ich es nicht getan haben konnte. Daß du verheiratet bist, garantiert dir, daß auf dieser elenden

Welt wenigstens eine da ist, der du ... einer, der dir bedingungslos treu bleibt, nicht treu im üblichen Sinne, sondern treu in einem andern Sinn.«

»Ja, denn über Treue im üblichen Sinn brauchst du wirklich nicht mehr zu sprechen.«

»Ach, Leonie, kann das, bitte, noch einen Moment beiseite bleiben?«

»Gut«, sagte ich, »denn es ist jetzt doch alles gleich, ob ich glaubte oder nicht, daß du das getan hast, denn als ich entdeckte, was passiert war, und daher bestimmt wußte, bestimmt weiß, muß ich sagen, daß du es doch getan hast, da dachte ich, daß ich dich nie mehr würde lieben können, und da erst entdeckte ich, daß ich dich noch genauso liebte wie in der Zeit, bevor ich ... bevor ich ...«

Aus meiner Kehle kam ein kurzer, verzweifelter Schluchzer. Ich mußte die Platte hinlegen, und ich fiel auf einen Stuhl und mußte mich zwingen, mich nicht mit dem Kopf zwischen den Knien auf den Boden zu setzen und zu schluchzen, und er lief aus dem Zimmer, um ein Glas Wasser für mich zu holen, wie er es immer getan hatte, wenn ich anfing zu weinen, und er kam zurück, gab mir das Glas und nahm es wieder an sich, als er sah, daß ich es nicht festhalten konnte.

»Meine Vorderpfoten vibrieren«, sagte ich verkrampft.

»He, was?«

»Ja«, sagte ich, »das tun deine Ratten doch auch, die vibrieren doch auch?«

Ich holte tief Luft. Wie gut tat es doch, so etwas sagen zu können, wenn man verzweifelt war. Er reichte mir das Glas noch einmal, ich konnte es jetzt festhalten, trank daraus, sagte: »Ich hätte auf Gedeih und Verderb an deine Unschuld geglaubt, wenn ich die Frau nicht gesehen hätte.«

»Welche Frau?« fragte er verblüfft.

»Diese Frau bei den Seekühen«, sagte ich.

»Frau bei den Seekühen?« sagte er erstaunt.

»Ja«, sagte ich, »sie haben ... jemand hat ... eine Frau ist zu den Seekühen gesteckt worden von jemandem, der den Film gesehen hat und der im Buch von Grzimek etwas angestrichen hat.«

»Ich verstehe nichts mehr.«

»Als du schon eine Zeitlang im Gefängnis warst, habe ich den Film wieder hervorgeholt, den ihr damals gedreht habt, den Film ›Mord im Labor‹, weil ich dachte: Vielleicht gibt es darin einen Hinweis. In dem Film sieht man diesen Saal mit all den Riesenskeletten und diese riesengroßen Behälter mit Walrossen und Seekühen darin. Und du hast damals einen solchen großen Behälter von ganz nah gefilmt, weil eine dieser Seekühe ein menschliches Wesen zu sein schien. Und in dem Buch von Grzimek habe ich dann den Artikel über Seekühe gefunden, und da hast du mit Bleistift alles über einen Kapitän im Roten Meer angestrichen, der beidrehen ließ, weil er dachte, daß er drei Schiffbrüchige dort stehen sah, aber dann stellte sich heraus, daß es Seekühe waren. Warum hattest du das angestrichen?«

»Oh, das habe ich angestrichen, als wir den Film gedreht haben.«

»Na gut, aber als ich das gelesen hatte, bin ich ins Labor gegangen und von dort aus weiter ins Museum. Und da habe ich ... da sah ich ... in dem hintersten Behälter mit drei Seekühen hat jemand eine Frau ... es sind nur zwei Seekühe, und die dritte ist ...«

Stockend und fast lautlos brachte ich die letzten Worte heraus. Ich konnte wieder aufstehen, es war dunkel geworden, ich machte die Lampe an und sah diesen Blick, mit dem er mich fassungslos anstarrte.

»Eine Frau«, sagte er ungläubig.

»Ja«, sagte ich.

»Das ist unmöglich«, sagte er, »das ist eine Sinnestäuschung gewesen.«

»Nein«, sagte ich.

»Doch«, sagte er, »das ist unmöglich, du siehst auch sonst häufig Dinge, die gar nicht vorhanden sind.«

»Es war eine Frau«, sagte ich.

»Du bist genau wie der Kapitän im Roten Meer«, sagte er, »dann sollten wir auch beidrehen, dann können wir nur eins machen.«

»Und was?« fragte ich.

»Hingehen und nachsehen.«

»Dann gehst du aber allein«, sagte ich, »ich will das nie, nie wieder sehen.«

»Wir müssen zusammen gehen«, sagte er.

»Nein«, sagte ich, »das ertrage ich nicht ein zweites Mal.«

»Ja«, sagte er, »aber wenn ich allein gehe, und ich

komme zurück und sage: ›Du hast dich geirrt, es war eine ganz normale Seekuh‹, glaubst du mir immer noch nicht!«

»Nein«, sagte ich, »dann glaube ich dir nicht, denn es war eine Frau.«

»Ja, aber dann können wir ... dann können wir wirklich nur ...«

»Gut«, sagte ich, »dann gehe ich mit, und wenn wir dann bei dem Saal sind, werde ich sagen, welcher Behälter es ist. Dann siehst du es dir allein an, und wenn du dir dann sicher bist, daß ich mich geirrt habe, rufst du mich, und ich werde auch kommen und es mir ansehen.«

Der Himmel war jetzt voll dichter Wolken. Es fiel ein Niederschlag, der weder Regen noch Schnee noch Hagel war. Sobald er die Straße berührte, war alles für einen Augenblick weiß, dann schmolz er weg. Die Rinnsteine gurgelten. In den Grachten schrien die Enten. Am Ufer des Singel, wo alles weiß blieb, saß ein Schwan, der uns aufmerksam anblickte. Als wir vorbeigingen, drehte er seinen Kopf in unsere Richtung und versteckte ihn dann unter den Flügeln, als habe er etwas Entsetzliches gesehen. In der langen, engen Straße, die zum Labor führt, sah ich schon von weitem, daß mitten auf der Brücke, die die Straße zweiteilte, schwarze Dohlen frierend auf dem Geländer saßen.

»Da sind sie«, flüsterte ich.

»Deine schwarzen Vögel«, sagte er.

»Deine auch«, sagte ich.

»Nein«, sagte er, »ich sehe nichts Besonderes in ihnen, ich habe vorhin gesagt, daß du öfter Dinge siehst, die gar nicht vorhanden sind. Dies hier ist reiner Zufall.«

»Aber wir sahen sie auch im Hümmling und bei Fiesch, und sie haben im Garten gesessen.«

»Unsinn, das kommt allein daher, weil du genau wie jeder andere Mensch das Bedürfnis nach etwas Besonderem hast, etwas Geheimnisvollem, das deinem Leben eine Bedeutung zu geben scheint, die du selbst nicht kennst.«

Ruhig schritten wir zwischen den Vögeln hindurch. Sie flogen nicht auf. Sie blieben sitzen, obwohl wir im Abstand von nicht einmal fünfzig Zentimetern an ihnen vorbeigingen. Wie damals wiesen sie auch jetzt mit ihren Schnäbeln auf uns. Gleich danach sah ich, daß in den Häusern schon die Weihnachtsbaumbeleuchtung glänzte.

Ich fragte: »Sollen wir noch einen Weihnachtsbaum kaufen?«

»Nein«, sagte er.

»Gut«, sagte ich, »es ist auch nur schön, wenn man Kinder hat.«

»Ja«, sagte er.

»Weißt du, daß man eine Versicherung für Kinderbrillen abschließen kann?«

»Versicherung?«

»Ja«, sagte ich, »verrückt, nicht wahr, daß mich das völlig fertiggemacht hat.«

Schweigend gingen wir weiter. Plötzlich sagte er: »Aber wir brauchen überhaupt nicht nachzusehen, ich kann dich nämlich so davon überzeugen, daß in dem Behälter keine Frau ist, ich habe mit eigenen Augen gesehen, daß Jenny aus dem Labor kam, und zwar über den Notausgang und die Feuertreppe.«

»Wann?«

»In der Gewitternacht.«

»Wie spät war es da?«

»Ungefähr halb sechs, denke ich.«

»Und du hast nichts getan, du hast sie nur angeschaut?«

»Ich sah, daß sie eine Tasche bei sich hatte, eine ziemlich schwere Tasche. Darin lagen unsere letzten Pharmaka, das übrige muß sie schon früher abgeholt haben ...«

»Ja, am Wochenende und am Dienstagabend, denn sie ist weder im Frauenhaus noch beim Familientreffen gewesen.«

»Woher weißt du das?«

»Bin ich allem nachgegangen. Aber warum hast du sie nicht zurückgehalten, als sie ...«

»Weil ich auf der anderen Seite des Singel stand, und ich bin sofort losgerannt, aber bevor ich auf der anderen Seite ankam, war sie längst in ein Auto gestiegen und weggefahren.«

»War das das Auto, in das dieser geheimnisvolle Mann auch eingestiegen ist?«

»Das war kein geheimnisvoller Mann, das war Robert.«

»Woher weißt du das?«

»Ich kannte ihn doch, ich schrieb dir doch, daß ich

ihm bei ihr auf dem Dachboden begegnet bin, er war es, er ist ungefähr so groß wie ich, und er hat genauso eine Jacke angezogen, wie ich sie immer trage, absichtlich, denke ich, um ähnlich wie ich auszusehen. Und dann hat dieser Mann von gegenüber doch die ganze Zeit von einem Regenmantel geredet. Da kannst du mal sehen, wie genau die Leute hingucken! Gut von Anwalt Pieterse, nicht wahr, während der Verhandlung immer weiter zu fragen, das ganze ohnehin schon wackelige Gebilde stürzte in sich zusammen, als der alte Mann erzählte, daß er mich hätte einsteigen hören. Ja, ich hatte Anwalt Pieterse immer wieder zu verstehen gegeben, daß er nachbohren sollte.«

»Das kann alles wahr sein, aber da ist doch eine Frau in dem Behälter.«

»Im Ernst, es ist eine Sinnestäuschung, du bist genau wie die Seeleute Opfer einer Sinnestäuschung geworden. Vor allem die weiblichen Lamantine ähneln Frauen, weil sie ebensolche Brüste haben und ihr Junges genauso säugen wie Menschen.«

»Und doch ist es eine Frau«, sagte ich, »und was natürlich auch sehr seltsam ist, daß du mir jetzt erzählst, dieser Mann sei Robert gewesen und Jenny sei über die Feuertreppe herausgekommen, während du beim Verhör nichts davon erzählt hast oder in der Verhandlung. Das hättest du doch erzählen müssen, wer behält so etwas für sich? Du hättest sofort freikommen können.«

Schweigend ging er neben mir. Auf seiner Stirn erschienen Falten, tief wie Gräben.

»Nun«, sagte ich, »warum hast du das nicht erzählt?«

»Willst du das wissen?« fragte er heiser.

»Ja«, sagte ich, »das will ich sehr gern wissen.«

»Gut«, sagte er, »nun, es ist sehr einfach, stell dir vor: Du bist zum Verrücktwerden in jemanden verliebt, du ziehst mit ihr eines Abends von Kneipe zu Kneipe, und nachts um drei Uhr denkst du: Nun geht sie mit dir nach Hause, und dann, genau dann, wenn du denkst, daß alles geregelt ist, gibt sie dir den Laufpaß, und du blickst ihr nach, du läufst auf einem Umweg zu ihr nach Hause, und sie kommt nicht durch die Gasse, in der du sie zum erstenmal geküßt hast, und du läufst zurück durch die Gasse, du denkst: Wo ist sie nur geblieben, und du fängst an, wie ein Verrückter überall herumzurennen und zu suchen, und dann kommst du, durch und durch naß, um halb sechs in die Gegend deines eigenen Labors, und dann siehst du sie herauskommen, und du siehst auch einen andern herauskommen, aus dem Haupteingang, der dann in ein Auto steigt, ein Stückchen fährt und sie dann einsteigen läßt, und du weißt nicht nur, wer der andere ist, sondern du hast ihn auch gehaßt von dem Augenblick an, wo er sagte: ›Hast du Ausgehverbot‹, und du weißt auch, daß alles, was du dir erhofft hast, nur für ihn ist, und daß sie dich en passant auch noch benutzt haben, um Drogen zu stehlen, daß du nur ein Instrument gewesen bist, um dem Glück der beiden zu dienen; du bist nicht nur abgewiesen worden, nein, du bist auch noch mißbraucht worden, und das ... das ist so furchtbar, so unvorstellbar erniedrigend, das tut so unglaublich weh ... darüber kannst du nicht sprechen, das kannst du nicht erzählen, niemandem, das kannst du nur einer erzählen, die du sehr ...«

»Ja«, sagte ich bitter, »aber diejenige will es nun gerade nicht hören, weil sie eines dadurch genau versteht: Daß sie ausgedient hat, und daß der, den sie liebt, schrecklich gern mit dieser andern durchgebrannt wäre, wenn er nur die Gelegenheit dazu gehabt hätte. Aber was hatte sie denn, das ich nicht habe? Was war denn Besonderes an ihr? Ich kann auch wunderbar in weißen hochhackigen Stiefeln herumlaufen, und ich kann auch wunderbar, selbst wenn ich das abscheulich finde, meine Nägel wachsen lassen und schwarz ... darf es bitte auch eine andere Farbe sein ...? Aber ich kann nicht abtreiben lassen, merk dir das. Nun ja, sie ist tot, sie ist mausetot, du lügst, sie ist in diesem Behälter.«

»Wir werden es gleich sehen«, sagte er ruhig, »was ich nur nicht begreife, wie sie an den Schlüssel für das Labor und an den Schlüssel für den Raum mit den Drogen gekommen sind.«

»Trottel«, sagte ich.

Es wurde glatt. Wir mußten immer langsamer gehen. Der Niederschlag wurde immer mehr zu Schnee. Hier und da blieben die Dächer der geparkten Autos schon weiß.

»Trottel?« fragte er.

»Ja«, sagte ich, »diese Schlüssel. Das ist doch so klar wie nur was! Du schriebst mir, daß sie ihren Lunch selbst bezahlen wollte, aber sich schließlich dein Portemonnaie hat geben lassen. Und wer bewahrt alle seine Schlüssel im Portemonnaie auf? Welcher Trottel tut das?«

»Also, du denkst, daß sie damals diese Schlüssel ...«

»Ich denke es nicht, ich weiß es sogar bestimmt.«

»Ja, verdammt, jetzt, wo du es sagst, das ist sehr gut möglich ... ein Wachsabdruck ist schnell gemacht.«

»Ach was, sie haben keinen Wachsabdruck gemacht.«

»Was haben sie dann getan?«

»Sie hat die beiden Schlüssel rausgenommen. Du hast acht oder neun Schlüssel in deinem Portemonnaie. Wenn sie auch nur ein bißchen helle war, und das war sie, denke ich, hatte sie schon vorher herausgefunden, welche Schlüssel sie brauchte, nun, die hat sie ganz einfach rausgenommen. Nachmittags hat sie sie nachmachen lassen, und abends hat sie sich dein Portemonnaie noch einmal geben lassen und sie wieder reingetan.«

»Ja, aber ich habe überhaupt nicht gemerkt, daß ...«

»Oh, nein, das wundert mich überhaupt nicht, du bist, was das betrifft, genau wie dein Chef und seine Frau, etwas wirklich zu sehen oder zu bemerken, das ist euch nicht gegeben. *Enfin*, die meisten Menschen, bis auf diesen Lambert, das muß ich ihm lassen, können nicht sehen.«

»Ja, ja, das hast du schon öfter gesagt.«

»Nein, die Schlüssel, das ist schon klar, aber die Kleider? Wenn sie das Labor über die Feuertreppe verlassen hat, warum sind dann später im Labor ihre Kleider gefunden worden?«

»Sie hatte sich umgezogen.«

»Warum?«

»Um anders auszusehen. Um dafür zu sorgen, daß ihr Steckbrief nicht mehr stimmte. Sie hatte sich wirklich vollkommen verändert, sie trug eine Hose, sie hatte eine alberne Mütze auf, nur die weißen Stiefel hatte sie anbehalten, aber die sah man fast nicht mehr, die verschwanden unter ihrer schlotternden Hose.«

»Woher hatte sie die Sachen?«

»Ja, wenn ich das wüßte. Aber die kann sie ohne weiteres schon am Tag vorher irgendwo im Labor versteckt haben.«

»Weißt du, was ich denke? Du sagst zwar, daß du es zu erniedrigend fandest, das zu erzählen, aber ich glaube nicht, daß das der Grund ist, oder jedenfalls nicht der einzige Grund, warum du den Mund gehalten hast. Du dachtest: Ich werde ja wieder freigelassen, ich sage nichts und halte auf die Weise Leonie noch schön da heraus, die weiß dann auch von nichts, und wenn ich wieder frei bin und Jenny begegne, habe ich ein Erpressungsmittel, kann ich sie unter Druck setzen, kann ich sagen: Ich geh zur Polizei und zeige dich an, es sei denn, du ... Könntest du vielleicht auch so etwas gedacht haben?«

»Nein, nein, nein«, sagte er, »das nicht, niemals, aber ich habe sehr wohl gedacht: Ich lasse sie gehen, ich erzähle nichts, denn ich will nicht, daß sie festgenommen wird, ich will sie nicht verraten.«

»Und kein Nebengedanke in deinem Hinterkopf, daß du durch eine solche phantastische Großzügigkeit sie später vielleicht doch noch für dich gewinnen könntest?«

»Macht das jetzt noch was aus?«

»Für mich schon. Was hatte sie, das ich nicht habe? Warum fandest du sie besser?«

»Argumentiere nicht so primitiv. Es ist keine Frage von besser oder schlechter. Sie war neu und anders, ganz anders als du, und jünger, und sie lachte hübsch, aber darum ging es nicht, sie ...«

»Sie küßte offenbar besser.«

»Ist das so wichtig?«

»Offensichtlich. Sonst hättest du bestimmt nicht in dem Buch von Palgrave ...«

»Gott im Himmel, du hast aber auch allem hinterhergeschnüffelt.«

»Mußte ich doch. Zuerst dachte ich, ich täte es, weil ich wissen wollte, was passiert war. Später begriff ich, daß es nur Eifersucht war. Aber dann sah ich die tote Frau, und alles war vorbei ... Aber wenn ich etwas Falsches gesehen habe, fängt alles wieder von vorn an, oh, wie schrecklich, was hatte sie denn, was ich nicht habe, ja, ja, ich weiß es, sie hat abgetrieben.«

Inzwischen waren wir beim Labor angekommen. Thomas fischte die Schlüssel für das Gebäude aus seinem Portemonnaie. Gegenüber stand Mijnheer Manchermensch und schaute uns zu.

Beinahe fröhlich ging Thomas hinein; ich folgte ihm. Hinter mir hörte ich die Tür, durch den Türschließer abgebremst, langsam zuschlagen. Der Türschließer zischte. Der muß geschmiert werden, dachte ich, und ich dachte auch: Ich glaube nicht, daß die Tür ins Schloß fällt, nun, wir gehen ja gleich wieder raus, und in der Zwischenzeit wird bestimmt niemand hereinkommen.

Dicht hinter Thomas ging ich durch die dunklen Flure. Hinter vielen Türen waren merkwürdige Geräusche zu hören. Ich wußte, daß sie durch die Apparate verursacht wurden, die nachts automatisch weiterarbeiteten, dennoch jagte mir jedes fremde Geräusch einen Schrecken ein. In einem der langen Flure blinzelte von weitem ein kleines grünes Licht, und in der Nähe glänzten zwei kleine rote Lichter wie blutunterlaufene Katzenaugen. Ich hielt Thomas' Hand fest.

»Komm«, sagte er, »hab keine Angst.«

Wieder eine Tür, wieder ein Flur, wieder ein großer, etwas hellerer Saal, in den Straßenlaternen hineinschienen. Und immer das leise Stöhnen der Türen, die hinter uns zuzischten. Von weitem erklang ein erstickter Schrei.

»Was war das?« fragte ich.

»Das ist eins der Rhesusäffchen, die der Mutter im Rahmen der Untersuchung zur Deprivation mütterlicher Fürsorge gleich nach der Geburt weggenommen worden sind.«

Noch einmal erklang der tieftraurige Ton durch das Gebäude, danach etwas, das leise summte und eilends wieder verschwand, als schäme es sich. Und dauernd hörte ich unterdrücktes Piepen.

»Was ist das für ein Gepiepe?«

»Mäuse«, sagte Thomas, »das ganze Labor ist voll von ihnen, es ist nichts dagegen zu machen.«

»Eine Katze halten«, sagte ich.

»Nein, dann sind die Versuchstiere nicht mehr sicher.«

»Wie merkwürdig riecht es hier.«

»Ja, sie halten in dieser Abteilung, durch die wir jetzt gehen, eine Wasserspitzmaus. Ein einziges Kötel, und es stinkt zum Gotterbarmen.«

»Sind wir bald da?«

»Ja, die nächste Tür, durch die wir gehen, ist der Eingang zum Museum. Ich denke, daß du die letzte gewesen bist, die hier durchgegangen ist. Von dieser Seite aus geht niemand mehr in das Museum. Von der anderen Seite kommt übrigens auch nie jemand. Ich verstehe nicht, warum sie diese verstaubte Sammlung nicht auflösen. Niemand arbeitet damit. So, wenn du jetzt hier wartest, gehe ich kurz hinein. Es gibt nur drei Behälter mit Seekühen. Du brauchst sie mir nicht zu zeigen, ich weiß, wo sie stehen, es hat sich bestimmt nichts verändert, seitdem ich den Film gedreht habe, ich werde sie mir alle drei genau ansehen.«

»Es ist der Behälter, der am weitesten hinten steht.«

»He, ich höre Schritte, es ist noch jemand im Gebäude.«

»Wer kann das sein?« fragte ich.

»Entweder der Nachtwächter oder der Mann vom Sicherheitsdienst oder jemand, der noch einen Versuch machen will.«

»Jetzt noch? Um sieben Uhr?«

»Oh, das kann gut sein.«

»Kann man hier vielleicht Licht anmachen?«

Thomas machte Licht und stieß die Tür zum Saal auf. Er verschwand, und die Tür kam langsam auf mich zu. Ich hörte, wie sie sich schloß. Zugleich hörte ich auch die seltsamen Schritte näher kommen, stehenbleiben, wieder näher kommen, wieder stehenbleiben. Dann wurde die Tür des großen Saals wild aufgerissen und ein leichenblasser, schwer atmender Thomas erschien in der Öffnung, und im selben Moment sah ich hinten auf dem Flur einen großen Mann, der sich schnell näherte. Thomas beugte sich vor, erbrach sich, und ich dachte mit einem heimlichen, primitiven Gefühl der Genugtuung: Nun sieht man doch, daß ich mehr ertragen kann als er, daß ich stärker, kämpferischer bin, ich habe nur gewürgt, und Thomas erbrach sich noch einmal, und dann war Lambert auch schon bei uns, und er sagte: »Guten Abend.«

»Guten Abend«, sagte ich langsam.

»Ja«, sagte er, »ich dachte es mir schon, daß du (und er sah mich an) auf die eine oder andere Weise auch darin verwickelt bist, du hast natürlich am Steuer des Autos gesessen. Ja, es erschien mir so naheliegend, daß ihr, einfach nur, um zu sehen, ob sie noch da war und noch keine Gefahr drohte, sofort an die Stelle gehen würdet, wo ihr beide ihre Leiche versteckt habt, so bin ich deinem Mann zuerst vom Gefängnis aus gefolgt und habe mich dann noch eine Weile vor eurem Haus postieren müssen, bevor ihr beliebtet hierherzugehen.

Nett von dir, daß du die Tür für mich offengelassen hast. Ich hatte keinen Schlüssel. Ihr habt sicher noch erst gegessen, nicht wahr, bevor ihr hierhergekommen seid. *Enfin*, endlich ist ...«

»Wir haben nicht gegessen«, sagte ich ruhig.

»O nein, und was ist das dann?« fragte Lambert und zeigte auf das, was Thomas erbrochen hatte.

Es war mir zu primitiv, darauf zu antworten. Ich stand nur da, versteinert, schockiert, ich schaute Thomas an, der sich totenbleich an die Fensterbank lehnte, und Lambert sagte: »Also, sie ist dahinten, wenn ich recht verstehe.«

»Ja«, sagte ich, »ich verstehe nicht, daß ihr sie nicht gefunden habt, ihr habt doch so gründlich gesucht?«

Aber Lambert antwortete nicht, schaute nur verblüfft zu Thomas hinüber, der mit den Händen auf seinem Magen und vorgebeugt nach Luft rang.

»Nun, nun, ich verstehe nicht, daß Sie das so mitnimmt, wo Sie doch selbst ...«

»Hör auf«, schrie meine Stimme, noch bevor ich selbst schreien wollte, »hör auf, hast du Thomas nicht schon lange genug gequält, Sadist, sieh dir das selbst an, sie ist im hintersten Behälter mit den Seekühen.«

»Nur ruhig«, sagte er, »ich könnte dich jetzt festnehmen wegen Beamtenbeleidigung.«

»Sieh es dir doch selbst an«, flehte meine Stimme, »sieh doch selbst.«

»Dann könnt ihr euch inzwischen davonmachen.«

»Davonmachen«, sagte meine Stimme verächtlich, »davonmachen, wie kommst du darauf, denkst du wirklich, daß wir so feige sind, nun, sieh dir's an, überzeuge dich selbst, der Behälter steht in der hintersten Ecke von hier aus, Thomas hat das Licht brennen lassen. Worauf wartest du noch? Wir laufen bestimmt nicht weg. Und wenn wir es doch tun würden, könntest du uns ja sofort finden.«

»Gut«, sagte er, »ich glaube dir, ich finde es schade, daß wir nicht anders miteinander umgehen können, denn ich habe Respekt vor dir.«

»Ich nicht vor dir, wenn du nicht selbst hingehst und es dir ansiehst. Du hast wohl Angst vor dem, was du zu sehen bekommst.«

Lambert stieß die Eisentür auf, verschwand dahinter, und der Türschließer jammerte wie ein weinendes Kind, das nachts wach wird. Lambert blieb viel länger weg als Thomas, so lange, daß ich sogar anfing zu zweifeln, ob er überhaupt noch da war.

Erst nach einigen Minuten waren seine Schritte in dem leeren Saal zu hören. Beherrscht zog er die schwere Tür hinter sich zu, und er sagte: »Was macht das Ding für ein elendes Geräusch«, und er war nicht einmal bleicher als gewöhnlich, aber das war auch nicht möglich, sein Gesicht war so wächsern wie immer, und seine Hände zitterten nicht. Nur die Spitzen seines Schnurrbarts bebten, aber das konnte gut durch den Zug kommen. Er schaute sich lediglich erstaunt um. Er ging zu der steinernen Fensterbank, an der Thomas lehnte, und sagte: »Es ist sehr unangenehm, aber ich glaube doch, daß ich euch alle beide bitten muß, mit mir ins Büro zu gehen.«

»Gut«, sagte ich, »solange wir zusammenbleiben dürfen, finde ich es in Ordnung.«

Und ich wollte schon gehen, aber Thomas bewegte sich nicht, er saß nur da, den langen Rücken gebeugt, seine sehnigen Hände neben sich auf der Fensterbank. Er starrte den Flur entlang, schaute mich dann scheu an, schaute wieder weg, runzelte die Stirn und fragte: »Wer ist das?«

Da war es an mir, erstaunt zu sein.

»Wer das ist?« wiederholte ich ebenso fragend wie er.

»Ja«, sagte er, »wer ist das?«

»Aber ...«, sagte ich, und Thomas begann zu sprechen, erst zögernd, als wolle er prüfen, ob er es noch nicht verlernt hatte.

»Es ist nicht Jenny«, sagte er.

»Nein«, sagte Lambert, »das stimmt, ich kannte Jenny gut, es ist jemand anders, du mußt wissen, wer es ist (er wandte sich an Thomas), denn du hast sie hier versteckt.«

»Aber vorhin wußte er noch nicht einmal, daß sie hier war«, sagte ich, noch immer erstaunt und bis in jede Zelle meines Körpers erleichtert, weil es nun sicher war, daß Thomas unbeteiligt war an dem, was sich hier offensichtlich abgespielt hatte.

»Wer beweist mir, daß dein Thomas das vorhin noch nicht wußte?«

»Das kann ich nicht beweisen«, sagte ich, »aber ich bin mir dessen sicher.«

»Ja«, sagte Lambert, »sieh mal, wenn es nicht Jenny ist, und es ist nicht Jenny, dann stimmt nichts mehr, dann verstehe ich überhaupt nichts mehr, wo ist Jenny dann?«

»Durchgebrannt, mit einer albernen Mütze auf dem Kopf«, sagte ich, und ich dachte daran, daß nicht allein Thomas, sondern noch jemand mir erzählt hatte, daß sie ... nein, nicht sie, sondern die Frau von Robert eine Mütze getragen hatte, und plötzlich war mir, als würde ich alles begreifen, alles paßte nahtlos ineinander, bis auf etwas. Leise fragte ich Thomas: »Kannst du dich vielleicht daran erinnern, ob es in der Gewitternacht geschneit hat?«

»Schnee im August«, sagte Lambert belustigt, »ja, nun komm aber.«

»Nein«, sagte Thomas, »es schneite nicht, aber es flog hier viel wolliger Flaum von den Pappeln durch die Luft.«

Wieder sah ich den kleinen Garten im Binnenhof vor mir, mit den Pappeln, die in einem Hexenkreis standen, und ich sagte: »Aber so spät noch? Im August noch?«

»Alles war spät in diesem Jahr«, sagte Thomas, »also auch die Pappeln.«

»Darf ich fragen, was Wollflaum von Pappeln mit dem dahinten zu tun hat?« fragte Lambert etwas mürrisch.

»Das werde ich gleich erklären«, sagte ich, »hast du ein Auto dabei?«

»Wir können zur Wache gehen, da ist sicher ein Auto. Aber wofür brauchst du das?«

»Um jemanden zu holen, der diese Frau identifizieren kann.«

»Gut«, sagte er, »wie ich schon dachte, weißt du mehr darüber als ich. Aber kannst du sie denn nicht identifizieren?«

»Nein, weil ich sie noch nie gesehen habe.«

»Und doch weißt du, wer es ist?«

»Ich habe nur eine Vermutung, ich weiß es nicht mit Sicherheit. Ist sie sehr groß?«

»So genau habe ich nicht hingesehen, wenigstens, nun ja, ich weiß, daß sie recht groß sein muß, denn sie reicht in dem Behälter ungefähr bis zu meinem Adamsapfel.«

»Dann wissen wir jetzt auf jeden Fall, warum Jenny diese Stiefel trug. Sie mußte so groß wie möglich erscheinen. Aber laßt uns nun so schnell wie möglich diese Frau holen.«

»Du kannst bekommen, was du willst, ich sagte schon, ich habe Respekt vor dir, und deshalb werde ich dem zustimmen, aber ich versichere dir, daß ich nachher genau wissen will, wie und was, und wenn du ... naja, ist jetzt auch egal, kannst du noch laufen, Thomas Kuyper?«

»Ja«, sagte Thomas unsicher.

Wieder gingen wir durch das Gebäude. Überall lebte es. Draußen war alles weiß. Schnee wirbelte herab, richtiger Schnee. »*Die Welt lag verlassen von Lärm.*« Wenn es schneit, scheint es, als würde der Raum zwischen Vergangenheit und Zukunft – der normale, schmale Streifen Gegenwart – breiter. Es ist, als fände etwas Ehrfürchtiges statt, als bekäme das Dasein plötzlich einen bisher ungeahnten Sinn, und man fühlt sich glücklicher, größer, weiter. Ich hielt Thomas' Hand fest, und es war, als sei er ein Kind von mir. Lambert schritt links neben mir. Immer wieder mußte er innehalten, weil er schneller ging als Thomas und ich. Einmal glitt er aus, aber ich hielt ihn, bevor er fallen konnte.

»Danke«, sagte er, und er fügte hinzu: »Eigentlich müßte ich sofort mit einem ganzen Trupp von der Wache dorthin, wir können die Frau da nicht lassen.«

»Das denke ich schon seit drei Monaten, aber ich wußte da noch nicht, daß es auch im Sommer schneien kann«, sagte ich, »wenn ich das eher gewußt hätte, würde ich dir sofort erzählt haben, wo sie war, nachdem ich sie entdeckt hatte, aber mach nur, geh nur mit einem Trupp von der Wache hin, schick uns mit einem deiner Leute los, dann weißt du auch sicher, daß wir nicht davonlaufen können, und wir holen jemanden, der sie identifizieren kann, und inzwischen schaffst du sie dort weg und bringst sie an einen Platz, wo sie aufgebahrt wird und wo auch die Identifizierung stattfinden kann.«

»Frau Kommissarin«, sagte Lambert, »ich finde es ausgezeichnet, wenn Sie mir Befehle geben, aber Sie dürfen nicht vergessen, daß ich Sie nachher schon allein deshalb einsperren lassen kann, weil Sie besonders wichtiges Beweismaterial zurückgehalten haben.«

»Angehörige von Beschuldigten müssen keine Zeugenaussage machen, ist mir immer gesagt worden, also konnte ich nichts zurückhalten.«

»Ja, ja, gescheit, wie du bist, ich wäre dir gern vor

deiner Hochzeit begegnet, dann hätte ich dir auf der Stelle einen Antrag gemacht.«

»Den Antrag kannst du Jenny machen, wenn sie wieder aus der Versenkung auftaucht«, sagte ich, »in die bist du genauso verknallt gewesen wie mein Thomas. Was hat das Mädchen bloß an sich? Und genau wie mein Thomas bist du auf sie reingefallen. Du hast auch gedacht, daß sie dich mochte, aber sie benutzte auch dich nur, du warst ein sehr nützliches Mittel für sie, um etwas über eure Aktivitäten zu erfahren. Sie fand es sehr praktisch, jemanden gut zu kennen, der beim Rauschgiftdezernat arbeitete, dafür wollte sie sogar mit dir ins Bett gehen.«

»Pardon, Leonie, meiner Meinung nach gehst du jetzt zu weit. Und darf ich fragen, woher du das alles weißt?«

»Vermutungen«, sagte ich.

»Na, Gott sei Dank«, sagte er.

Die schwarze Lori rief mir, sobald sie mich sah, laut zu: »Komm nur rein«, aber als sie auch Thomas und den Chauffeur des Polizeiautos in dem spärlich erleuchteten, kleinen Zimmer gewahrte, schrie sie: »Hau ab, hau ab.«

»Sei doch still, sei doch still«, sagte die alte Frau, »es sind Männer, ich weiß schon, aber darum brauchst du dich nicht so aufzuregen.« Aber die Lori schrie so lange, bis Thomas und der Polizeichauffeur wieder durch den dunklen Korridor hinausgegangen waren. Vorsichtig erzählte ich der Frau, weshalb wir da waren, und, was ich nicht erwartet hatte, sie wollte sofort mitkommen, wenn ich nur bei ihr bliebe. Ich ging mit ihr zusammen durch den Korridor, während ich mit meinem stillen Triumph kämpfte, mit meiner Abneigung Lambert gegenüber, einer Abneigung, die ebensogut Verliebtheit bedeuten konnte, und leise summte ich: »*Groß ist der Männer Trug und List, / Vor Schmerz mein Herz gebrochen ist.*«

Draußen angekommen, summte ich etwas anderes: »*So still ist's nicht draußen im Schnee*«, und ich hörte das vom Schnee gedämpfte Geräusch des laufenden Motors. Unter einer kleinen, verbogenen Straßenlaterne tanzten helle Schneeflocken.

Im Auto erzählte die alte Frau, schnatternd wie die Lori, von ihren neuen Nachbarn, und erst als wir schon dicht bei der Polizeiwache waren, gelang es mir, sie noch etwas besser auf das vorzubereiten, was ihr bevorstand. Aber sie war nicht im geringsten beeindruckt, sie sagte nur, daß sie schon öfter tote Menschen gesehen hätte und daß sie hoffe, es würde eine »schöne Tote« sein. Auf dem Innenhof der Polizeiwache reichte ich ihr den Arm, und sie humpelte wohlgemut neben mir her, fröhlich über ihre Stützstrümpfe nörgelnd. Der Chauffeur ging uns voran in den Raum, wo die Leiche schon unter einer Decke aufgebahrt lag – es wunderte mich, daß sie es geschafft hatten, sie so schnell hierherzubringen, nachdem sie sicher auch noch erst Fotos gemacht hatten –, und der Polizist schlug für einen Augenblick die Decke zurück, und ich sah nicht hin, aber die Frau sehr wohl, und der Polizist zog die Decke wieder drüber, aber sie protestierte heftig, sie sagte: »Warte eben, ja, ja, natürlich ist sie es, aber darf ich sie bitte einen Augenblick ansehen, ja, sie war wirklich ein lieber Mensch, eine gute Nachbarin, sie hat für Jannie und die andern gesorgt, als ich ins Krankenhaus mußte, ach, sieh einer an, nun ist sie tot, und ich lebe noch immer, es geht doch komisch zu in der Welt, nun, das erwartet uns alle, und besser jung sterben als vom Herrn vergessen werden, wenn man alt ist, ach, ruhe sanft, liebe Nachbarin.«

Wir ließen sie bei der Toten zurück, ich hörte sie noch sagen: »Es ist doch unsere wahre Bestimmung, das Leben ist nur ein dummer Umweg zum Tod.«

Sie würde nun gleich wieder nach Hause gebracht werden, aber wir nicht, wir liefen hinter Lambert her, und er fragte: »Warum wolltest du eigentlich wissen, ob sie groß war?«

»War sie das denn nicht?«

»Ja, für eine Frau war sie außergewöhnlich groß.«

»Nun, wie ich schon gesagt habe, ich wollte es wissen, weil das erklärt, warum Jenny Stiefel mit sehr hohen Absätzen trug.«

»Ja, ja«, sagte er, »ich verstehe, sie mußte als die Frau von Robert durchgehen.«

»Diesen Rechtsanwalt kanntest du natürlich auch«, sagte ich.

»Sicher«, sagte er, »ein erstaunlich schlauer Bursche.«

»Und ein geborener Schauspieler«, sagte ich, »denn er hat Arianne sehr schlau zu verstehen gegeben, daß er Jenny loswerden wollte, daß er genug von ihr hatte.«

»Wollte er vielleicht auch«, sagte Lambert, »aber sie wollte ihn nicht loswerden, und er konnte sie nicht loswerden, weil sie zuviel von ihm wußte, ach ja, dieser Glücksvogel.«

»Glücksvogel?«

»Ja«, sagte er, »so ein Mädchen – wo findet man so eine jemals wieder?«

»Was hatte sie denn an sich, was war es, das sie so anziehend ...?«

»Sex-Appeal«, sagte er.

»Naja«, sagte ich, »das ist ein Wort, das erklärt nichts.«

»Den hast du auch«, sagte er, »du bist Jenny nämlich durchaus ähnlich. Im Gegensatz zu dir hat sie jedoch mit vielen Tricks das, was sie an sich hatte, noch einmal besonders vorteilhaft hervorgehoben, während du es versteckst.«

»Unsinn«, sagte ich, »es kann niemals nur so etwas sein wie Sex, es muß noch etwas anderes gewesen sein.«

»Ich weiß wahrhaftig nicht, warum ich dir gegenüber eigentlich so offenherzig bin«, sagte Lambert, »aber ich kann dir sagen, daß sie einem das Gefühl gab, als sei man ein vierzehnjähriger Junge, der zum erstenmal in seinem Leben verliebt ist und einfach nicht weiß, wo er vor Glück hingucken soll, wenn er sein erstes Mädchen zum erstenmal küßt, sie hatte etwas ... man kann es nicht Zauber nennen, denn es war stärker, es war etwas, das einem einzuflüstern schien, daß man nie sterben würde, daß einem die ganze Welt zu Füßen läge, und zugleich war es auch, als sei sie die eigene Tochter. Aber gut, erzähl mal.«

»Was gibt es noch zu erzählen«, sagte ich.

»Eine ganze Menge, scheint mir«, sagte er, »und nun werde ich es auch noch alles selbst tippen müssen, denn Krijn hat Weihnachtsurlaub.«

»Na, meiner Meinung nach braucht nichts mehr getippt zu werden. Vielleicht nur, daß es im Sommer schneien kann.«

»Ja, fang damit mal an, ich verstehe sowieso nichts mehr«, sagte er.

»Die Nachbarin erzählte mir, daß Robert und seine Frau mit Koffern weggegangen seien. Sie sagte, es habe geschneit und es sei kalt gewesen, weil ihre Nachbarin ein Mützchen trug und einen Schal vors Gesicht gehalten hatte. Nun, dieses Mützchen trug Jenny, um ihr weißblondes Haar zu kaschieren, aber ich dachte, die alte Frau sei etwas verwirrt und erzählte von einem anderen Mal, als dieser Robert mit seiner Frau in den Wintersport fuhr. Ich dachte es nicht nur, weil sie meinte, ich sei mit ihrem Sohn zur Schule gegangen, der schon seit vierzig Jahren tot ist, sondern natürlich auch, weil sie sagte, es hätte geschneit. Aber es schneite nicht, es wirbelte nur von dem heftigen Wind, der dem Gewitter vorausging, hochgewehter Pappelflaum durch die Luft. Vor allem früh morgens, wenn es noch nicht ganz hell ist, kann dieses flaumige weiße Zeug leicht für Schnee gehalten werden.«

»Alles schön und gut«, sagte Lambert, »aber Roberts Frau müßte also viel früher in jener Nacht freiwillig mit zum Labor gegangen sein. Dort ist sie umgebracht worden. Aber wie ist sie hineingekommen? Haben sie sie hineingeschleppt?«

»Der Nachbar von gegenüber hat ausgesagt, daß Robert endlos lange auf sie eingeredet hat.«

»Wer sagt, daß es Robert war, und wie kam er zu einem Schlüssel?«

Letzteres konnte ich ihm leicht erklären, aber das erste konnte ich ihm natürlich nicht beweisen.

»In jedem Fall«, sagte Lambert, »ist es höchst wahrscheinlich, daß sie im Labor erschossen worden ist. Robert hatte einen Waffenschein für das Revolverkaliber, mit dem der Schuß abgegeben worden ist. Was das betrifft, geht dein Mann bestimmt frei aus.«

Ich lächelte Thomas zu, der die ganze Zeit über wie erstarrt auf der Stuhlkante gesessen hatte, und Lambert fragte: »Woher wußten die beiden, daß sie die Leiche problemlos in diesem Behälter verstecken konnten?«

»Thomas, hast du Jenny den Film gezeigt?« fragte ich.

Während er mit einem Kopfnicken antwortete, stand er auf und fragte: »Darf ich kurz zur Toilette gehen?«

»Hier den Flur entlang, dritte Tür links«, sagte Lambert.

Thomas verließ das Zimmer, ich berichtete Lambert von dem Film.

»Ja«, sagte er, als ich zu Ende erzählt hatte, »es kann alles wahr sein, das Ganze ist schlüssig, und Jenny hat also die Sachen von Roberts Frau angezogen ...«

»Ja«, sagte ich, »sie hat nur ihre eigenen Stiefel anbehalten, sie mußte groß erscheinen, aber sie war noch nicht groß genug, denn ihre neuen Hosenbeine schlotterten, erzählte Thomas. Er hat sie nämlich über die Feuertreppe aus dem Gebäude kommen sehen.«

»Warum hat dein Thomas das nicht früher erzählt? Und laß mich gleich noch hinzufügen, daß ich auch deshalb und wie sehr ich dich auch bewundere, weil alles so schön geklärt zu sein scheint, noch lange nicht überzeugt bin.«

»Warum nicht? Es paßt alles zusammen, es muß einfach ...«

»Ja, auf den ersten Blick. Aber wer weiterdenkt, stößt nur auf Rätsel. Nimm den Anfang: Ich fragte Thomas nach Jenny Fortuyn und sagte zu ihm: ›Sie ist seit ein paar Tagen verschwunden.‹ Da reagierte er nicht erstaunt, sondern sagte hastig: ›Aber das sagt doch nichts, sie hat überall Freundinnen und Freunde, sie kann an vielen Orten übernachten, sie war oft tagelang allein unterwegs.‹«

»Hat er das wörtlich so gesagt?«

»Ja, dafür stehe ich gerade, nun, aus dieser Reaktion haben Meuldijk und ich, unabhängig voneinander, sofort geschlossen, daß da was faul war. So reagiert man nicht, wenn man unschuldig ist.«

»Aber wenn man schuldig ist, spielt man den Überraschten, sagt man fassungslos: ›Sie ist verschwunden ...?‹«

»Ja, du würdest das vielleicht können, aber dein Thomas nicht, der kann nämlich nicht lügen. Daher war es so vernünftig von ihm zu schweigen. Aber darauf komme ich gleich noch zurück. Sag du mir zuerst einmal ehrlich: Hast du ihm, nachdem du von deiner Mutter zurückgekommen bist, nichts Besonderes angemerkt?«

»Nein«, sagte ich.

»Siehst du«, sagte er, »ich habe also recht, du kannst sehr wohl lügen. Ich bin nämlich überzeugt, daß du ihm bestimmt etwas Besonderes angemerkt hast. Ich erinnere mich, daß er ungewöhnlich still war und deprimiert, ich habe sehr genau gesehen, wie du ihn immer mit gerunzelten Augenbrauen angesehen hast an diesem merkwürdigen Abend, als ich bei euch war.«

»Da habe ich ihn immer angesehen, weil ich sofort durchschaut hatte, daß du nicht der warst, der du zu sein vorgabst, und Thomas mir also etwas vorgelogen hatte.«

»Wird auch eine Rolle gespielt haben, zweifellos, es war höchst bedenklich, was ich tat, und auch gegen jede Vorschrift, aber es gab mir immerhin die Gelegenheit festzustellen, wie traurig er die ganze Zeit über aus den Augen sah.«

»Ja, du hast ihn daran erinnert, daß Jenny weg war, er vermißte sie«, sagte ich wider besseres Wissen und dachte an seine durchgeschwitzten Laken.

»Mag sein, mag sein, aber es kann auch sein, daß er sich die ganze Zeit über schuldig fühlte, und das liegt schwer auf einem, verlaß dich drauf.«

»Schuldig woran?«

»Dahinter werden wir vielleicht nie kommen. Er wird es dir bestimmt nicht erzählen, er wird dich nur durch und durch davon überzeugen wollen, daß er unschuldig ist, und das wird ihm gelingen, denn du willst nichts lieber, als ihm glauben, daß er kein Verbrechen begangen hat, und mir wird er es natürlich auch nicht sagen, aber es gibt viele Möglichkeiten. Vielleicht haben sie sogar zu dritt zusammengearbeitet, um die Drogen zu stehlen, auch wenn ich nicht denke, daß dein Thomas etwas mit dem Mord an Roberts Frau zu tun hat. Er wußte, glaube ich, nicht, daß sie in dem Behälter versteckt war, und daher erschrak er so darüber, er scheint an etwas beteiligt gewesen zu sein, das schlimmer war, als er wußte. Sieh mal, Robert und Jenny können die Frau sehr gut schon früher als in der besagten Nacht dort versteckt haben, es ist überhaupt nicht ausgeschlossen, daß der Mann und die Frau am Eingang zum Labor doch Thomas und Jenny waren, ebensowenig wie auszuschließen ist, daß er sie, mit oder ohne seine Ratten, doch noch getötet hat ...«

»Nein, nein, nein«, sagte ich, »sie wurde von der alten Frau noch gesehen.«

»Ja, in dem Schnee, ach, das sagt doch auch nichts.«

»Nein«, sagte ich, »er hat sie nicht ermordet, sie ist mit Robert durchgebrannt. Wenn er sie ermordet hätte, wäre dieser Robert nämlich sofort zur Polizei ...«

»Der? Der selbst soviel auf dem Kerbholz hat? Ach komm!«

»Thomas hat Jenny nicht ermordet, man hat keine Leiche gefunden, man hat nichts, nichts gefunden, was darauf hinweist ... warum denkst du immer noch, daß er ...«

»Gut, gut, ich gehe vielleicht zu weit, aber beantworte mir bitte noch eine andere Frage. Warum hat er von dem Augenblick an, als er festgenommen wurde, geschwiegen?«

»Er hat mir vorhin erzählt, wie zutiefst erniedrigend es für ihn gewesen wäre, davon zu berichten, daß Robert mit Jenny und mit seinen Drogen durchgebrannt ist.«

»Und du glaubst das?«

»Es kann ein Grund sein«, sagte ich, »aber ich habe ihm gleich gesagt, daß es bestimmt nicht der einzige Grund war.«

»Weißt du, was es ist: Auch wenn jemand noch so gute Gründe hat, sofort nach seiner Festnahme zu schweigen, wenn er zu Recht oder zu Unrecht verdächtigt wird, so werden ihn diese Gründe dennoch nicht davon abhalten, schon nach zwei oder drei Tagen zu reden. Zwei Tage Untersuchungshaft auf der Polizeiwache, und du bist völlig mürbe, du wirst unweigerlich deinem Herzen Luft machen. Es gibt nur sehr, sehr wenige Menschen, die es fertigbringen zu schweigen, und die sind dann auch immer schuldig. Wer schlichtweg während der Untersuchungshaft schweigt, bekennt sich dadurch zwar immer schuldig, macht es aber, wenn er es durchhalten kann zu schweigen, dem Gericht doch sehr schwer, zu einer Verurteilung zu kommen. Dein Thomas war offenbar ein Meisterschweiger. Und warum? Was hat ihn davon abgehalten zu erzählen, daß sie über die Feuertreppe aus dem Labor gekommen und zu Robert ins Auto gestiegen ist? Meiner Meinung nach nichts anderes, als daß er dachte, dies würde sich als unrichtig herausstellen, wenn wir ermitteln würden, ob Robert tatsächlich am oder nach dem 1. August abgereist ist.«

»Das kann doch immer noch untersucht werden?«

»Haben wir schon getan, aber wir können leider nicht genau dahinterkommen. Aber das braucht dein Thomas nicht gewußt zu haben, nein, er schwieg meiner Meinung nach, weil er auf die eine oder andere Art schuldig ist.«

»Nein«, sagte ich, »nein.«

»Warum kannst du eigentlich nicht den Gedanken ertragen, daß er schuldig ist?« fragte er.

»Warum möchtest du mich so gern davon überzeugen, daß er schuldig ist?« fragte ich.

Schweigend saßen wir uns im schwachen Licht seiner Schreibtischlampe gegenüber. Das Gesicht dort mit diesem Schnurrbart erschien mir auf einmal viel jünger als beim erstenmal, als ich ihn gesehen hatte, und ich dachte: Es ist immer dasselbe, wenn man jemanden genauer kennenlernt, dann ist es jedesmal, als würde sein Gesicht jünger, und ich dachte auch: Aber nur, wenn man den anderen immer sympathischer findet. Wie viele Jahre sollte ich nun bei Lambert abziehen? Zuerst hatte ich ihn auf fünfzig geschätzt, und jetzt erschien er mir nicht älter als vierzig. Was hatte das zu bedeuten? Warum saß er einfach nur da, mit diesen ruhigen, ein wenig glänzenden Augen? Wollte er nur einen Keil zwischen Thomas und mich treiben? Aber alles, was er gesagt hatte, klang stichhaltig. Thomas also doch schuldig? Nein, dachte ich, nein, es hat sich so abgespielt, wie ich denke, daß es sich abgespielt hat, und er kann es nur nicht ertragen, daß ich das Problem gelöst habe, und deshalb versucht er, Zweifel in mir zu wecken, und ich wußte, daß das höchstens ein Grund, ein weniger wichtiger Grund, war, Thomas doch noch verdächtig zu machen, aber ich wollte von den anderen Gründen einfach nichts wissen, und ich überlegte: Die werden noch denken, daß ich eingebildet bin, weil ich alles, was andere zu mir sagen, immer als versteckte Liebeserklärung auslege, und da wußte ich nicht, wer »die« waren, und schaute stur in das verjüngte Gesicht, in dem der Schnurrbart gar nicht so fehl am Platz zu sein schien.

Lambert lächelte, schob seine rechte Hand zu meiner rechten Hand hinüber – und ich nahm meine Hand weg –, und er sagte: »Ja, ja, da siehst du, daß der komische Apostel doch recht hatte, als er schrieb: ›Wir sehen jetzt durch einen Spiegel in Rätseln.‹ *Enfin*, ich höre deinen Mann kommen, lassen wir es auf sich beruhen, tun wir wieder so, als hättest du rekonstruiert, wie es sich wirklich zugetragen hat, vielleicht habe ich dann doch noch etwas Kredit bei dir, und in jedem Fall ist es besser für deine Gemütsruhe. Aber wenn er sich, nur mal angenommen, mit dem Geld von diesen Drogen, das er jetzt irgendwo auf einer wenig seriösen Bank liegen hat, mit Jenny zusammentun wird, hoffe ich, daß ich noch einmal bei dir anklopfen darf.«

»Nein«, sagte ich.

»Gut«, sagte er, »ich habe ja schon festgestellt, daß du sehr wohl lügen kannst.«

Thomas kam herein, setzte sich wieder auf die Stuhlkante.

»Noch mal kurz rekapitulieren, was wir gerade festgestellt haben«, sagte Lambert. »Jenny hat also die Sachen von Roberts Frau angezogen, sie sind noch einmal kurz zu ihm nach Hause gefahren – eigentlich dumm von ihnen, warum nicht sofort in Richtung Schiphol? –, wo die Nachbarin sie gesehen hat, und danach sind sie nach Schiphol gefahren.«

»Was werden sie da mit ihrem Auto gemacht haben?« fragte ich.

»Entweder steht es noch da«, sagte Lambert, »das haben sie einfach geopfert, oder, und das kommt mir wahrscheinlicher vor, sie haben eins gemietet und vereinbart, daß der Vermieter selber sein Auto von Schiphol abholt. Aber sie muß am Flughafen natürlich mit dem Paß der anderen Frau durch die Kontrolle gegangen sein, ohne daß jemand etwas gemerkt hat.«

»Nun, das ist ganz einfach«, sagte ich, »erstens achten sie überhaupt nicht auf Frauen, sie schlagen nur bei Männern in einem großen Buch nach, und zweitens kannst du mit kurzen Locken ohne Probleme durchkommen, auch wenn du auf dem Paßfoto noch lange Haare hast.«

»Woher weißt du das?« fragte Lambert, während er gelassen zwischen Thomas und mir hin und her blickte.

»Aus eigener Erfahrung«, sagte ich, und ich hätte am liebsten gesagt: Hör auf, sag Thomas, daß du ihn noch immer verdächtigst, aber er sagte ruhig: »Bleibt die Frage, was sie mit den Drogen gemacht haben.«

»Die haben sie unter Garantie nicht in dieser letzten Nacht gestohlen«, sagte ich, »sie hatten schon viel eher einen Schlüssel, sie haben sie vielleicht am Wochenende geholt und beispielsweise am Dienstagabend verkauft. Da hätte sie im Frauenhaus sein sollen, aber da war sie nicht.«

»Gott sei Dank, daß ihr nun endlich dahintergekommen seid, daß ich es nicht getan habe«, sagte Thomas wie aus dem Nichts heraus.

»Was nicht getan hast?« fragte Lambert. »Die Drogen nicht gestohlen?«

»Du weißt sehr gut, was ich meine«, sagte Thomas, »aber warum bist du nur so besessen hinter mir her gewesen?«

»Weil«, sagte ich und wußte auf einmal noch einen Grund für Lamberts Versuche, Thomas in meinen Augen unbedingt verdächtig machen zu wollen, »weil er genauso verliebt in das Geschöpf gewesen ist wie du und genauso schmerzhaft auf die Nase gefallen ist wie du, genauso betrogen wurde und darüber dann so wütend geworden ist, daß er am liebsten das hätte tun wollen, es aber nicht wagte, wovon er denkt, daß du es gewagt hast.«

»Ich frage mich, ob ich dich nun hinauswerfen oder dir hier bei der Kriminalpolizei eine Stelle anbieten soll«, sagte Lambert, »ich glaube, daß ich mich für ersteres entscheide.«

So liefen wir kurz darauf über die inzwischen dicker gewordene Schneeschicht.

»Kannst du noch sprechen?« fragte ich Thomas.

»Warum?« fragte er.

»Weil du in den letzten anderthalb Stunden vielleicht drei kurze Sätze herausgebracht hast.«

»Oh«, sagte er, und wir gingen durch die stille, verlassene, in sich gekehrte Welt schweigend nach Hause. Matt und freudlos trat ich auf den Schnee, und es war, als sei alles vergeblich gewesen; er war noch immer in die andere verliebt und hielt noch immer etwas vor mir geheim. Oder sollte Lambert etwas geheimhalten? Hatte er Thomas noch einmal in meinen Augen verdächtig gemacht, um seinen eigenen Anteil an der Sache zu verbergen? Ach, was machte es schon aus, jene Frau war tot, sie war die einzige Stütze, die ich hatte, eine schreckliche Stütze. Verändern würde sich sonst nichts; in ein paar Tagen würde Weihnachten sein, und dann würde das neue Jahr kommen, und die unvermeidliche, strenge Abfolge von Tagen und Nächten würde sich fortsetzen bis zu meinem Tod, und ich würde morgens aufstehen und dreimal täglich essen und abends zu Bett gehen, und nichts Wesentliches würde sich ändern, hatte sich verändert, trotz allem, was ich durchgemacht hatte. Der einzige Gewinn, den ich verbuchen konnte, war, daß ich Schumanns Lebensende besser hatte verstehen lernen. Dann überlegte ich, wie grausam egoistisch meine trübe Stimmung war, von jener toten Frau aus gesehen. Aber war es nicht besser, einfach tot zu sein, wenn sich doch nie etwas änderte und dein Mann schweigend neben dir ging, weil er stets an die andere denken mußte? Wozu all die Mühe und Sorge? Wie oft würde es noch vorkommen, daß ich in Läden warten mußte? Und warum? Was blieb anderes, außer daß ich an die Reihe kam? Oder gab es irgendwo weit weg im Weltall vielleicht eine Buchführung der alltäglichen Dinge: Wie lange man auf kalten Bahnsteigen auf verspätete Züge gewartet hatte, wie lange man in Wartezimmern von Ärzten und Gynäkologen gesessen hatte, wie oft man im kalten Herbstregen nach draußen hatte gehen müssen, um eine fehlende Zutat für eine Mahlzeit zu kaufen? Und würde das belohnt oder vergütet werden? Aber auf welche Weise? Und ich wußte, während ich dort über den noch unberührten Schnee lief, daß mein ganzes Sein nach der einzigen Belohnung dürstete, die alles für mich ins Gleichgewicht bringen würde, etwas, das anderen wie selbstverständlich zuteil wurde und von einigen genauso selbstverständlich abgelehnt wurde, und wieder loderte der bittere, kalte Haß auf jene Frau auf, die zweimal abgetrieben hatte und die nun offenbar nicht einmal tot war, sondern, wenn sie das wünschte, unter einem anderen Namen und in einem anderen Erdteil nochmals abtreiben konnte, und mein Haß erstreckte sich auch auf all die anderen, die abgetrieben hatten, eilte voraus zu dem verfluchten Weihnachtsfest, dem Fest, das eigens erfunden zu sein schien, um Menschen zu quälen, die sich mit all ihrem Verstand und all ihrer Kraft nach einer Geburt sehnten, die niemals kommen würde, dem Fest, das überall seine Verästelungen hatte, man brauchte sich nur die Werbung im Fernsehen anzuschauen, und man sah Frauen mit Babys, zappelnde Kinderpopos, um die Papierwindeln gelegt wurden, und dann sah man, wie solch ein durch ein Gotteswunder nicht vorzeitig abgetriebenes Kind strahlend seine Mutter anlachte; und Familien, die Cocktailnüsse aßen oder Salatsauce oder ein Waschmittel benutzten, und die immer, wie abgezählt, mit zwei Kindern gesegnet waren. Kinderlose Ehen gab es nicht, nicht im Fernsehen, nicht zu Weihnachten, kaum in der Literatur bis auf einzelne schreckliche Theaterstücke, nicht in Filmen und nicht im Feminismus. Hatte, was das letzte betraf, jemals in einer dieser Zeitschriften für Feministinnen etwas über eine Frau gestanden, die sich nur nach dem einen sehnte: Mutter zu werden, und es nicht wurde? Nein, darüber las man nie etwas, daß man sich danach verzehrte, Mutter zu werden, fanden sie verdächtig, das war dir nur eingeredet worden, geschweige denn, daß sie auch nur das mindeste Verständnis für den Kummer einer Frau aufbringen könnten, die ungewollt kinderlos blieb.

Ich blickte mich um. Bis ans Ende der Straße, durch die wir gingen, sah ich meine Fußspuren. In der Luft erklang das Geschnatter eines Schwarms Wildgänse. Sie flogen direkt über meinem Kopf unter dem grauen Schneehimmel dahin. Ich folgte ihnen mit den Augen, sie flogen immer weiter, nahmen Kurs auf den offenen Nachthimmel, an dem sogar einige Sterne zu sehen waren, und teilten sich dort in zwei Schwärme. Ich sah wieder auf meine Fußspuren, und es war, als könnte ich einen Moment lang den Teil meines Lebens überblicken, den ich zurückgelegt hatte, und wüßte, daß es doch für irgend etwas gut gewesen war, zu irgend etwas gedient hatte, und dann schaute ich zum Himmel hinauf, wo die Gänse sich wieder sammelten und zum Mond eilten, und für einen Augenblick war es, als sei meine Sehnsucht auf wunderbare Weise gestillt, und ich konnte wieder denken: »*Und meine Seele spannte / Weit ihre Flügel aus, / Flog durch die stillen Lande, / Als flöge sie nach Haus*«, und ich begann das Lied von Schumann zu summen. »*Es war, als hätt' der Himmel / Die Erde still geküßt*«, und als ich, in Gedanken, zum zweitenmal angekommen war bei der Stelle »*Als flöge sie nach Haus*«, waren auch wir da, und Thomas öffnete die Haustür.

»Warum ist es denn so kalt im Haus?« fragte er.

»Die Heizung steht noch auf Sommerschaltung«, sagte ich.

»Warum hast du sie nicht auf Winterschaltung umgestellt?«

»Weil ich meinen Pullover hatte«, sagte ich ungerührt, denn ich wollte nicht verraten, daß ich die Zentralheizung absichtlich nicht umgeschaltet hatte, weil ich immer gedacht hatte: Thomas wird es in seiner Zelle auch wohl kalt haben.

»Ach komm«, sagte er, »du frierst immer so leicht, ich kann nicht glauben, daß dir dieser schöne, dicke Pullover gereicht hat.«

»Nein«, sagte ich, »aber für mich ist von dem Augenblick an, in dem sie dich verhaftet haben, die Zeit stehengeblieben.«

Ich ging ins kalte Haus und dachte: Ein kaltes Haus gleicht einer kinderlosen Ehe.

Wenig später saßen wir beide im Wohnzimmer. Thomas sah die Post durch. Ab und zu blickte ich heimlich zu ihm hinüber, und ich dachte: Warum sitzen Männer immer so breitbeinig da? Warum müssen sie sich immer so genital präsentieren? Und ich dachte auch: Siehst du, da sitzt er nun, er sieht die Post durch, er kommt gar nicht darauf, wenigstens so zu tun, als wollte er mit mir ins Bett. Und das, obwohl er fast vier Monate im Gefängnis gewesen ist! Da kannst du sehen, wieviel ich ihm noch bedeute.

»Willst du nicht das Schumann-Konzert auflegen?« fragte er.

»Eigentlich sollte ich erst einmal etwas kochen«, sagte ich.

»Ach was, nein«, sagte er, »wenn ich alles durchgesehen habe, gehen wir noch irgendwo schön essen.«

»Dann ist es schon sehr spät.«

»Irgend jemand hat immer noch offen, wir können immer noch ins La Cloche gehen.«

Ich legte das Schumann-Konzert auf. Ich kannte es nicht, ich hatte es noch nie gehört, wußte nur, daß Brahms und Joachim und Clara Schumann es für nicht gut genug befunden hatten, es zu veröffentlichen. Später war es wiederentdeckt und von den Nazis mißbraucht worden. Es war ein verurteiltes Konzert, ein abgetriebenes Konzert, aber davon hörte ich nichts, ich hörte nur, daß es ohne jeden Zweifel von demselben Mann komponiert war, der auch das Klavierkonzert und den langsamen Satz der Zweiten Symphonie und *Mondnacht* geschrieben hatte.

Es ist, dachte ich, als ob seine Musik nicht etwas mitteilen, sondern um etwas bitten würde, auf schüchterne und liebliche Weise, und nicht nur mit meinen Ohren, sondern mit allen Sinnen lauschend, kam ich zu dem Schluß, daß Johannes Brahms und Clara Schumann offensichtlich andere Gründe als mangelnde Qualität gehabt haben, dieses Konzert nicht zu veröffentlichen. Dieses Konzert stammt nicht von einem, der verrückt war oder verrückt werden würde, und ich dachte daran, daß Schumann das Hauptthema des zweiten Satzes im Irrenhaus gesungen und behauptet hatte, es käme von den Engeln, und da begann schon der zweite Satz, und mir verschwamm alles vor den Augen – sollte es doch etwas geben, was mich über den Tod dieser Frau und über das nahende Geburtsfest hinwegtrösten konnte, nein, trösten konnte es mich nicht und aufmuntern auch nicht, aber es konnte mich lehren, etwas anzunehmen –, und während ich dem Engelthema lauschte, fiel mir ein, daß ich ihn noch nicht gefragt hatte. Aber solange die Musik weiterspielte, konnte ich ihn auch nicht fragen.

Erst als er, der auch Robert hieß, ohne Unterbrechung in den Schlußsatz überleitete, fragte ich so beiläufig wie möglich: »Bist du mit Jenny im Bett gewesen?«

»Nein«, sagte Thomas zerstreut und sah dann erst auf, erschrocken und schnell erbleichend, und ich

mußte meine ganze Kraft zusammennehmen, um es nicht hinauszujubeln, auch weil ich sah, daß Thomas seine Hände zu Fäusten ballte und daß er litt. Glücklicherweise konnte ich etwas von meiner Freude äußern, ohne es ihn merken zu lassen, indem ich Schumann mitsummte. Nach ein paar virtuosen, aber nicht virtuos klingenden Geigensprüngen fragte ich ruhig:
»Aber du hättest gern gewollt?«
»Ja«, sagte er.
»Warum?«
»Weil es bei uns ... weil es bei ihr nicht ...«
Und er schwieg.
»Du meinst, daß du es allmählich gehaßt hast, mit mir ins Bett zu gehen, weil wir es nur noch taten in der Hoffnung, ein Kind zu zeugen?«
»Ja«, sagte er, »es war nur noch eine Pflicht, vor allem, als es auch noch zu bestimmten Zeiten sein mußte, wenn du deine Ovulation hattest. Da fing ich an, mich davor zu ekeln, ja, erschrick nicht, nun, das weißt du ja.«
»Und dann trafst du eine, die schon zweimal abgetrieben hatte ...«
»Ja, ich verstehe es auch nicht«, sagte er nervös, »aber dadurch ...«
»Hör auf«, sagte ich bitter, »nun, du kannst von jetzt an beruhigt sein«, und ich zog aus dem Stapel der von ihm noch nicht durchgesehenen Post den Brief des Gynäkologen hervor, der mich in der Woche untersucht hatte, als er mit Jenny seine nächtlichen Streifzüge unternahm. Ich gab ihm den kurzen, kühlen Brief.

Als er die nackten Formulierungen gelesen hatte, die mir keinerlei Hoffnung mehr ließen, legte er den Brief hin, schaute mich an und sagte: »Aber ich habe im Gefängnis jetzt in einer Zeitung etwas gefunden ... warte, ich habe es herausgerissen und in mein Portemonnaie getan.«

Nach einigem Suchen in den vorderen Fächern seines Portemonnaies händigte er mir feierlich den Bericht über das erste Retortenbaby aus.

»Vielleicht ginge das bei uns ja auch«, sagte er.

Während ich den Bericht las, den ich auch hätte lesen können, wenn ich nicht von jenem schrecklichen 19. September an aufgehört hätte, Zeitungen zu lesen, begann ich unvermeidlich, doch wieder Hoffnung zu schöpfen, auch weil er den Bericht herausgerissen hatte, sich also noch immer danach sehnte ... Oder war es nur zum Schein? Aber die Hoffnung blieb, und ich legte den Zeitungsausschnitt sorgfältig zusammen und dachte dabei: Er ist nicht mit ihr ins Bett gegangen, er ist nicht mit ihr ins Bett gegangen. Warum erschien mir das jetzt so wichtig, wichtiger sogar als das, was er vielleicht noch geheimhielt und kein Grund war, ihn weniger zu lieben, ebensowenig übrigens wie seine Untreue, die auf halbem Wege steckengeblieben war?

Vorsichtig faltete ich die Hände, schaute dabei heimlich Thomas an, der wieder in seine Post vertieft war. Er durfte nicht sehen, was ich schon lange nicht mehr getan hatte. Er würde mich deswegen bestimmt auslachen, er, der von Haus aus nie irgend etwas mit Religion zu tun haben wollte. Aber ja, er hatte auch nicht mit der Frau gesprochen, die von Gott versehentlich wie ein abgebranntes Streichholz wieder ins Leben zurückgelegt worden war. Als er wieder einen langen Brief aus einem Umschlag genommen hatte, schloß ich schnell die Augen, und schnell betete ich in Gedanken: Gnädiger Gott, laß wieder Hoffnung in meiner leeren und kalten Seele wachsen.

Nachbemerkung

Die folgenden Hinweise in dieser Ausgabe sind für alle jene Leser und Leserinnen gedacht, die sich trotz der spannenden Handlung ihren kühlen Kopf bewahrt haben und vielleicht wissen möchten, woher das eine oder andere musikalische oder literarische Zitat stammt.

Seite 44 ff.: Thomas Kuyper hört nachts die Oper *Otello* von Giuseppe Verdi, aus der einige Textstellen zitiert werden. Im 2. Akt, 1. Szene, rät Jago Cassio: »*Non ti crucciar.*« – »Gräme dich nicht.« In der 4. Szene bittet Desdemona Otello: »*(Gli) perdona*«, »verzeihe (ihm)«. Und weiter: »*Se inconscia, contro te, sposo, ho peccato, dammi la dolce e lieta parola del perdono.*« – »Wenn ich mich unwissend, mein Gemahl, gegen dich vergangen habe, gewähre mir das süße und frohe Wort des Verzeihens.« Im 3. Akt, 5. Szene, berichtet Cassio von seinem amourösen Abenteuer mit Bianca. Das *Lied vom Weidenbaum* stammt aus dem 4. Akt, 1. Szene *(S. 50)*.

Seite 46 ff.: Leonie liebt dagegen die Musik von Robert Schumann. Die *Kreisleriana (S. 212)* sind eine Sammlung von acht Klavierstücken (op. 16), die Chopin gewidmet sind und sich auf die Figur des Kapellmeisters Kreisler in den Erzählungen E. T. A. Hoffmanns beziehen.

Seite 253, 285, 303: Die von Leonie zitierten Verse aus Schumann-Liedern stammen aus Gedichten von Joseph von Eichendorff, die Robert Schumann für den *Liederkreis* op. 39 leicht überarbeitet und vertont hat. Im folgenden werden die vier Lieder *Zwielicht* (op. 39, X), *Waldesgespräch (Loreley)* (op. 39, III), *Die Stille* (op. 39, IV) und *Mondnacht* (op. 39, V) nach den Textfassungen in Robert Schumann, *Sämtliche Lieder I–III*. Frankfurt: C. F. Peter (o. J.) wiedergegeben:

Zwielicht
Dämmrung will die Flügel spreiten,
Schaurig rühren sich die Bäume,
Wolken ziehn wie schwere Träume
Was will dieses Graun bedeuten?

Hast ein Reh du lieb vor andern,
Laß es nicht alleine grasen,
Jäger ziehn im Wald und blasen,
Stimmen hin und wieder wandern.

Hast du einen Freund hienieden,
Trau ihm nicht zu dieser Stunde,
Freundlich wohl mit Aug' und Munde,
Sinnt er Krieg im tück'schen Frieden.

Was heut gehet müde unter,
Hebt sich morgen neugeboren.
Manches geht in Nacht verloren
Hüte dich, sei wach und munter!

Waldesgespräch
»Es ist schon spät, es ist schon kalt,
Was reit'st du einsam durch den Wald?
Der Wald ist lang, du bist allein,
Du schöne Braut, ich führ dich heim!«

»Groß ist der Männer Trug und List,
Vor Schmerz mein Herz gebrochen ist,
Wohl irrt das Waldhorn her und hin,
O flieh! Du weißt nicht, wer ich bin.«

»So reich geschmückt ist Roß und Weib,
So wunderschön der junge Leib;
Jetzt kenn ich dich, Gott steh' mir bei!
Du bist die Hexe Loreley.«

»Du kennst mich wohl, vom hohen Stein
Schaut still mein Schloß tief in den Rhein.
Es ist schon spät, es ist schon kalt.
Kommst nimmermehr aus diesem Wald.«

Die Stille
Es weiß und rät es doch keiner,
Wie mir so wohl ist, so wohl!
Ach, wüßt es nur einer, nur einer,
Kein Mensch es sonst wissen soll!

So still ist's nicht draußen im Schnee,
So stumm und verschwiegen sind
Die Sterne nicht in der Höh,
Als meine Gedanken sind.

Ich wünscht', ich wär' ein Vöglein
Und zöge über das Meer,
Wohl über das Meer und weiter,
Bis daß ich im Himmel wär'!

Mondnacht
Es war, als hätt' der Himmel
Die Erde still geküßt,
Daß sie im Blütenschimmer
Von ihm nun träumen müßt.

Die Luft ging durch die Felder
Die Ähren wogten sacht,
Es rauschten leis die Wälder,
So sternklar war die Nacht.

Und meine Seele spannte
Weit ihre Flügel aus,

Flog durch die stillen Lande,
Als flöge sie nach Haus.

Seite 302f.: Am Schluß des Buches hört Leonie eine Aufnahme des selten gespielten Violinkonzerts in a-moll op. 54 von Robert Schumann.

Seite 204: Das Zitat »*Wenn Sorgen auf mich ...*« stammt aus der Kantate *Ach Gott, wie manches Herzeleid ...* BWV 3 von Johann Sebastian Bach.

Neben den musikalischen findet die Leserin, der Leser in Maarten 't Harts Roman viele literarische Zitate. Sowohl Leonie als auch Thomas Kuyper zitieren häufig aus Werken von Friedrich Nietzsche. Die betreffenden Auszüge stammen u. a. aus *Morgenröte* und *Die fröhliche Wissenschaft*, zit. nach Friedrich Nietzsche, *Werke in drei Bänden*. Hg. von Karl Schlechta. München: Carl Hanser Verlag 1994 *(S. 13, 28f., 43, 49, 91, 207f., 213, 222, 235)*.

Seite 31, 38, 135: Das Gedicht *Jenny kissed me* von Leigh Hunt ist enthalten in der Sammlung *The Golden Treasury of the Best Songs and Lyrical Poems in the English Language*, ed. by Francis Turner Palgrave, erstmals erschienen 1861.

Seite 66: Bei der Erzählung von Patricia Highsmith, auf die Thomas Kuyper anspielt, handelt es sich um *Softly, Softly in the Wind* (dt. *Leise, leise im Wind*. Aus d. Amerikan. v. Anne Uhde. Zürich: Diogenes Verlag 1982).

Seite 71: Das Zitat »Kein Sperling fällt zur Erde ohne Euren Vater« bezieht sich auf Matthäus 10, Vers 29 und 31 bzw. Lukas 12, Vers 6 und 7.

Seite 81: Der Roman *The Painted Bird* von Jerzy Nikodem Kosinski ist u. d. T. *Der bemalte Vogel* 1965 auf deutsch erschienen.

Seite 117: Das Zitat »Seht, welch' fert'ge Zunge Argwohn hat!« *(»See, what a ready tongue suspicion hath!«)* stammt aus dem Königsdrama *Heinrich IV.,* 2. Akt, 1. Szene, von William Shakespeare, dem »Barden vom Avon«, übersetzt von August Wilhelm Schlegel und Ludwig Tieck.

Seite 119 f.: Die Father-Brown-Geschichte *The Dagger With Wings* von Gilbert Keith Chesterton ist auf deutsch u. d. T. *Der geflügelte Dolch* (Zürich: Diogenes Verlag 1980) erschienen.

Seite 125: Die Geschichte von Arachne kann man in den *Metamorphosen* von Ovid (VI,5) nachlesen.

Seite 135, 165, 282: Leonie zitiert mehrfach aus Werken der niederländischen Lyriker J. C. Bloem und Martinus Nijhoff.

Seite 207: Der Vers »Gott wird abwischen alle Tränen von ihren Augen« stammt aus Offenbarung des Johannes 7, Vers 17.

Maarten 't Hart

Die Netzflickerin
Roman. Aus dem Niederländischen von Marianne Holberg. 448 Seiten.
Serie Piper

Dies ist die Lebensgeschichte des Apothekers Simon Minderhout aus dem südholländischen Maassluis und seiner kurzen, leidenschaftlichen Liebe zu der Netzflickerin Hillegonda während der deutschen Besatzungszeit. Sie ist zugleich die atemberaubende Geschichte eines alten Mannes, der Jahrzehnte danach dem Teufelskreis von Denunziation und Verrat kaum entkommen kann.
Wie ein spannendes Stationendrama liest sich die Lebensgeschichte des Apothekers Simon Minderhout, der Hauptfigur in Maarten 't Harts neuem Roman. Nach einer unbeschwerten Kindheit, beschützt von seinem Hund Prins, studiert Simon in Leiden Pharmazie und Philosophie. Als er die Apotheke seines Onkels in Maassluis, einem Hafenstädtchen in Südholland, übernimmt, ist schon Krieg, und die Niederlande sind von den Deutschen besetzt. Der zugereiste »Mijnheer Minderhout«, der abendliche Spaziergänger und leidenschaftliche Konzertbesucher, bleibt seinen neugierigen, kleinlichen Nachbarn trotz Bombenangriffen und Besatzungszeit ein Fremder, der mißtrauisch beobachtet wird. Da gerät Simon in Kontakt mit dem Widerstand im Untergrund: Eines Abends steht wieder einmal Hillegonda in seiner Apotheke, die Netzflickerin, die ihn ab und zu um Medikamente für Untergetauchte gebeten hat. Diesmal bittet sie um Unterkunft für sich selber. Simon ahnt nicht, daß die kurze Leidenschaft dieser einen Nacht ihn Jahrzehnte später einholen wird.

»Maarten 't Hart erweist sich erneut als großartiger Erzähler, dem es gelingt, Schicksale so authentisch zu schildern, daß der Leser einfach Anteil nehmen muß.«
Hamburger Abendblatt

Ein Schwarm Regenbrachvögel
Roman. Aus dem Niederländischen von Waltraut Hüsmert. 224 Seiten.
Serie Piper

SERIE PIPER

Maarten 't Hart

Das Wüten der ganzen Welt
Roman. Aus dem
Niederländischen von
Marianne Holberg. 411 Seiten.
Serie Piper

Alexander, Sohn des Lumpenhändlers im Hoofd und zwölf Jahre alt, lebt in der spießigen Enge der holländischen Provinz, in einer Welt voller Mißtrauen und strenger Rituale. Da wird der Junge Zeuge eines Mordes: Es ist ein naßkalter Dezembertag im Jahr 1956, Alexander spielt in der Scheune auf einem alten Klavier. In seiner unmittelbaren Nähe fällt ein Schuß, der Ortspolizist bricht leblos zusammen, Alexander aber hat den Schützen nicht erkennen können. Damit beginnt ein Trauma, das sein ganzes Leben bestimmen wird: Seine Jugend wird überschattet von der Angst, als Zeuge erschossen zu werden. In jahrzehntelanger Suche nach Motiven und Beweisen kommt er schließlich einem Drama von Schuld und Verrat auf die Spur, das bis in die Zeit der deutschen Besetzung der Niederlande zurück reicht. Für sich selbst findet Alexander nur einen Halt, nur ein Glück, dem er trauen kann: die tröstliche Kraft der Musik.

»Ein gewaltiger, grandios komponierter Kriminalroman mit viel Lokalkolorit, dessen überraschende Wendung am Ende einem fast den Atem raubt.«
Süddeutsche Zeitung

»Es ist eine Geschichte über Musik und Schönheit, Enge und Verbohrtheit, über das Erwachsenwerden und die Nachkriegszeit, verzweifelte Lebenslügen und feigen Verrat – und wenn man ganz am Schluß den Prolog noch einmal liest, dann wächst der Roman zu einem wunderbaren Kunstwerk zusammen. Daß dieses Kunstwerk sogar komisch ist, ist ein besonderer Verdienst des Autors, der in den Niederlanden zu den Großen zählt.«
Elke Heidenreich

Anne Holt, Berit Reiss-Andersen

Im Zeichen des Löwen
Roman. Aus dem Norwegischen von Gabriele Haefs. 416 Seiten.
Serie Piper

Die norwegische Ministerpräsidentin Brigitte Volter wird erschossen in ihrem Büro aufgefunden, und niemand kann sich ihren Tod erklären. Es fehlt ein Motiv, und auch die Indizien sprechen eine höchst unklare Sprache. Hauptkommissarin Hanne Wilhelmsen steht vor einem Rätsel. Einen der wenigen Anhaltspunkte bietet Benjamin Grinde, der letzte, der die Ministerpräsidentin lebend gesehen haben soll. Grinde ist Richter am Obersten Gericht und, wie sich herausstellt, ein Freund Brigitte Volters aus Kindertagen. Doch er nimmt sich das Leben. Im Spannungsfeld von Politik, Intrigen und Macht sieht Anne Holt die Menschen hinter den öffentlichen Figuren, und es gelingt ihr das überzeugende Porträt einer Frau, die mit den Dämonen ihrer Vergangenheit ringt.

Anne Holt

Das einzige Kind
Roman. Aus dem Norwegischen von Gabriele Haefs. 294 Seiten.
Serie Piper

»Olav ist zwölf Jahre alt, chronisch hungrig, unglaublich fett und sehr unglücklich. Er ist ›das einzige Kind‹ seiner geliebten und gequälten Mutter, die ihn fürchtet. So landet er schließlich im Kinderheim ›Frühlingssonne‹. Dort führt Agnes Vestavik zwar ein strenges Regiment, überblickt aber nicht die Situation. Folglich stirbt sie, mit einem Messer im Rücken. Gleichzeitig verschwindet Olav. Und Hauptkommissarin Wilhelmsen weigert sich verzweifelt, ein zwölfjähriges Kind des Mordes zu verdächtigen. Sehr spröde erzählt sie ihre dunkle und spannende Story. Bespielt den Plot nach allen Regeln der Schreibkunst, eine präzise, düstere Romancienne mit kriminellen Neigungen. Ihr drittes Buch ist schon eine schöne Geschichte. Ihre schönste bis jetzt.«
Hamburger Abendblatt

Maarten 't Hart im Arche Verlag

Das Wüten der ganzen Welt
Roman. 416 Seiten. Gebunden
Mit CD. Musik und Texte,
gelesen von Maarten 't Hart

Die Netzflickerin
Roman. 444 Seiten. Gebunden
CD – Die Netzflickerin
Musik und Texte. Sprecher: Matthias Fuchs

Die schwarzen Vögel
Roman. 320 Seiten. Gebunden

Bach und ich
Übersetzt von Maria Csollány
264 Seiten. Gebunden. Mit CD

**Gott fährt Fahrrad
oder Die wunderliche Welt meines Vaters**
320 Seiten. Gebunden

Das Pferd, das den Bussard jagte
Erzählungen. 320 Seiten. Gebunden
CD – Concerto russe
Mit Musik von Édouard Lalo
Gelesen von Christian Brückner

*Wenn nicht anders angegeben, wurden die Bücher von
Marianne Holberg aus dem Niederländischen übersetzt.*

ARCHE
ZÜRICH–HAMBURG